A paz que excede todo o entendimento

A história emocionante de uma mulher que superou a dor da injustiça

KATHLEEN LITTLETON

A paz que excede todo o entendimento

A história emocionante de uma mulher que superou a dor da injustiça

Tradução
JURANDY BRAVO NOGUEIRA JR.

Vida

Dedicatória

Dedico este livro a meu marido, fiel todos esses anos, mesmo sem saber o que me incomodava, já que mantive o estupro em segredo. Também permaneceu a meu lado enquanto eu lutava para encontrar a paz.

Dedico-o, também, a meu filho, Mathew, que, mesmo sendo bem jovem ainda, incentivou-me a escrevê-lo. Sem ele, jamais teria a coragem de ir até o fim. A meu filho, portanto, serei sempre grata.

Dedico ainda este livro à minha grande amiga Krista Engerman, que passou horas lendo os originais, corrigindo página após página. O tempo todo, ela me incentivou a trabalhar no livro, consciente de que seria de grande ajuda a outras vítimas de estupro e abuso/violência sexual, ensinando-lhes a lidar com experiências tão traumáticas.

Ofereço também o fruto de meu labor a meus pais, por me haverem criado em um lar cristão, onde recebi deles valores cristãos e fui ensinada a jamais desistir.

Por fim, o ofereço à minha sogra, Pat Littleton, não menos importante que os demais, por me tratar como filha, nunca me julgando, mas, ao contrário, estimulando-me constantemente a levar meu trabalho até o fim.

Dedicatória

Sumário

Agradecimentos 9

Apresentação 11

Eu mal atravassara as portas ... 15

Enquanto "hibernava" ... 39

Em 23 de junho de 1978 ... 61

Depois de muita discussão ... 79

Durante todo o inverno ... 100

Em minha próxima consulta ... 120

Desde que Harold começara ... 147

Paul e eu ficamos aliviados ... 163

Paul e eu procuramos ... 184

Durante o fim de semana ... 203

Os meses que conduziram ... 221

Chegando a casa ... 240

Encontrando a paz 251

Estupro: verdades e senso comum 254

Agradecimentos

Após anos de intenso trabalho, sacrifício e frustração, concluí meu livro, afinal. Reservo, aqui, um espaço para agradecer a pessoas especiais que contribuíram, de alguma forma, para que esse objetivo fosse alcançado – orando em meu favor, incentivando-me e acreditando em mim.

Em primeiro lugar, gostaria de agradecer a Lisa. Eu a conheci quando me mudei para a pequena cidade de Mendon. Tornamo-nos grandes amigas. Passamos um inverno inteiro na casa uma da outra, encolhidas em cima do sofá. Enquanto eu lia os manuscritos, de vez em quando ela me fazia parar para dizer: "Espere, agora você me deixou confusa. Ou isso não faz sentido, ou precisa ser colocado de outro jeito". Além de acreditar em mim, encorajou-me e orou a Deus em meu favor, no sentido de que eu fosse até o fim com este livro.

Agradeço à minha amiga Katie Weeks, que leu tudo o que escrevi, deu sugestões e incentivou-me a seguir em frente.

Sou grata também a todos os amigos da Igreja Batista Lighthouse, pessoas que oraram por meu trabalho e por sua publicação.

Faço um agradecimento especial a meu bom amigo Waldir Paulino, que passou horas lendo e comentando tudo o que escrevi. Além do incentivo, ele também foi responsável por me pôr em contato com a Editora Vida. A ele serei eternamente grata.

Finalmente, expresso de forma não menos especial minha gratidão a Chad Welker, professor de inglês da Unity High School, pela disposição em investir seu tempo precioso na leitura de meus originais e pelas correções que fez. Suas palavras de incentivo foram: "Você escreveu uma obra maravilhosa só por bons motivos. Sei que não nos conhecemos, mas já sinto orgulho de você". Esse encorajamento me deu forças para procurar a editora. Obrigada, Chad!

Apresentação

Muito além das estradas e rodovias, aninhada em meio aos milharais, no centro de Illinois, fica a fazenda que chamei de lar durante mais de dezoito anos. O *shopping center* mais próximo se encontra a quase 100 quilômetros de distância, e a mercearia mais perto, a 16 quilômetros, em uma cidadezinha chamada White Hall. Meus pais moram em uma casa típica de fazenda, de dois pavimentos, a poucos metros da estrada de terra batida que passa em frente à propriedade. Minha família é proprietária de mais de 600 acres de terra nessa região montanhosa e linda do Estado, localizada no Meio-Oeste dos Estados Unidos.

Costumava sentar-me no banco da igrejinha de Walkerville, Illinois, desde a tenra idade de 9 anos. Era um vilarejo rural de aproximadamente vinte pessoas, a apenas 800 metros da casa de meus pais. Resumia-se a umas poucas casas e uma velha igreja, de cuja torre pendia um grande sino que alguém fazia soar toda manhã de domingo. Foi ali, no culto vespertino celebrado para encerrar mais um semestre de escola bíblica, que ouvi falar da morte de Jesus por meus pecados.

Os pais de todo mundo estavam lá naquela noite. A igrejinha modesta acomodava apenas 75 pessoas, mas ficou lotada. O pregador disse que, se não convidássemos Jesus a entrar em nosso coração para viver nele e nos perdoar os pecados, não entraríamos no Reino dos Céus. Claro que eu queria ir para o céu quando morresse. Aos 9 anos de idade, no entanto, ainda não sabia muito bem quantos pecados poderia ter cometido. De uma coisa, porém, tinha certeza: eu amava a Jesus. Sendo assim, concluí, por que não convidá-lo para viver em meu coração? Um a um, meus amigos foram à frente. Por fim, saí de meu lugar, atravessei o corredor central da igreja e disse ao pregador que queria receber Jesus como meu Salvador. Em seguida, acompanhei meus amigos em uma oração.

Voltei para casa me sentindo diferente naquela noite. Uma paz interior me transmitia a sensação de que, se morresse dormindo naquela ocasião, tudo estaria bem, pois iria direto para o céu. Como eu só tinha 9 anos, Satanás era alguém em quem eu quase não pensava. Nunca me acontecera nada de muito terrível, e, na maior parte do tempo, considerava-me uma criança feliz. Orava, ia à igreja e cantava hinos ao Senhor. A paz que ele me deu então me acompanhou durante o primário e o colegial, até me formar em administração. Nunca parei para pensar em como seria minha vida sem ela. Presumi que, se Jesus habitava meu coração e eu era cristã, nada de ruim me aconteceria.

Quem reside em zona rural tem, muitas vezes, uma falsa sensação de segurança, achando que os crimes não acontecem em qualquer parte, com qualquer um. O único delito com que lidávamos regularmente consistia em roubo de combustível, de animais ou de maquinário de fazenda. O noticiário da TV nos informava de estupros, assaltos e violência doméstica ocorridos nas áreas urbanas; porém nenhum desses atos criminosos se fazia presente em nossa comunidade. Ou, pelo menos, ninguém jamais ouvira falar deles. Portanto, não pareciam reais para nós.

No entanto, como mais tarde descobri, por experiência própria, coisas ruins acontecem também com cristãos. Satanás trabalha dia e noite para produzir maldades, *principalmente* na vida de pessoas boas. Acredito que nada de mau provém de Deus. E mais: ele é o único capaz de tomar uma situação adversa e de usá-la para um propósito bom, tal como fortalecer a fé de alguém para que possa ajudar outra pessoa, por exemplo. Nas páginas que seguem, compartilharei a experiência que me fez perder momentaneamente a paz que antes julgara ter para sempre, afundada em um poço de ódio, ressentimento e amargura. "O Senhor me abandonou?", me perguntava. Não, eu o abandonei. Às vezes, ficava imaginando se ele levara embora minha paz. Na verdade, porém, ele acabaria por substituí-la por uma paz mais forte e mais profunda. Coisa que eu teria de descobrir por mim mesma e que vinha procurando nos lugares errados. Vou lhe contar como encontrar uma paz tão maravilhosa a ponto de se poder saboreá-la. Se, antes de mais nada, você nunca a experimentou, quero lhe indicar como consegui-la. Há esperança para você. A paz de Deus está à sua disposição; basta pedir. Você *pode* sobreviver, e eu sou um testemunho vivo disso.

Deus me susteve quando me vi sem forças para caminhar e susterá você também, se crer nele e lhe pedir ajuda.

Eu mal atravessara as portas do escritório de advocacia em que trabalhava, quando meu chefe, Harold*, me informou de que aquele seria um longo dia, porque teríamos de tratar de um espólio. Esse serviço envolvia, normalmente, inventariar os bens de uma casa inteira, e isso era feito, em geral, com o acompanhamento de Harold. Por ser um trabalho muito desgastante e detalhista, eu sempre fora considerada "nova" demais para tal incumbência. Mas agora, depois de quase cinco meses no escritório, estava aparentemente preparada para lidar com essa tarefa. Não demorou muito para que eu concluísse que não tinha a menor vontade de realizá-la.

Conversei com Lynn, uma das outras secretárias, sobre o que Harold me dera para fazer naquele dia. Também falei de meu desconforto ante a idéia de ficar a sós com ele em uma casa vazia.

*Os nomes verdadeiros de alguns personagens foram modificados a fim de se preservar sua identidade e evitar maiores constrangimentos.

— Kathy, você precisa relaxar — disse ela. — Eu faço isso o tempo todo. Simplesmente faz parte do trabalho. Não é nada demais.

Harold era meu chefe, e eu não tinha muita escolha. Tentei ser racional, calculando mentalmente se tal receio valeria a perda de meu emprego, caso optasse por me recusar a fazer aquele trabalho. Resolvi que o faria, tendo apenas o cuidado de ser mais cautelosa que de costume. Quando meus pensamentos e preocupações começavam a se impor sobre minha vontade, pensava que seria fácil fugir de Harold correndo dele ou mesmo lutando com ele, se necessário. Porém, embora contasse com 20 anos, pesasse 47 kg e Harold tivesse pelo menos o dobro de minha idade e de meu tamanho, fiquei imaginando se, na verdade, seria capaz de me defender.

Pouco depois, Harold me chamou pelo interfone para dizer que estava de saída. Disse-me que tinha alguns compromissos e que eu deveria terminar de datilografar a carta que me ditara pouco tempo atrás, deixá-la sobre sua mesa e então encontrá-lo na rua Adams, 835.

Fiz conforme fui instruída: terminei a carta e deixei-a sobre sua mesa. Pela janela, vi o estacionamento e tentei pensar positivamente. Procurei dizer a mim mesma que estava exagerando e que nada me aconteceria. Peguei meu bloco de anotações e uma caneta e fui para meu carro. O tempo inteiro em que cruzava a cidade na direção daquela casa, dizia a mim mesma que Harold era apenas um grande paquerador e que Lynn e as outras secretárias já tinham ficado sozinhas com ele em circunstâncias semelhantes. Elas com certeza teriam me contado se alguma vez ele tivesse tentado alguma coisa. Tomei a decisão de ser cautelosa, mas, ao mesmo tempo, de não deixar que meus temores me consumissem e me deixassem paranóica.

Quando parei o carro na entrada da garagem da casa, eram mais ou menos 13 horas e dava para ver o veículo de Harold já ali estacionado. Fiquei sentada dentro do carro por um instante, observando o exterior da casa. Era uma casa velha, estilo bangalô, pintada de branco, mas a tinta estava descascando em vários lugares. Precisava urgentemente de uma pintura nova. O telhado de madeira era de um verde desbotado, e as janelas pareciam prestes a cair dos caixilhos. A calafetagem em torno delas era antiga e faltava em grande parte.

Como o carro de Harold estivesse na frente da garagem, presumi que ele já se encontrasse dentro da casa. Saltei do carro e subi os três degraus podres, instáveis, da porta dos fundos, cuja proteção de tela pendia solta, quebrada. Estava destrancada.

— Olá? — chamei, entrando cautelosamente.

Harold surgiu mais que depressa, parecendo todo atarefado. Pusemo-nos a trabalhar, sem perda de tempo. Relacionava, ao lado de Harold, todos os itens que deveria catalogar em meu bloco de notas. Eu tinha o cuidado de manter os olhos bem abertos a todos os movimentos que ele fazia, enquanto inspecionávamos um cômodo atrás do outro.

Logo de início, percebi que fazer o inventário daquela casa em particular não seria um trabalho que demandaria tanto tempo. Não havia tanta coisa assim, senão algumas grandes peças de mobília e mais alguns itens. Achei que, bem provavelmente, terminaríamos o trabalho em uma hora mais ou menos.

Começamos pela cozinha. Enquanto Harold falava e eu escrevia, não pude deixar de notar como a casa precisava de reformas em seu interior. O reboco estava soltando do teto; os ladrilhos do chão, muito antigos, começavam a amarelar. Sem contar que havia vários ladrilhos faltando. A velha pia esmaltada ficara manchada com os anos de uso, e alguns dos puxadores estavam faltando dos armários de metal. Até o forno estava imundo e engordurado, parecendo jamais ter sido limpo. O único outro item na cozinha era uma pequena mesa de metal cinza e duas cadeiras com almofadas desbotadas, sujas e rasgadas.

A maior parte da casa tinha aspecto tão antigo e arruinado quanto a cozinha. Encontramos cenários semelhantes nas salas de jantar e de estar. Não havia itens "pessoais" em parte alguma;

apenas o estritamente necessário. O chão parecia gemer a cada passo que dávamos pela casa, e às cortinas das janelas eu daria cinqüenta anos ou mais com facilidade.

Fiquei pensando na família que vivera naquele local, enquanto seguia catalogando os itens. Estava curiosa a respeito do tempo que eles residiram ali e do tipo de vida que teriam levado. Tentei imaginar se teriam sido felizes ou infelizes. A casa parecia muito antiga e sombria. O ambiente traduzia certa depressão e melancolia. Procurei me livrar daqueles pensamentos e concluí que o melhor mesmo seria prestar mais atenção ao que Harold estava fazendo enquanto nos movimentávamos pela casa.

Quando chegamos aos degraus que conduziam ao andar de cima, Harold apontou para uma porta na base da escadaria e disse que era um armário; depois, começou a subir, seguido por mim. Enquanto catalogávamos cada um dos quartos, fiz um esforço consciente no sentido de permanecer o mais próxima das portas possível. Cada quarto continha apenas uma cama, uma penteadeira e uma cômoda. Os pisos estavam nus, e os quartos pareciam frios, causando uma sensação assustadora, quase fantasmagórica.

Não demoramos muito para acabar, e parecia que, na verdade, teríamos tudo concluído dentro do período de uma hora que eu imaginara. Harold desceu para o térreo, e, mais uma vez, eu o segui. Ali, deu uma última olhada ao seu redor e anunciou que parecia que tudo estava terminado, apressando-se a se dirigir para a porta de saída.

Senti-me extremamente aliviada. Nem acreditava que realmente sairia dali. Quando comecei a segui-lo em direção à porta, ele se virou e olhou para os degraus de novo.

— Ah, sim — disse. — Acho melhor você dar uma olhada para ter certeza de que não há nada no armário (embaixo da escada) a ser inventariado.

Retrocedi uns dois passos em direção à porta do armário. Ao abri-la, imediatamente vi que aquilo era um quarto, não um armário. Foi a última observação que fiz com olhos inocentes.

Subitamente, Harold me agarrou por trás, imobilizando-me com um braço em volta do pescoço, enquanto quase instantaneamente me abria o zíper do vestido nas costas. Lutando por ar, espetei o braço de Harold com minha caneta, fazendo-o soltar um palavrão. De alguma forma, ele conseguiu tirar o cinto e as calças sem me soltar, enquanto eu gritava e tentava chutá-lo. Ele me atirou em cima da cama com tamanha força que praticamente perdi o fôlego. Todo o seu peso caiu sobre mim, enquanto eu o atacava com minha caneta, atingindo-lhe o rosto repetidas vezes, deixando-o ainda mais furioso. Ele me bateu com tanta força que a caneta que eu continuava a usar para me defender caiu de minhas mãos, enquanto me mantinha colada à cama com uma força brutal e arrancava minha roupa de baixo sem que nem mesmo me desse conta disso. Aterrorizada, gritei feito uma histérica para que Deus me ajudasse, mas Harold lançou-me um olhar demoníaco e berrou:

— Deus não está aqui!

Então, sobre mim, apertou-me de forma quase esmagadora com o peso de seu corpo. Meus punhos fechados de nada adiantavam ante a maneira como ele me prendia. Ele disse peremptoriamente:

– Ninguém pode salvar você. Quero experimentar o sabor de uma virgem.

Lutei tentando me libertar, mas ele me esbofeteou com violência e, em seguida, apanhou o próprio cinto que lançara perto da minha cabeça, agarrou uma mecha de meu cabelo e puxou minha cabeça para cima, passando o cinto em volta de meu pescoço e apertando-o de tal modo pela fivela que começou a me faltar oxigênio. Eu soluçava descontroladamente, sentindo minhas esperanças e sonhos desvanecerem, sendo substituídos pelo medo e o ódio, enquanto ele me estuprava com selvageria. Por fim, como um animal saciado, ele se afastou de mim, com um ar de satisfação no rosto. Parecia possuído pelo próprio Satanás.

Antes que eu conseguisse me recompor e entender tudo o que se passara ali, Harold já havia desaparecido. Além da expressão em seu rosto quando terminou seu infame ato, nenhuma palavra saiu de sua boca antes de me abandonar naquele quarto. Vestira as roupas e saíra sem se preocupar com nada, desprovido do menor remorso.

Levantei daquela cama e peguei minhas roupas. Rastejei até um canto do quarto, onde me sentei, calada, incapaz de produzir nem sequer um som, tentando me recuperar — ainda repassando na mente tudo o que ocorrera. Quanto mais me conscientizava da gravidade do acontecimento, mais eu chorava.

— Por que o Senhor deixou isso acontecer comigo?! — gritei para uma casa vazia, direcionando meu clamor a Deus. Minha reação inicial foi de raiva contra Deus por ter permitido que eu sofresse tamanha crueldade. — O que fiz para merecer isso? — questionei-o.

Já começava a me autoflagelar. Pensamentos fortuitos se apoderaram de mim, sugerindo-me que Deus estava me punindo por usar maquiagem, esmalte e vestidos curtos demais — coisas pelas quais minha mãe ralhava comigo e tentava me convencer de que eram mundanas. Enquanto continuava chorando, desesperadamente nutri a esperança de que Paul, meu noivo, ou meu pai — ou qualquer um, na verdade —, me resgatasse dali ou me acordasse daquele terrível pesadelo. Mas nada disso aconteceu.

Comecei a experimentar a sensação de que estava morrendo. Ali sentada, via a mim mesma toda encolhida, nua, no canto do quarto, como se estivesse fora do corpo. Minha mente parecia flutuar, enquanto me via tomada pelo pranto. Conseguia me enxergar, quando criança, encolhida debaixo de um cobertor nos degraus da sala de estar junto à lareira, tentando permanecer aquecida. Olhando pela janela através da cortina de renda, via campos abertos, enquanto observava flocos recém-caídos de neve se acumulando no chão, cobrindo-o totalmente, compondo uma pitoresca paisagem branca e lentamente engolindo o que havia sobrado dos pés de milho, depois da colheita do outono, na plantação do outro lado da estrada. Absorvi a beleza inocente da neve virgem, lembrando-me dos confins abrigados, protetores, da casa simples e rural dos meus pais.

A menininha que eu via — imagem de mim mesma — observava a neve pela janela, tendo sonhos simples, tradicionais, nada exigentes. No entanto, em questão de minutos, meus sonhos me haviam sido negados, roubados e despedaçados bem diante de meus olhos, como se alguém ostensivamente rasgasse um quadro sagrado em sua frente para enfiar a faca mais fundo.

Pouco tempo atrás, eu ainda era uma adolescente. No entanto, a juventude parecia a anos de distância, meu corpo sentindo como se tivesse de repente envelhecido dezenas de anos. Doía-me dos pés à cabeça, sentia-me incapacitada e mutilada. Olhei para mim mesma de fora, observando cada detalhe do meu corpo, de cima a baixo, procurando uma inocência que um dia estivera ali, mas não podia mais ser encontrada. Fora-se tão rapidamente como o sol quente derrete a neve, restando apenas eu, sentindo-me suja e enlameada, atropelada pelas pegadas da brutalidade fria. Sentia-me como a neve suja, escura, na primavera, dispersa por rastos de pneus e de pegadas, à medida que vai derretendo até desaparecer.

Enquanto eu chorava, parece que fui aos poucos voltando à realidade. A percepção de que ainda estava nua foi tomando conta de mim, e eu sabia que precisava me vestir. Mas a força para fazer algo tão simples como colocar as roupas parecia me faltar, e esse simples gesto se transformou em um desafio.

Lentamente, comecei a vestir as roupas, uma peça por vez. Afinal, consegui ficar em pé e tentei me recompor. Trôpega, como se bêbada estivesse, saí da casa e entrei em meu carro. Nunca bebera antes, porém o modo como dirigi o carro de volta para meu apartamento foi o mais próximo que posso imaginar de dirigir intoxicada — quando a pessoa chega milagrosamente a sua casa, mal conseguindo lembrar o trajeto feito, sem muita certeza de como foi que chegou ali. Foi subindo os dois lances de escada para meu apartamento que comecei a perceber quanto eu estava machucada e como meu corpo doía. Cada músculo estava dorido, e eu quase não conseguia subir os degraus.

Uma vez dentro do apartamento, me despi e joguei as roupas no lixo. Coloquei para fora tudo o que tinha no estômago, em parte porque me sentia nauseada com tudo o que acabara de acontecer. Mas também era uma tentativa de me purificar da sujeira que sentia dentro de mim. Continuei a vomitar até não ter mais nada para expelir do estômago. Em seguida, entrei no banho e me esfreguei até quase abrir feridas na pele. No entanto, nada parecia limpar a sujeira que sentia no exterior do meu corpo e dentro dele.

Permaneci debaixo do chuveiro, com a água escorrendo sobre mim, durante um tempo extremamente longo. Depois do que me pareceu uma eternidade, finalmente me forcei a fechar a torneira e sair. Eu estava tão dolorida e exausta que precisei reunir toda a fraca energia que me restara para erguer a toalha e enrolá-la no corpo. Parecia pesada demais até para segurar.

Quando acabei de me enxugar, vesti uma camisola e caí na cama. Enfiei-me sob as cobertas, formando um casulo, e me confinei dentro de mim mesma. Sem querer encarar o mundo nem lidar com a realidade, me segurei o máximo possível, com a intenção de não sair dali enquanto não me sentisse pronta. No entanto, minha cabeça girava e meus pensamentos rodopiavam rápido demais para que pudesse decifrá-los.

Deitada na cama, a cena do estupro parecia reprisar em minha mente sem parar. A cada vez, tentava desesperadamente escapar, mas não via saída. Ficava perguntando a Deus: "Por que eu?", todas as vezes que o "filme" passava em minha cabeça. Minha raiva fora substituída por um desejo frenético de encontrar sentido no que me acontecera.

Minha mente estava em grande estado de confusão, com a sensação de entorpecimento e enevoada. Não conseguia entender o que acabara de suceder. Ficava imaginando como voltaria a confiar em alguém novamente. Sentia-me extremamente envergonhada — e estúpida. Então, comecei a me censurar, dizendo que não deveria ter entrado na casa sozinha com Harold e que essa fora uma atitude ingênua demais. Quanto mais me convencia de coisas desse tipo, mais transferia a culpa para mim mesma. Sentia que cometera um pecado capital. Fizera sexo. Mesmo não tendo sido uma opção minha, acreditava que era minha culpa por ter me colocado naquela situação. Optara por me fazer mais atraente quando usei aquela maquiagem. Escolhera usar aquele vestido especificamente. Só podia ser culpa minha.

Tentar raciocinar quanto ao que poderia ser feito no futuro para impedir um incidente semelhante não estava consertando nenhum dos estragos que já me haviam sido feitos. Senti que aquilo não tinha volta. No passado, sempre confiara em Deus para me ajudar nos problemas que enfrentava, mas agora era como se ele tivesse me abandonado dentro daquela casa vazia. Fiquei pensando no que poderia ter feito para merecer um castigo assim terrível dos céus. Com raiva e muito solitária, silenciosamente supliquei a Deus por respostas.

Sentindo-me vazia e suja por dentro, comecei a acreditar que ninguém jamais haveria de me querer — nem mesmo Paul. Com essa idéia, lembrei-me de que Paul me dissera que passaria em casa naquela noite. Decidi telefonar para ele e dizer que estava doente, de modo a evitar que me visse naquele estado. Obviamente, estava mais do que convencida de que uma coisa terrível me acontecera e me sentia em frangalhos. Paul se ofereceu para me levar um pouco de sopa, mas o dispensei, dizendolhe que só queria ficar na cama, que não estava com vontade de ver ninguém, e que ele, por favor, entendesse.

Comecei a imaginar que destino me esperava se alguém algum dia descobrisse o que acontecera. Será que Paul ainda me amaria? E se ele fosse atrás de Harold para agredi-lo fisicamente? Eu não poderia correr o risco de Paul ser preso apenas três meses antes do dia do nosso casamento. Como meus pais reagiriam?

Também sabia que poderiam se culpar, uma vez que tinham me estimulado a aceitar o emprego em um escritório de advocacia. Estava consciente de que não poderia contar isso a ninguém. Todos me olhariam diferente. Será que sentiriam pena de mim? Acreditariam em mim? Talvez não. Afinal de contas, era a palavra de Harold contra a minha, e ele era um advogado experiente, que cuidava de casos de clientes importantes e influentes. Resolvi que deveria manter tudo no mais absoluto sigilo. Teria de ser forte para passar por aquele pesadelo e tentar ser resistente à dor. Não queria ninguém me olhando de forma diferente. Com certeza, não havia a menor possibilidade de eu compartilhar minha história com alguém. Jamais.

Embora achando ser minha culpa por haver me colocado numa situação vulnerável, percebi que nutria mágoa e ressentimento em relação a Harold. Ele roubara minha inocência, minha virgindade. Algo que fizera parte de mim durante a vida inteira fora levado em questão de minutos. E não só de mim, mas também de Paul. Agora, Paul não seria o primeiro e único homem a estar dentro de mim. A idéia de Harold dentro de mim causava-me asco e me deixava com o estômago embrulhado de novo. Minha amargura e ressentimento de repente se transformaram em raiva e ódio de Harold. Como era possível uma pessoa tratar outro ser humano com tamanha violência e, ainda por cima, tirar satisfação e prazer nisso? Harold usara meu corpo para gratificação pessoal e não sentira o menor remorso pelo que fizera.

Todas essas emoções foram crescendo dentro de mim até explodirem, afinal, e as lágrimas começaram a me escorrer pelo rosto. Solucei convulsivamente, apertando-me com força. A vida não valia tanta dor e luta. Imaginando como seria possível seguir em frente, convivendo com tamanho infortúnio, continuei deitada na cama, chorando.

Quando caiu a noite, senti medo de cerrar os olhos. Mesmo com eles abertos, a linguagem vulgar de Harold, enquanto me estuprava, ainda era audível dentro da minha cabeça. Podia ouvir-lhe a voz triunfante, dizendo que seria a primeira vez que desfrutaria de uma virgem. Ainda podia sentir meus punhos presos pelas mãos dele e seu cinto quase me asfixiando. Tive a sensação de estar sufocando e imaginei se a luz do dia não chegaria nunca. O medo de dormir aos poucos tomou conta de mim, pois eu tinha certeza de que o rosto de Harold haveria de assombrar-me os sonhos.

Passei a noite em claro e, quando a luz do sol começou a se imiscuir pela janela, percebi que teria de encarar Harold de novo dentro de poucas horas. A idéia me fez vomitar novamente. Mais uma vez, fiquei debaixo do chuveiro aberto, sem querer sair dali. Enquanto a água corria por meu corpo, recomecei a chorar. Sentia-me tão só. Enquanto me enxugava, percebi que os hematomas e vergões em meu pescoço, braços e rosto na verdade tinham vindo à tona durante a noite e estavam bem visíveis. Meu corpo doía ainda mais naquela manhã. Vesti um suéter de manga comprida e gola alta e enchi o rosto de maquiagem, tentando disfarçar os hematomas. Esperava conseguir me conter o suficiente para que ninguém percebesse meu estado lastimável, tanto externa quanto internamente.

No caminho para o trabalho, fui pensando em como conseguira aquele emprego. Já na entrevista para ocupar o cargo, eu me sentira pouco à vontade, mas não dera importância ao fato, convencida de que Harold estava só querendo ser amigável.

> Lembrei-me de que me inscrevera em uma agência de empregos em Quincy e que, em questão de dias, tinha uma entrevista de emprego agendada para mim em um escritório de advocacia de um dos mais influentes advogados de Quincy, Harold Ranetti.
>
> Quando compareci à entrevista, imediatamente notei que não só o prédio era muito grande, mas que também havia cinco advogados trabalhando ali. O complexo de escritórios ficava em um prédio de tijolos vermelhos, grande, de um único andar. Parecia realmente agradável e tinha persianas verde-escuras. Quando entrei, havia

uma recepcionista logo na entrada e, nos fundos, pude ver três secretárias sentadas em mesas ao longo do corredor, cada qual junto a um escritório. Informei à recepcionista que tinha hora marcada com o sr. Ranetti, e ela anunciou minha presença pelo interfone.

Quando o sr. Ranetti abriu a porta e saiu, vindo a meu encontro, eu lhe dei no máximo uns quarenta e poucos anos. Restava-lhe bem pouco cabelo no alto da cabeça, mas o que sobrara era loiro-escuro. Era bastante baixo e estava levemente acima do peso. Também notei que usava um terno extremamente caro, enquanto avançava para me apertar a mão. Fez sinal para que eu entrasse em seu escritório e colocou a mão de leve em minhas costas, como se para me guiar gentilmente pela porta.

O escritório do sr. Ranetti era bastante espaçoso. Havia obras de arte selecionadas, emolduradas em madeira, afixadas nas paredes de cor creme. Ele tinha uma mesa larga, de madeira da melhor qualidade, com duas poltronas altas de couro, de cor vinho, dispostas na frente. Fotografias de dois meninos sobre sua mesa ajudavam a dar a impressão de que ele era um homem de família, embora tivesse percebido que ele não usava aliança de casamento e que não havia nenhum retrato de mulher visível em parte alguma do escritório. Ele acenou para que eu me sentasse em uma das cadeiras e então tomou seu lugar na poltrona do outro lado da mesa.

Pegou meu currículo e passou direto à entrevista, sem se ater primeiro a uma conversa trivial e sem fazer-me perguntas pessoais.

— Vejamos, Kathy — disse ele. — Diz aqui que você é formada na faculdade Gem City. Certo?

— Isso mesmo — confirmei.

— E trabalhou durante quatro meses para um escritório de advocacia em Jacksonville?

— Sim senhor.

— E por que saiu de lá? — ele quis saber.

— Estou noiva de um rapaz de Quincy e resolvi mudar para cá — expliquei.

As indagações do sr. Ranetti foram interrompidas por alguns instantes, enquanto eu o observava olhando-me de cima a baixo e verificando minhas roupas. Ele se abriu então em uma espécie de sorriso de aprovação e continuou com o questionamento.

— E quanto à sua família? — perguntou. — Onde você foi criada?

— Fui criada em uma fazenda... — comecei.

As sobrancelhas dele subiram de leve, e, antes que eu tivesse chance de continuar, me interrompeu, dizendo:

— *Isso é bom.*

O comentário me pareceu pouco usual, mas continuei assim mesmo.

— Tenho mais um irmão — recomecei. E de novo fui interrompida.

— E quanto à velocidade com que você datilografa? — ele perguntou. — Quantas palavras consegue datilografar por minuto?

— Algo em torno de 120 — respondi.

O sr. Ranetti levantou da cadeira e contornou a mesa dirigindo-se até onde eu estava sentada. Ele se apoiou, informalmente, na mesa bem à minha frente e colocou a mão gentilmente sobre meu joelho. Com a voz calma, quase confortadora, disse:

— Só para você saber, aqui no escritório nos tratamos pelo primeiro nome, de forma que você pode me chamar de Harold.

— Está bem — respondi, concordando com um aceno de cabeça.

— Acho que você se sairá muito bem — ele acrescentou.— Pode começar na segunda-feira.

Agradeci e saí do escritório bastante chocada com a rapidez com que fora contratada. Não gostei particularmente do jeito como Harold me tocara, mas precisava de um emprego e imaginei que aquilo deveria fazer parte da personalidade dele.

Estava ansiosa para contar a Paul sobre o novo emprego. Sabia que conseguir um trabalho que pagasse bem assim nos ajudaria muito. E eu gostava da idéia de trabalhar para alguém "importante". Não disse nada a Paul sobre minha impressão de Harold. Afinal, provavelmente ele apenas tinha uma personalidade galanteadora e simplesmente estava sendo amistoso.

Sabia que meus pais também ficariam muito felizes, porque trabalhar para um advogado era o que eles sempre quiseram para mim.

> Nem saberia dizer quantas vezes ouvi meu pai me dizer: "Trabalhar em um escritório de advocacia é onde está o dinheiro". Eles me mandaram para a escola a fim de que eu conseguisse um bom emprego, e agora eu tinha um. Quando fui para casa naquele fim de semana, meus pais pareciam sinceramente entusiasmados por mim e por meu novo emprego.

Agora, quando chegava ao trabalho, já podia me sentir lutando para conter as lágrimas enquanto entrava e seguia até minha mesa. Senti umas poucas lágrimas escaparem e fugirem por minhas faces, porém mais que depressa tentei enxugá-las antes que alguém percebesse. Fiquei imaginando o que faria quando Harold inevitavelmente me convocasse a seu escritório pelo interfone para ele ditar uma carta. Uma sensação pesada de medo me sobreveio antes que Lynn, uma das outras secretárias do escritório, interrompesse meus pensamentos.

— Você está bem? — ela perguntou, preocupada.

— Na verdade, não me sinto muito bem — respondi, a voz fraca.

— Oh, compreendo — disse ela. — Foi por isso que não voltou ao trabalho ontem?

— Isso mesmo — respondi com um leve aceno de cabeça.

— Bem, você está com um aspecto terrível — ela continuou. — Deveria ir para casa.

Fiquei imaginando se as outras secretárias sabiam quem Harold era de fato. Pelas atitudes prévias delas e pelos constantes comentários de que eu criava caso demais por causa do comportamento dele, era com certeza óbvio que ele não havia estuprado nenhuma delas. Então, por que me escolhera? Será que ele fizera sexo com elas também, mas de forma consensual? Talvez não tivesse precisado forçá-las. Talvez até as tivesse pago por isso. Minha cabeça girava, e eu me sentia prestes a vomitar de novo.

Não demorou muito para Harold me chamar a seu escritório pelo interfone. Meu corpo ficou dormente, e eu podia sentir os braços começando a tremer. Senti náuseas e fiquei visivelmente trêmula, mas tinha de enfrentá-lo, mais cedo ou mais tarde. Por isso, obriguei-me a entrar em seu escritório.

— Feche a porta — disse ele firmemente.

Fiz conforme me foi mandado, mas fiquei junto da porta, tensa, paralisada. Imediatamente percebi que o rosto de Harold estava seriamente arranhado nos lugares em que repetidas vezes eu o golpeara com a caneta antes que ele fosse bem-sucedido na tentativa de arrancá-la de minha mão. Fiquei imaginando o que teria dito aos outros advogados sobre aquelas marcas no rosto.

— Sente-se — ele me ordenou em um tom frio de voz.

Comecei a chorar, porém Harold parecia inabalável. Ele continuou, falando muito objetivamente, sem qualquer emoção.

— Você é frígida e, honestamente, sua estenografia e sua datilografia deixam a desejar. Por isso, serei obrigado a dispensá-la.

Olhei para Harold sem acreditar no que ouvia. Mas antes que pudesse dizer qualquer palavra, ele continuou a falar:

— Se você não revelar a ninguém o que aconteceu na casa ontem, pago uma agência de empregos para arrumar outro trabalho que lhe ofereça até melhor remuneração do que este — anunciou. — Se ficar de boca fechada — continuou —, acrescento o pagamento de duas semanas de auxílio-doença *mais* duas semanas de férias, embora você não tenha ficado aqui tempo suficiente para fazer jus a elas.

Meu ódio por Harold continuou a crescer, ao mesmo tempo que me via lutando uma batalha perdida. Aceitei a oferta e me considerei afortunada por pelo menos sair de perto dele. Embora parecesse que Harold providenciaria que eu saísse daquela situação bem financeiramente, com certeza isso não servia de consolo nem de compensação pelo que eu estava passando e ainda iria passar. Pelo contrário, me fez sentir como se agora estivesse sendo remunerada por ter feito sexo, algo que definitivamente não me ajudou em nada a lidar com o acontecimento.

Peguei meus poucos pertences pessoais de cima da mesa e disse às secretárias que Harold me mandara voltar para casa, já que não estava me sentindo bem. Quando cheguei ao carro, comecei a pensar no que Harold iria dizer a elas no dia seguinte, quando eu não comparecesse para trabalhar, ou o que continuaria a dizer daí para a frente. Decidi que, na verdade, isso não me importava. Só queria estar tão longe dele quanto possível. Quando voltei para meu apartamento, encolhi-me toda em cima da cama e dormi quase o dia todo, completamente exausta, física e emocionalmente.

Só acordei quando o telefone tocou mais tarde, já de noite. De imediato, sabia quem era e não senti a menor vontade de atender. Por fim, tirei o fone do gancho. Era Paul.

— Você está bem? — ele perguntou. — Está com uma voz horrível.

— Ainda não estou me sentindo bem — respondi. — Só quero dormir. Sinto muito, mas realmente não estou com disposição para ver ninguém hoje.

— Tem certeza de que não devo passar por aí? — ele insistiu, evidentemente desapontado.

— Só quero ficar sozinha, mas obrigada de qualquer forma — respondi.

Naquela noite, fiquei pensando em como explicaria a Paul e a meus pais a perda do emprego. Não queria mentir para eles, mas senti que não me restava outra opção. Precisava lhes dizer alguma coisa pelo menos.

Passei três dias na cama, alternando entre chorar e pensar. Pensei em meu passado e em meu futuro e chorei repetidamente por causa de ambos. Lembrei-me do tempo em que eu queria sair da fazenda de meus pais e daquele ambiente protegido e ir para a cidade "grande". Agora, tudo o que eu queria era voltar atrás. Ainda conseguia lembrar de minha primeira viagem a Quincy para visitar a escola de administração que esperava freqüentar.

> Quando me formei na faculdade, optei por fazer algo inimaginável aos olhos de meus pais, mudando-me da fazenda para a cidade e freqüentando um curso universitário de um ano para adquirir as

habilidades necessárias que me permitissem trabalhar como secretária de um advogado. A "cidade" que escolhi foi Quincy, Illinois, um lugar de cerca de 50 mil habitantes, localizada a cerca de 150 quilômetros de nossa fazenda. Em 1972, quando me formei, a atual estrada que leva a Quincy não existia, e a viagem demorava cerca de duas horas só de ida.

Em junho, minha família e eu fomos de carro até Quincy para dar uma olhada na escola que eu estava pensando freqüentar. Embora estivesse com dezoito anos, nunca vira uma cidade tão grande. Dificilmente nos aventurávamos fora da fazenda quando eu era jovem, a não ser para comprar alguns mantimentos e outras necessidades. Lembro de ter olhado para todos aqueles prédios, lojas e casas e me perguntado como faria para aprender a andar em um lugar tão grande. Mesmo assim, estava determinada a aprender. Fiz minha inscrição no curso e, em seguida, fui verificar o dormitório onde moraria.

Dois meses depois, meus pais me deram o velho carro deles para levar comigo para Quincy, por causa da escola. Compraram o primeiro carro novo deles quando me deram o velho. Mesmo que provavelmente fosse porque viram que ele seria necessário para minha sobrevivência, com certeza foi a maior coisa que, àquela altura, poderiam fazer por mim. Meus pais me ajudaram a carregar o carro com meus pertences e ficaram me observando sair da garagem e partir para a faculdade. Sem dúvida, aquela despedida foi uma das coisas mais difíceis para eles. Mais tarde, minha mãe me disse que meu pai até chorara, algo quase difícil de acreditar, uma vez que na verdade eu nunca vira meu pai externar suas emoções. Naturalmente um homem que demonstra emoção teria se levantado contra nosso estilo de vida difícil e conservador. Portanto, descobri que, se ele chorara como minha mãe disse que o fizera, eu deveria ter realmente levado um pedaço de seu coração comigo para a escola.

Segui até Quincy e, para minha grande satisfação, cheguei ao dormitório feminino. Desde muito antes, já ficara óbvio para mim que viver em um quarto com uma colega representaria um grande desafio e exigiria ajustes de minha parte igualmente grandes. Com certeza, seria uma experiência muito distante do espaço amplo a que estava habituada na fazenda. A faculdade como um todo me ofereceu várias oportunidades que nunca tivera a chance de experimentar. Comparecer à minha primeira festa me abriu os olhos para o que as outras pessoas de minha idade consideravam divertido. Quando meus novos colegas descobriram que eu havia crescido em uma fazenda e que isso explicava minha inocência, com freqüência faziam com me sentisse pouco à vontade. A idéia de que eu jamais comparecera a uma festa, consumira álcool ou fumara um cigarro parecia impensável para eles, e eu era lembrada disso constantemente. De vez em quando, ficava pensando se a vida na faculdade não seria mais do que eu era capaz de suportar. Às vezes, me parecia que talvez eu simplesmente não tivesse sido feita para aquilo, afinal de contas.

Não sabia ao certo o que fazer.

Depois de dois meses de esforços fracassados para me encaixar, estava pronta para jogar a toalha e voltar para casa. Então, conheci Lori, que, para minha felicidade, se sentava a meu lado na aula de inglês. Em vários sentidos, ela era parecida comigo. Crescera em uma fazenda e também não bebia nem fumava. Mas Lori gostava de rir e de se divertir sem ter de fazer uso de álcool e cigarros para isso. Eu realmente admirava isso nela. Por fim, Lori e eu começamos a estudar e a fazer algumas coisas, como compras, juntas. Não demorou muito para que nos tornássemos boas amigas.

Quando conheci Lori, ela estava namorando um rapaz chamado Dave. Ele parecia uma excelente pessoa e sempre tratava Lori excepcionalmente bem. Um dia, comentei com Lori sobre a felicidade de ter encontrado um namorado tão bom. Disse-lhe que esperava que um dia pudesse encontrar um rapaz tão bom quanto Dave. Aparentemente, isso aguçou o interesse de Lori em bancar a casamenteira. Um belo dia, ela marcou um encontro para mim com um sujeito chamado Paul, um dos melhores amigos de Dave da época do colegial.

Nunca me fora permitido "sair com alguém" na época do colégio. Por causa disso, meu conhecimento sobre o assunto era mínimo. Por causa dos valores rígidos de minha família, nenhum garoto jamais alcançara os padrões de meus pais para ser um possível namorado da filha deles. Sair com alguém a quem eu nem conhecia com certeza não era algo que eu consideraria fazer. Tudo o que eu sabia de Paul eram as coisas que Lori me contara a seu respeito.

Depois que Lori conseguiu que Paul e eu concordássemos em sair uma noite, Paul me telefonou para tratar dos detalhes do nosso encontro.

Quando atendi o telefone, ouvi uma voz amigável dizer:

— Oi, Kathy. Quem fala é Paul. Nossa amiga Lori sugeriu que eu ligasse para você...

— Sim, ela disse alguma coisa sobre a possibilidade de você telefonar — respondi.

Enquanto ouvia Paul falar, fiquei imaginando se estaria tão nervoso quanto eu. Ele conversou um pouco comigo, perguntou, curioso, sobre o que eu achava de Quincy e também me pediu que lhe falasse um pouco sobre mim. Na verdade, não entramos muito em detalhes sobre nossa aparência.

Ele se descreveu:

— Tenho boa estatura, meu cabelo é meio avermelhado e uso óculos. Lori me mostrou uma fotografia sua do livro de formatura, de forma que eu sei que você tem cabelo curto.

— Oh... é verdade, e castanho. Sou baixa e magra. O que mais Lori contou a meu respeito? — perguntei, ansiosa.

— Apenas que você cresceu em uma fazenda e que não é muito festeira — ele respondeu.

— Sim, também é verdade — concordei.

Paul parecia sinceramente interessado em mim e acabou passando a impressão de ser uma pessoa muito atenciosa. De pronto, achei fácil conversar com ele. Antes que me desse conta, havíamos tagarelado durante uma hora inteira. Era uma daquelas situações em que, mal acabando de conhecer alguém, você sente como se já o conhecesse há bastante tempo. Falar com Paul ao telefone fez aliviar a tensão de nosso futuro encontro, já que ele me fizera sentir tão confortável.

Combinamos de ir ao cinema com Dave e Lori para ver o filme *Elvis on tour.* O fato de Paul ter sugerido a companhia de Dave e Lori me fez imaginar que ele achava que uma mulher não deveria ficar a sós com um estranho em um primeiro encontro e que ele queria me ajudar a me sentir mais confortável com a presença de Lori. Fiquei muito contente com isso e apreciei sua consideração. Seu respeito definitivamente me impressionou de cara. Paul me disse que me apanharia por volta das 19 horas para me levar ao cinema.

Lori, que estava passando o dia comigo em meu quarto, educadamente me deixara a sós durante a conversa telefônica, mas rapidamente voltou assim que desliguei. Fui incapaz de conter o sorriso no rosto. Entusiasmada, ela perguntou:

— Como foi? Quero todos os detalhes!

O que saiu da minha boca provavelmente foi bastante surpreendente, dadas as circunstâncias, mas lembro-me de ter dito:

— Paul é o homem com quem vou me casar um dia.

Fosse eu uma vidente ou estivesse apenas emocionada demais por ter marcado um encontro, ainda é coisa para ser discutida, porém meu comentário deixou Lori extremamente impressionada. Ficou tão entusiasmada que me agarrou, me fez rodopiar pelo quarto, pulando sem parar, e então me implorou que lhe contasse cada detalhe da conversa antes que tivesse de sair para se arrumar.

— Mais tarde eu conto — respondi. — Quero tomar um banho e me preparar também. Agora vamos, se manda!

Enquanto me aprontava para aquela noite, disse à minha colega de quarto, Maggie, que eu imaginava Paul um rapaz musculoso e que, a julgar pelo tom de voz, deveria ser um homem bonito. Maggie ficou observando todo o esforço que fiz para ficar com a aparência certa para nosso encontro. Fiz um penteado, escolhi minha melhor calça e uma blusa elegante combinando. Até recorri à antes proibida maquiagem que trouxera comigo sem o conhecimento de meus pais assim que me mudei para Quincy. Depois, usei algumas gotas de perfume, acrescentei umas duas jóias e calcei os sapatos.

Quando ouvi a campainha, fiquei surpresa ao perceber quão ansiosa estava por chegar à porta e conhecer essa pessoa maravilhosa com quem "eu me casaria um dia". Abri a porta e fiz uma pausa que pareceu uma eternidade. Ali estava um rapaz muito magro, de cerca de 1,80 m, com óculos de lentes alaranjadas. Usava uma calça *jeans* desbotada, tênis sujos e uma camisa amarela brilhante a ponto de cegar, que em nada combinava com seu cabelo vermelho, ondulado e comprido, abaixo do colarinho da camisa.

Mais que depressa, pensei no comentário que fizera com Lori sobre meu casamento. "Por favor, diga que esse não é o Paul", pensei. Queria fechar a porta e fingir que não estava em casa, mas minha criação não me permitia ser tão rude. Dava para perceber que ele estava nervoso quando me perguntou se eu era Kathy. Forcei meus lábios a exibirem um sorriso, enquanto pensava: "Olhe só esse cara. Será que ele não tem mãe? Não viu o jeito como ele saiu de casa? Talvez não soubesse que ele tinha um encontro marcado com uma garota. Do contrário, certamente não teria permitido que saísse de casa vestido desse jeito". Fiquei imaginando se ele teria um par de sapatos decente. Talvez só tivesse aquilo mesmo. Todos esses pensamentos se revolviam em minha mente em ritmo alucinante, de forma que quase por instinto eu lhe disse que ficava contente em conhecê-lo. Era a primeira semana de outubro, e o tempo estava ficando um pouco mais fresco. Peguei um agasalho e pensei: "Bem, é só um encontro. Pelo menos alguém vai me pagar o ingresso para o cinema".

Paul me acompanhou até o carro, um Dodge Plymouth branco muito velho. Abriu a porta para mim. Isso causou uma impressão positiva em mim, e ele ganhou alguns pontos em prol de sua redenção por sua escolha de roupa. Apanhamos Dave e Lori e seguimos para o cinema. Paul segurou a porta para mim e me deixou entrar na frente. Depois que pegamos nossos bilhetes e entramos na sala de projeção, Paul me deixou escolher os lugares; então ele se sentou a meu lado, com Lori e Dave do outro lado dele.

Nunca tinham me deixado ouvir *rock'n roll.* Meus pais sempre entenderam a expressão "sexo, drogas e *rock'n roll*" literalmente, de modo que esse tipo de música era considerado demoníaco. Eu conseguira ouvir algumas músicas de Elvis Presley por causa de amigas e gostara da maioria. Porém, ver Elvis na tela grande era uma emoção e tanto. Logo descobri que gostava muito de Elvis e de sua música.

Estava me divertindo muito com o filme, quando, mais ou menos depois de um terço do período todo de projeção, tive um vislumbre da perna esquerda de Paul pulando para cima e para baixo, com o máximo de velocidade que uma pessoa poderia fazer aquilo. Fiquei imaginando se havia alguma coisa errada com ele, porque nunca vira nada parecido. Até fiquei imaginando se não estaria sofrendo um ataque. Mas com certeza parecia estar se divertindo com o filme, de maneira que imaginei que deveria apenas ser uma pessoa muito nervosa. Afinal de contas, eu também estava nervosa. A diferença é que ele tinha um jeito estranho de demonstrar isso.

Depois do filme, fomos os quatro comer *pizza*. Era gostoso passar tempo com Lori e Dave. Somando-se a isso o fato de que Paul tinha uma conversa agradável, a noite acabou sendo bem divertida. Paul parecia diferente da maioria dos rapazes que eu conhecia. Aparentava um pouco da mesma inocência que eu. Depois que deixamos Dave e Lori no dormitório dela, Paul me levou até meu prédio.

Ele foi até a porta e disse:

— Posso ligar para você um dia desses?

Achei que talvez eu gostasse disso e respondi que sim. Ele se despediu com voz tímida e disse que ligaria. Senti algumas borboletas no estômago enquanto caminhava até meu quarto.

No dia seguinte, na escola, Lori fez questão de me perguntar o que eu achara de Paul. Confessei que ficara um pouco surpresa com sua aparência.

— Esse é o Paul... — disse Lori com um sorriso. — Não é alguém que tenta impressionar pela aparência. O que você vê é o que você leva.

Curiosa, perguntei a Lori o que era aquilo que o fazia sacudir tanto a perna. Lori me explicou que a perna dele sacudia quando estava nervoso ou emocionado demais. Ela achava que ele nem tinha consciência disso. Perguntei-lhe por que ele estava tão nervoso. Finalmente, Lori me disse que ele tivera uma namorada antes, que aquele não foi exatamente seu primeiro encontro e que estava nervoso porque ela lhe falara sobre minha criação e de como eu era religiosa. Só para apimentar mais a coisa, Lori chegara a lhe dizer que, se ele tentasse tocar em mim, eu o mataria! Nós duas rimos feito duas histéricas.

— Não admira que sua perna sacudisse tanto! — eu disse. — O pobrezinho provavelmente ficou morrendo de medo. Ele ficou comigo de um lado e você do outro, de olho nele o tempo todo. Isso é o suficiente para assustar qualquer um.

Contei a Lori que, apesar do guarda-roupa dele não me atrair nem um pouco, e embora ele tivesse aquele hábito esquisito de sacudir a perna, não conseguia deixar de sentir-me entusiasmada cada vez que pensava nele.

Na noite seguinte, Paul me ligou de novo. Ele queria saber se poderia passar pelo prédio de meu dormitório para conversar, talvez para que nos conhecêssemos melhor. Achei gentil da parte dele, de forma que lhe disse que poderia vir. Em nosso dormitório, era permitido aos homens entrarem na cozinha e nas áreas comuns que tinham uma televisão, uns dois sofás e várias cadeiras. Paul veio, e nos sentamos no sofá, de frente um para o outro. Conversamos bastante, e foi muito agradável. Cada um de nós descreveu os respectivos pais, nossa infância e até nossos sonhos para o futuro. Parecia que havíamos conversado sobre quase tudo. Eu não conseguia lembrar de ter me sentido tão à vontade com alguém antes. Lori tinha razão — Paul era aquilo ali e pronto. Ele não parecia interessado em fingir ser o que não era. Não tentava me impressionar: simplesmente agia de seu jeito. Suas qualidades singelas facilitavam para mim ser eu mesma.

Mas ele ainda estava usando aqueles tênis sujos.

Durante toda a nossa conversa, descobri que o pai de Paul era motorista de caminhão e que passava a semana inteira na estrada. Portanto, seu pai só se achava em casa nos fins de semana. Sua mãe nunca aprendera a dirigir e dependia da família e de amigos para levá-la a algum lugar durante a semana. Ele explicou quanto gostaria de ir para a faculdade, mas seus pais não tinham condições financeiras de ajudá-lo.

Paul também descreveu um amor intenso pelo beisebol. Ele atuara como jogador no time do colégio, mas seus pais o fizeram abandonar o esporte ao completar 16 anos, no último ano do colégio, e o forçaram a arranjar um emprego. Esperavam que ele ganhasse dinheiro para que comprasse um carro e ajudasse a levar sua mãe e as duas irmãs menores aonde fosse necessário, enquanto seu pai estivesse trabalhando longe de casa. O desapontamento pelo fato de sacrificar seu sonho ainda se refletia em seu rosto.

Paul prosseguiu, dizendo-me que no momento trabalhava no turno da noite em uma fábrica na cidade. Trabalhava no departamento que chamavam de "cabine de pintura", onde ele polia e pintava com *spray* compressores de ar. Imagino que isso explicasse suas unhas sujas. Por fim, Paul consultou o relógio e disse que precisava ir para o trabalho. Antes de sair, perguntou-me se poderia me ver na semana seguinte.

Tive de explicar-lhe que, quando meus pais me deram aquele carro velho, estabeleceram uma única condição: que eu voltasse à fazenda todos os fins de semana. Pela primeira vez, comecei a imaginar se eles me queriam em casa porque sentiam de fato minha falta ou porque achavam que, dessa forma, estariam me poupando de "encrencas" ao não permanecer na "cidade" nos fins de semana.

Paul me pareceu compreensivo, enquanto eu o acompanhava até a porta de saída. Não ousou me dar um beijo de boa-noite. Na verdade, não tocou nem em minha mão. Enquanto o observava ir embora em direção a seu carro, descobri-me tentando imaginar como seria ter minha mão tocada por sua mão ou meus lábios tocados pelos seus. Senti um arrepio pelo corpo. Uma sensação repentina e emocionante — algo como nunca sentira.

Enquanto "hibernava" em meu apartamento, fiquei perdida em pensamentos sobre meu passado, tentando imaginar como encararia os dias que estavam à minha frente. Finalmente deixei Paul vir me ver. Expliquei-lhe que perdera o emprego. Contei que Harold tentara alguma coisa e que eu não havia gostado. Meus lábios tremeram quando disse:

— Paul, eu disse a Harold que não gostava do seu assédio, e ele me informou que eu não estava preparada para ser sua secretária.

Paul ficou visivelmente irado com Harold e me disse que conversaria com ele. Rapidamente tentei demovê-lo de tal idéia e expliquei-lhe que Harold havia sido muito generoso em meu "acordo de rescisão", se eu não criasse caso por causa daquilo.

Chorei ao tentar pedir desculpas a Paul por perder o emprego apenas três meses antes do nosso casamento. Paul foi compreensivo e tentou me assegurar de que tudo daria certo. Eu lhe disse que Harold havia me dado a palavra de que se interessaria em me arranjar outro emprego que me pagasse melhor. Paul podia ver que eu estava arrasada por ter perdido o emprego. Mal sabia ele que minha perda tinha sido muito maior.

Depois que Paul foi embora naquela noite, fiquei deitada na cama pensando no quanto ele estava me apoiando naquele momento. Na verdade, Paul sempre se revelou como uma pessoa atenciosa e sensível. Esse foi um dos motivos que despertaram minha paixão por ele, fazendo-me decidir passar o resto de minha vida a seu lado.

Lembrei-me, então, do Dia de Ação de Graças de 1973, apenas seis meses antes de Paul e eu ficarmos noivos.

> Estávamos bebendo chocolate à mesa da cozinha de meus pais, quando Paul tirou uma caixinha de dentro do bolso. Escorregou-a por cima da mesa até minha mão.
>
> — O que é isso? — perguntei.
>
> — Só um presente de Natal antecipado — ele explicou.
>
> Abri a caixinha e descobri um lindo anel de brilhantes de noivado. Olhei para Paul e estendi a mão, colocando as mãos dele suavemente em cima da minha.
>
> — Quer se casar comigo? — ele perguntou.
>
> Senti um sorriso explodir em meu rosto. Pulei da cadeira e contornei a mesa, alcançando-o no instante em que ele se levantava da cadeira, e nos abraçamos apertado. Então, na casa de minha infância, eu disse:
>
> — Sim, claro que quero!
>
> Por fim, Paul precisou ir embora e voltar para Quincy. Eu fui para a cama, mas dormir era uma causa perdida. Estava emocionada demais para relaxar e adormecer. Fiquei imaginando o que meus pais diriam daquele noivado. Até pensei na possibilidade do que meu irmão, Eddie, iria pensar e imaginei se ele seria capaz de distinguir a diferença entre perder uma irmã e ganhar um cunhado. Finalmente, consegui conciliar o sono nas primeiras horas da manhã.

Logo que acordei, pela manhã, não consegui descer rápido o suficiente para mostrar meu anel a todos. Meu pai e meu irmão já tinham saído para cuidar das tarefas diárias da fazenda. Quando o mostrei à minha mãe, ela tentou fingir que estava surpresa, mas suspeito de que já deveria estar esperando por aquilo. Com certeza, não foi pega de surpresa. Parecia sinceramente feliz por mim, de qualquer forma.

Quando meu pai e meu irmão vieram almoçar, emocionada, fui até eles e lhes mostrei minha mão com o anel. Eddie pareceu ficar entusiasmado, mas meu pai apenas olhou para o anel e não disse uma palavra. Estava claro que ele não ficara empolgado, de forma que tentei tranqüilizá-lo.

— Eu o amo de verdade, pai — disse.

Depois que ele acabou de almoçar, meu pai voltou ao trabalho na fazenda sem dizer uma palavra sobre o anel. Vi logo que seria uma adaptação difícil para ele e que precisaria de algum tempo para digerir tudo.

— Ele vai ficar bem — disse minha mãe. — Apenas está sentindo como se estivesse perdendo sua menina.

Se ao menos ele soubesse o que acabara de acontecer com sua "menina"...

Lembrava-me continuamente de que jamais poderia deixar alguém saber o que de fato me acontecera. Trataria de esquecer quanto antes que Harold existia. Fiz um esforço consciente de tentar enterrar o estupro bem no fundo de mim mesma. Mas por mais que me esforçasse, a vida não era mais a mesma para mim. Mesmo quando Paul me abraçava, com freqüência ficava imaginando o que fizera para provocar Harold a ponto de ele agir de um modo tão maligno. Fiquei imaginando se o sexo depois do casamento também seria daquele jeito. Será que todos os homens tratavam as mulheres de forma tão hostil, tão degradante? Comecei a questionar se algum dia eu seria uma boa esposa. Até fiquei imaginando se Paul me trataria mal depois que nos casássemos. Estava começando a questionar tudo o que entendia sobre amor e relacionamentos.

Nos próximos dois meses, tentei sepultar o que me acontecera e me concentrar no casamento que se aproximava. Passava muito tempo pesquisando vestidos de noiva, escolhendo convites, encomendando o bolo e selecionando o fotógrafo.

Um dia, Lori e eu saímos para comprar o vestido de noiva, quando eu encontrei um de que gostei realmente. A vendedora encorajou-me a experimentá-lo, de forma que peguei o vestido e fui para o vestiário. O vestido era branco, longo, com uma bela cauda flutuante. Também tinha um véu que lhe descia até os ombros, no qual me vi bastante concentrada.

Tinham me dito que aquele véu era para cobrir o rosto da noiva se ela fosse virgem. Eu sempre planejara usar um véu sobre o rosto quando me casasse. Comecei a me sentir enjoada, algo já mais do que familiar, enquanto lutava para conter as lágrimas. Imaginava que tipo de vida teria com Paul. Todo mundo, inclusive Paul, esperava que eu atravessasse o corredor central da igreja com o véu no rosto. Mas, agora, o véu significava algo diferente para mim. Eu o via mais como um meio de esconder minha vergonha. Senti como se Harold tivesse me roubado um de meus mais importantes sonhos.

A cada dia que passava, tentava sepultar as lembranças de Harold dentro de mim. Essa tarefa se tornava ainda mais difícil pelo fato de não ter ficado menstruada naquele mês, depois de ter sido estuprada. Meu medo das implicações tinha começado a me consumir e a tornar impossível esquecer o ocorrido. Estava tão traumatizada com o que acontecera que nem atinei para o fato de que poderia estar grávida, até perceber que minha menstruação não viera.

Quando comecei a perder o sono por causa disso, percebi que quase não conversara com Deus nas semanas desde o estupro. Além de questioná-lo nos primeiros dias seguintes ao estupro, eu não orara absolutamente. Percebi que em minha luta para sepultar os acontecimentos daquela casa, também parecia tentar enterrar Deus com eles. Talvez subconscientemente, uma vez que eu sentia que Deus permitira que uma coisa tão terrível acontecesse comigo, eu tentara esquecê-lo também.

Por isso, deitada na cama, comecei a falar com Deus novamente — embora fosse mais uma súplica, uma imploração, na verdade. Roguei a Deus que não me deixasse ficar grávida. Comecei a chorar pensando no que faria se isso tivesse ocorrido. Sabia que eu teria de contar a Paul quem era o pai e o que acontecera. Decidi que, se estivesse grávida, não me casaria com Paul, mesmo que ele não se importasse. Não sabia como ele seria capaz de olhar para meu filho sem ver o rosto de Harold ou pensar no que ele me fizera. A cada noite que passava, eu orava com mais fervor para que minha menstruação viesse.

Enquanto os dias continuavam a passar sem sinal da minha menstruação, Paul e eu tínhamos começado a procurar um lugar onde morar. Encontramos uma casa pequena no lado sul da cidade. Juntamos cada dólar que tínhamos economizado para dar o sinal. Pouco depois de comprarmos a casa, minha mãe e minha avó viajaram até Quincy e nos ajudaram a decorar nosso novo lar. Pintamos os vários cômodos, e minha avó comprou algumas cortinas muito bonitas para as janelas, juntamente com os respectivos forros.

Como eu continuava desempregada, mudei-me para nossa casa. Paul continuou morando em seu mesmo endereço. A primeira noite que passei ali, cuidadosamente tranquei todas as janelas e portas e fechei as cortinas, de modo que ninguém pudesse enxergar dentro de casa. Ao fechar as cortinas, não pude deixar de perceber que o forro parecia aquele da casa vazia onde Harold me estuprara. De novo, vi-me tentando suprimir meus sentimentos e a náusea que me assaltava com tanta freqüência. Recusei-me a lidar com minhas lutas emocionais e, em vez disso, fui tomar um banho quente.

Fiquei ainda mais aborrecida quando descobri que não havia nenhum sinal sequer da minha menstruação. Como já se tornara costumeiro, eu me esfreguei quase a ponto de me machucar a pele. Sempre me sentia imunda e suja o tempo todo. De novo, me vi suplicando a Deus que me poupasse de uma gravidez. Estava começando a achar que nunca mais me sentiria limpa. Não havia quantidade de água ou sabão que parecesse suficiente para fazer esse serviço.

Quando acabei meu banho, senti-me fraca por causa do medo de ter engravidado de um estuprador. Fui para a cama e dormi com a luz acesa. Estava aterrorizada demais para me sentir à vontade no escuro.

Quando acordei na manhã seguinte, pensei na rapidez com que o dia do casamento estava se aproximando. Faltava praticamente um mês apenas, e eu protelando minha decisão de revelar toda a verdade a Paul e a inviabilidade de nosso casamento. Decidi que não agüentava mais aquela incerteza. O suspense chegara a ponto de me levar a recorrer a um médico. Simplesmente precisava saber se estava grávida, ou, do contrário, ficaria me torturando, na dúvida. Só consegui marcar a consulta para três dias depois. Assim, fiz o que pude e orei pelo melhor.

Paul mudara de turno na fábrica em que trabalhava quando ficara noivo. Agora, trabalhava no turno da noite, das 3 às 11 da manhã. Eu sabia que ele estava planejando passar por ali mais tarde. Enquanto o esperava sentada no sofá naquela noite, orei a Deus. Pedi-lhe que não trouxesse uma criança inocente ao mundo em circunstâncias tão dolorosas.

Deus não respondeu a minhas orações exatamente como eu esperava. Quando Paul chegou, trazia mais notícias ruins. Explicou que a fábrica estava de greve, o que significava que, até que os trabalhadores e a administração chegassem a um acordo, ele não receberia nem um centavo, porque não estava trabalhando. Em resumo, ficaria sem trabalhar por tempo indeterminado. Esperava que a greve não durasse mais de dois meses, mas não havia garantias disso.

Fiquei chocada com a notícia. Tendo sido criada em uma fazenda, uma "greve" não era um conceito a que estivesse habituada. Conversamos sobre como nos casaríamos, já que nenhum dos dois estava trabalhando. Ambos concordamos em que teríamos de sobreviver pela fé por algum tempo e simplesmente esperar que tudo desse certo. Também fizemos um acordo de que não contaríamos nada à minha família sobre a situação. Eu sabia que meu pai insistiria em adiar o casamento se não tivéssemos renda na época. Àquela altura, já tínhamos mandado os convites e pago a entrada da casa. Adiar o casamento não era uma opção que estivéssemos dispostos a considerar.

Decidimos não viajar em lua-de-mel, reservando para o pagamento das contas o dinheiro que havíamos economizado para a nossa viagem de núpcias. Também optamos por sugerir que nossos amigos nos dessem dinheiro como presente de casamento. Eu me sentia confiante de que era apenas uma questão de tempo até que eu arranjasse outro emprego. Pelo menos Harold parecia estar cumprindo sua promessa de me encontrar um novo trabalho. A agência de empregos entrara em contato comigo e dissera que estavam trabalhando para me encontrar uma colocação, apenas ainda não tinham nenhuma vaga disponível. Esperávamos que fosse apenas uma questão de tempo até que tudo se ajeitasse.

Depois de analisar muito nossas opções, sentimos que havíamos chegado a idéias satisfatórias que poderiam nos ajudar por um período. No fim, Paul disse que ele precisava ir embora e que, voltando para casa, informaria seus familiares sobre a greve.

Quando saiu, deitei na cama e perguntei a Deus qual seria a próxima desgraça que ele faria abater sobre mim.

Fui para a cama naquela noite pensando como, embora eu às vezes tivesse ficado com raiva de Deus e o questionado, eu nunca lhe negara a existência em meio a todas aquelas circunstâncias. Percebi que ainda tinha fé nele; só não tinha certeza da direção em que ele estava conduzindo minha vida. Pensei no que me aguardava na próxima esquina enquanto adormecia.

Na manhã seguinte, ao acordar, meu dia já começou melhor do que o anterior. Fui saudada pelo alívio de estar menstruada. Pela primeira vez, senti que Deus estava me assegurando de que me apoiaria e me ajudaria a superar meus problemas. Infelizmente, ainda me perguntava onde ele estava quando Harold me estuprou. Por que não me ajudara naquela ocasião em que eu tanto precisara dele? Não conseguia entender.

Sem aquele peso enorme sobre os ombros, as próximas duas semanas passaram extremamente rápido, enquanto cuidava de todos os detalhes de última hora do casamento. A família de Paul me preparou um chá-de-panela muito especial. Ganhei vários presentes que me seriam realmente de grande utilidade. Uma semana antes do casamento, peguei tudo o que precisava e viajei até a fazenda de meus pais, onde meu casamento aconteceria.

Quando estacionei o carro na entrada de cascalho da garagem, fiquei atônita com a beleza do quintal. Desde criança, sempre acalentara o desejo de me casar em um jardim florido. Minha mãe conhecia esse meu sonho e me ajudara a planejar aquela ocasião no decorrer dos anos, plantando deliciosas sempre-vivas por todo o quintal, bem como rosas e outras flores, dispostas de modo a formar uma passarela. Havia também vários bordos dando sombra ao lugar.

Depois que me instalei, minha mãe e eu conversamos um pouco. Às vezes, ela chorava, confessando que andava extremamente nervosa. Eu sabia de sua obsessão em certificar-se de que tudo sairia bem. Ela sempre fora perfeccionista — tanto positiva quanto negativamente. Meu pai, como sempre, continuava a economizar palavras. Fazia vários meses que eu o convidara a me conduzir até o altar durante a cerimônia de casamento.

É praxe em todo casamento o pai da noiva conduzi-la até o futuro marido, simbolizando, com esse gesto, a transferência da jovem aos cuidados de uma nova figura masculina em sua vida. Meu pai se recusara a tomar parte nesse cerimonial quando eu o convidara. Ele também dissera, muito francamente, que não usaria um *smoking* no casamento, embora todos os outros homens viessem a se vestir assim. Essa era mais uma demonstração de sua teimosia de homem da terra. Os fazendeiros dificilmente são conhecidos por usar roupas formais.

Minha mãe me disse que conseguira convencê-lo a usar um terno novo no casamento — a coisa mais próxima de um *smoking* que conseguiu coagi-lo a usar.

— Oh! — eu disse. — Então agora ele vai estar presente no casamento?

— Claro que sim — minha mãe respondeu. — Mas você terá de convidá-lo de novo para entrar com você, porque isso ele ainda não disse que vai fazer.

Eu sabia do carinho que meu pai nutria por mim e do ciúme que sentia ante a idéia de eu amar outro homem. Minha mãe deve ter pressentido o que eu estava pensando, já que a seguir deu uma opinião bastante parecida com isso.

— Kathy — disse —, é muito difícil para seu pai deixar que algum outro homem supra suas necessidades... permitir que outro homem a ame e proteja. Você faz parte da nossa família, e nós dois sentimos como se estivéssemos perdendo uma parte de nós mesmos. É duro...

A voz dela foi sumindo, enquanto lutava contra as lágrimas. Estava começando a chorar também, à medida que avançava para abraçá-la.

— Eu sempre serei sua filha — disse. — Nada jamais mudará essa relação.

Percebi como estava sendo difícil para eles aceitar a realidade de meu casamento. Isso serviu ainda mais para reforçar a idéia de que jamais poderia lhes dizer o que Harold havia feito comigo, porque nunca seriam capazes de lidar com esse tipo de mágoa.

Mais tarde, naquela noite, meu pai chegou de um dia cheio de trabalho. Tomou seu banho, como sempre fazia. Acomodou-se na cadeira reclinável, como tradicionalmente era seu costume, lendo o jornal como sempre, esperando o noticiário das 22 horas. Aproximei-me e parei junto à sua cadeira. Ele me ignorou e continuou a ler. Eu sempre sabia dizer quando meu pai estava aborrecido porque ou ele saía para dar uma volta, ou tentava ignorar a pessoa que o aborrecera. Delicadamente, afastei o jornal para obrigá-lo a me dar atenção.

— Papai? — chamei.

Forçado ao confronto, ele deixou o jornal de lado e encarou-me, com ar de desaprovação. Mas eu usei o trunfo que tinha na manga, sabendo que a única coisa a que ele jamais resistia era quando sua menininha sentava em seu colo. Não importava que eu estivesse com vinte anos de idade. Ele olhou para mim de um jeito estranho e surpreso, mas consegui divisar um pequeno lampejo em seus olhos.

— Papai — comecei lentamente. — Eu sei que você me ama muito, porque também o amo do mesmo jeito. Sabe, papai, tenho amor suficiente para mais de uma pessoa e vou continuar a amá-lo com a mesma intensidade.

Vi os olhos dele começarem a se encher de lágrimas, mas pressionei ainda mais.

— Eu realmente amo Paul e sei que ele é a pessoa que Deus escolheu para mim. Lembra-se de como você amava a mamãe no dia de seu casamento e de quando seu sogro entrou com ela, atravessou todo o corredor central da igreja e a entregou a você?

Ele balançou a cabeça afirmativamente.

— Papai — continuei —, será que o senhor pode, por favor, entrar comigo, de forma que eu possa me sentir tão feliz quanto o senhor ficou no dia de seu casamento?

— Acho que posso — ele resmungou, mal dando para ouvi-lo, a voz levemente embargada.

Dei-lhe um forte abraço, mas sabia que precisaria me levantar rápido dali. Dava para ver que estava prestes a chorar, e ele jamais deixava que alguém o flagrasse em tal circunstância. Enquanto me afastava, eu o vi tirar seu lenço, enxugar os olhos e assoar o nariz. Em oração silenciosa, agradeci a Deus a preciosa dádiva de pais que tanto me amavam.

No dia de meu casamento, 14 de julho de 1974, acordei e vi o céu azul muito claro e um dia perfeito. Tentei nem pensar em tudo o que me acontecera e em me concentrar e tentar fazer daquele casamento tudo com que sempre sonhara. Tinha tanta coisa na cabeça que mal percebi o calor de 42ºC naquele dia.

Paul e sua família chegariam em breve, e eu sabia que ainda havia alguns pequenos detalhes que precisavam de atenção. Minha mãe estava extremamente nervosa, pedindo que todos nós nos vestíssemos porque as pessoas logo começariam a chegar.

Olhei para meu vestido pendurado na porta. Mangas curtas bufantes, renda em cima e uma cauda que parecia não acabar nunca faziam dele o que eu sempre sonhara. Tirei-o do cabide e o vesti. Minha mãe fechou o vestido nas costas, e eu virei para me olhar no espelho. Vi uma linda noiva, mas por dentro meu estômago dava voltas.

O fotógrafo tirou fotos de mim enquanto descia as escadas. Ele me fez posar na plataforma, a meio caminho dos degraus, em frente a uma janela. Por mais que me esforçasse, estava encontrando dificuldades para manter a mente distante do segredo que guardava. Parecia que a cada passo, degraus abaixo, o esplendor daquele dia começava a se empanar. No final da escada, minha mãe colocou o véu sobre meu rosto, e eu me tornei consciente mais uma vez da sensação de náusea em meu estômago. Lutei para reprimir o peso prestes a carregar comigo durante toda a cerimônia.

Do lado de dentro da casa, chegavam-me os sons da música no quintal, onde estavam todos sentados esperando o início da cerimônia. Aguardei do lado de dentro, observando da janela, enquanto ainda alguns convidados atravessavam o corredor entre as cadeiras procurando um lugar. O caminho estava enfeitado nas laterais com flores e rosas em botão até o altar, em que o pastor (meu tio) esperava para nos casar. Eu podia ver Paul parado na frente. Ele parecia tão bonito em seu *smoking* branco, esperando por sua noiva!

Meu pai aguardava do lado de fora da porta, preparado para me acompanhar pelo corredor central. Depois que o último convidado se acomodou, a música mudou, e eu fui até a porta, onde meu pai estava.

Ao dar-lhe o braço, meus próprios pensamentos começaram a me atacar. Onde já se viu manter um segredo tão obscuro de todas as pessoas que tanto amava? Senti que Paul merecia alguém muito melhor do que eu. O que o futuro reservava para nós? Que tipo de esposa eu poderia ser, considerando o que me acontecera? Queria encontrar um lugar onde me esconder, mas, em vez disso, agarrei o braço de meu pai com força enquanto nos preparávamos para sair para o quintal. Respirei fundo e, silenciosamente, fiz uma rápida oração: "Deus, por favor, faze com que eu tenha forças para viver o resto da minha vida".

Ao lado de meu pai, percorri o corredor comprido formado pelas cadeiras, todos os olhos fixos em nós. Chegamos à frente, e me virei para encarar Paul. Podia ver, por trás do véu, seus olhos brilhando de felicidade. O ar em seu rosto expressava quanto ele me amava. Podia sentir o coração batendo mais rápido. Todos suavam em bicas por causa da roupa formal que estavam sendo obrigados a usar naquele dia de calor intenso. Eu sabia que amava Paul, mas também me sentia muito impura por dentro. Queria estar tão pura para Paul, mas me sentia confinada e presa a um sentimento inescapável de imundícia.

Meu tio começou a proferir os votos, primeiro pedindo a Paul que os repetisse após ele. Ouvi cuidadosamente enquanto Paul começava a recitar os votos dirigindo-se a mim. Mas, conforme ele falava, minha mente divagava. Comecei a pensar em como Paul não fazia a menor idéia de onde estava se metendo e de como as coisas poderiam ficar ruins, enquanto prometia permanecer a meu lado "no melhor e no pior". Odiei-me por não ter revelado a ele meu segredo.

Paul terminou. Voltei a concentrar meus pensamentos enquanto meu tio começava a me fazer recitar os votos. Senti uma lágrima escapar de meus olhos e se misturar às gotas de suor. Sabia que amaria Paul para sempre, mas fiquei imaginando como ele poderia me amar se soubesse a verdade. Empurrei o segredo bem para o fundo de meu coração, procurando fortalecer a decisão que tomara. Se nem eu conseguia lidar com a verdade, como esperar que Paul o fizesse?

— Eu agora os declaro marido e mulher. Pode beijar a noiva — concluiu o oficiante.

Paul ergueu o véu acima do meu rosto e me deu um beijo. Nós nos viramos, encaramos a multidão de amigos e parentes e atravessamos o corredor juntos como marido e mulher. Cumprimos todas as formalidades — cortamos o bolo, tiramos fotografias, abrimos presentes e interagimos com nossos entes queridos. Não havia uma recepção tradicional, uma vez que minha família não aceitava bebidas alcoólicas nem dança.

Por fim, Paul e eu fomos de carro para casa, em Quincy, juntos naquela noite. Segurei-lhe o braço enquanto seguíamos para lá. Agora éramos "um". Tínhamos feito votos de ser marido e mulher, não importava o que viesse. Eu sabia, no fundo do coração, que jamais poderia amar outro homem que não Paul. Esperava que o "amor" fosse suficiente para nos conduzir por todos os anos que tínhamos pela frente.

Quando chegamos àquele que agora era o *nosso* lar, Paul insistiu em que eu não saísse, a fim de que pudesse abrir a porta do carro para mim. Ele correu até meu lado, tomou-me pela mão e me ajudou a descer. Conduziu-me até a porta de entrada da casa, com um grande sorriso nos lábios, e então destrancou-a. Em seguida, pegou-me no colo e me levou para o interior de nossa casa.

— Bem-vinda ao lar, senhora Littleton — disse ele, todo emocionado.

Em vez de me pôr no chão, simplesmente estendeu uma das mãos e trancou a porta. O pânico tomou conta de mim enquanto ele agora me conduzia para nosso quarto. Colocou-me em cima da cama e sentou-se a meu lado. Lentamente começou a abrir meu vestido. O sentimento de náusea, a que eu estava tão familiarizada, tomou conta de meu estômago. Parte de mim queria sair gritando dali.

— Paul — eu disse, tentando permanecer calma. — Ainda não, por favor. Ainda é cedo. As pessoas podem passar por aqui para nos dar os parabéns. Podemos esperar um pouco, por favor?

— Ah, já entendi — disse ele. — Você tem uma camisola especial com que quer me surpreender em nossa noite de núpcias.

— Sim — respondi mais que depressa. — Isso mesmo. — Estava procurando alguma desculpa para postergar o inevitável.

Olhando fixo para a televisão, tornei-me cada vez mais consciente do inevitável. De algum modo, teria de fingir que aquilo não me incomodava. Fiquei o tempo todo dizendo a mim mesma: "Eu consigo fazer isso".

— Está ficando tarde, Kathy — Paul comentou afinal. — Vamos para a cama.

— Espere pelo menos eu me lavar — pedi, em mais um esforço para ganhar tempo.

— Está bem — ele respondeu.

Dentro do banheiro, eu tremia incontrolavelmente. Supliquei a Deus que me ajudasse a vencer aquela noite enquanto vestia a camisola e saía do banheiro.

Paul respondeu a meu olhar de soslaio com um sorriso, enquanto eu entrava no quarto.

— Tudo bem se eu apagar as luzes? — perguntei.

Paul se levantou e acionou o interruptor para mim. Senti quando ele se aproximou por trás de mim e começou a beijar meu pescoço. Podia sentir meu corpo tremer. Paul me pegou e gentilmente me colocou em cima da cama, então se inclinou em cima de mim. Eu não conseguia mais controlar o pânico que estava se instalando. O corpo dele em cima do meu era mais do que podia suportar e tive a impressão de que não conseguia respirar — mais por causa do pânico do que pelo peso de seu corpo. Tive a impressão de que iria morrer. De repente, tinha vontade de esmurrá-lo, mas também de vomitar, ao mesmo tempo. Os soluços me escaparam sem querer.

Paul tentou me consolar, embora não fizesse idéia do que poderia haver de errado.

— Kathy — disse ele, procurando me confortar ao mesmo tempo que me abraçava. — Isso tudo é novidade para nós dois. Entendo o fato de você ficar assustada. Mas vai dar tudo certo. Não precisamos fazer nada esta noite.

O dia mais maravilhoso de nossas vidas terminou como uma experiência aterradora para mim.

Acordei na manhã seguinte com beijos suaves. Paul estava acariciando meu pescoço e ombros com suas mãos e lábios. Podia sentir-lhe as mãos passando suavemente sobre meu corpo e compreendi imediatamente o que ele estava esperando conseguir. Eu não tinha certeza de que estivesse pronta para me entregar a ele. Mais uma vez, tentei impor minha vontade.

Mais determinada do que nunca a enterrar as lembranças de Harold o mais profundo que pudesse, rapidamente orei a Deus que me ajudasse a ser uma boa esposa. Respirei fundo e me virei na direção de Paul. Ao fazê-lo, pude sentir-lhe o corpo se aproximar do meu e tive vontade de recuar. De novo, lutei para conter um grito, sentindo-me pressionada e sufocada. Tentei pensar em coisas agradáveis, porém minha mente não conseguia sintonizar-ze com nada dessa natureza. Pensei no quanto amava Paul e, ao fazê-lo, a lembrança de nosso primeiro beijo lentamente começou a surgir em minha mente.

> Eu terminara a última aula da semana e, como era sexta-feira, carreguei o carro e me preparei para a tradicional viagem de fim de semana até a casa dos meus pais. Paul parou seu carro no estacionamento e, aparentemente, se aproximou para se despedir de mim e desejar boa viagem. Ele saiu do seu carro e, nervosamente, caminhou até onde eu estava, com as mãos escondidas nas costas.
>
> Quando finalmente me alcançou, ele disse:

— Trouxe uma coisinha para que você pense em mim enquanto estiver na casa de seus pais.

Então estendeu-me a mão, na qual havia uma pequena estátua de um filhote de cachorro de olhar tristonho. Na base da estátua, lia-se: "Hoje vai ser um daqueles dias!".

— É assim que me sinto quando você vai embora — disse então.

— Oh, obrigada! — exclamei.

Simplesmente não conseguia conter a emoção. No calor do momento, inclinei-me e dei-lhe um beijo terno na face.

Estávamos em pé bem na frente um do outro e bem próximos. Ele virou o rosto e olhou em meus olhos com grande paixão e, então, aproximou os lábios dos meus.

— Vou sentir saudades de você — disse ele, timidamente. — Por favor, tenha cuidado ao dirigir para casa.

— Pode deixar — assegurei-lhe, ainda sentindo o leve toque dos lábios dele nos meus.

Sentia-me atônita. Ele abriu a porta do carro para mim, enquanto eu me recompunha. Entrei e olhei para ele, que fechava a porta do carro. Engatei a marcha e sorri para ele enquanto dava marcha a ré. Acenei em despedida e parti.

Embora o beijo não tivesse durado mais que um segundo, ainda assim fora tudo o que eu esperava que fosse. Meu primeiro beijo, e eu com certeza estava tentando me encharcar dele. Eu tivera alguns encontros no colégio, mas nenhum deles jamais chegara àquele ponto. Em geral, os rapazes ficavam assustados demais com a reputação de rigidez de meus pais, ou descobriam que eu não podia ir a bailes nem participar de outras atividades, de modo que um segundo encontro era sempre evitado.

Enquanto tentava entregar meu corpo a Paul, tentei lembrar como nosso primeiro beijo parecera especial. Mas Paul logo rolou para cima de mim, e eu senti minha cabeça começando a girar. Em pouco tempo, meu estômago começou a dar a impressão de que iria explodir. Tentei pensar no quanto amava Paul para ir até o fim com nossa primeira experiência sexual. Quando afinal tudo terminou, ele se deitou a meu lado, exausto. Depois que adormeceu, eu silenciosamente escapei de seus braços e fui para o banheiro. Odiei o que vi no espelho. Com raiva de mim mesma por não ser capaz de esquecer o incidente e seguir em frente com minha nova vida, olhei fixamente para minha imagem refletida no espelho e não gostei da pessoa em que Harold havia me transformado. Mais uma vez, sob o chuveiro, tentei me livrar da imundícia que ainda sentia dentro de mim.

Com os funcionários da empresa onde Paul trabalhava ainda em greve, ele passava muito mais tempo comigo, em casa. Recebera dinheiro suficiente como presente de casamento para ajudar a pagar as contas de nossos primeiros dois meses de casados. Paul tinha uma motocicleta, que ele decidira vender para ajudar a pagar algumas contas extras. Pusemos um anúncio no jornal, na esperança de conseguir dinheiro suficiente para nos mantermos por mais algumas semanas.

Era final de agosto. Paul estava trabalhando no jardim, e eu, assando biscoitos na cozinha. Naquela tarde, ouvi a voz de Paul pela janela, aparentemente conversando com alguém. Minutos depois, ele entrou em casa e, para minha imensa surpresa, acompanhado de Harold. Completamente chocada e sem poder acreditar no que via, deixei cair a assadeira com os biscoitos que estava retirando do forno. Meu corpo inteiro tremia. Tentando controlar a vontade de vomitar, curvei-me para apanhá-los. Ergui os olhos para Paul.

— Harold quer ver a motocicleta — disse Paul inocentemente. — Ele está pensando em comprar uma, e eu preciso pegar as chaves para que possa dar uma volta e testá-la.

Vários meses antes, Paul ficara furioso com a idéia de Harold ter me assediado quando eu trabalhava para ele. Mas agora não parecia nem um pouco aborrecido, tratando-o com bastante cordialidade. Acho que ele só estava ansioso para vender a motocicleta e com a esperança de que Harold a comprasse.

Enquanto me levantava, Harold olhou diretamente para mim.

— Hum... esses biscoitos estão cheirando... Parecem deliciosos! — disse esboçando um sorriso malicioso.

Sem perda de tempo, Paul imediatamente lhe ofereceu um. Harold agora podia ver que evidentemente eu não contara a Paul o que me fizera. Harold ostentava a sensação de poder sobre mim em um único olhar. Ao se servir de um dos biscoitos, ele me lançou uma rápida piscadela e, então, virou-se para seguir Paul porta afora e ver a motocicleta.

Corri rapidamente para o banheiro e vomitei violentamente. Joguei água no rosto, enojada com a idéia de Harold ter comido um dos meus biscoitos. Poucos minutos depois, Paul voltou a casa e disse que Harold não havia se interessado pela motocicleta.

— Harold disse que a moto é grande demais para alguém do seu tamanho. Achou que não conseguiria manejá-la muito bem — disse Paul.

Paul pegou um biscoito e voltou para fora.

Senti-me grata por Paul não ter visto minha reação a Harold. Eu ainda queria manter meu segredo escondido e continuar tentando esquecer o que acontecera. Senti-me mal o resto do dia, com uma dor de cabeça horrível até a noite. Reclamei de meu mal-estar com Paul e fui para a cama mais cedo.

Noite após noite, continuamente inventava desculpas — geralmente indisposições físicas — para evitar relacionar-me sexualmente com Paul. Às vezes, ficava tão nervosa em pensar que Paul queria fazer sexo que chegava a vomitar. Odiava a mim mesma por tratá-lo de modo tão injusto, mas não sabia o que fazer. Parecia que eu não conseguia superar os efeitos do estupro.

Em outubro daquele ano (1974), a agência de empregos que Harold contratara finalmente conseguiu um trabalho para mim. Fui trabalhar na Moorman Manufacturing Company, uma das maiores empresas de Quincy. A empresa de Paul também recentemente voltara a funcionar, e ele tivera de voltar a ocupar seu lugar no turno da noite. Eu quase me sentia grata por Paul trabalhar de noite. Pelo menos, não precisaria sentir-me tão culpada por não fazer sexo com ele, uma vez que as oportunidades agora eram bem menores. No entanto, ficar só à noite não era tampouco uma experiência tão atraente. Freqüentemente tinha o mesmo pesadelo de Harold tentando me estuprar novamente. O estupro se repetia várias vezes e parecia que nunca acabava. Às vezes, eu acordava, molhada de suor e exausta por lutar literalmente com Harold em meu sonho.

Com o passar dos meses, lentamente parecia me distanciar do estupro. Tornei-me um pouco mais bem-sucedida em minhas tentativas de manter o incidente sepultado. Mas, inevitavelmente, às vezes lembranças do estupro ainda vinham à tona; no entanto, não com a mesma freqüência. No intuito de manter a mente abstraída desse acontecimento, passei a concentrar a atenção em outras coisas, quase a ponto de ficar obcecada.

Minha fuga era trabalhar sem parar em casa. Tornei-me obstinada em manter a casa sempre impecável. Também cozinhava e assava coisas sem parar, tentando ser uma esposa perfeita *nesse* sentido, na esperança de que ser a melhor dona de casa do mundo pudesse compensar de alguma forma minha falta de aptidão sexual.

No entanto, por mais que eu tentasse ou por mais amoroso e compreensivo que Paul se mostrasse comigo, eu ainda odiava a idéia de fazer sexo. Às vezes, vomitava e acabava *me* convencendo de que estava gripada. Recorria a qualquer desculpa possível para evitar o sexo e, então, tentava compensar esse sentimento de culpa por não ser uma boa esposa.

Paul jamais verbalizou seus sentimentos sobre a falta de intimidade entre nós. Em vários sentidos, para mim, isso era ótimo, porque com certeza queria evitar discutir o assunto. Mas, ao mesmo tempo, ficava imaginando o que passava por sua cabeça e se ele ainda me amava, apesar de minha atitude em relação ao sexo.

Ocasionalmente Paul ficava extremamente aborrecido por causa das menores coisas, mas eu sabia que provavelmente era só uma questão de frustração reprimida. Às vezes, temia que ele estivesse — ou pudesse começar a ficar — ressentido comigo.

Muito raramente, conseguia me convencer a fazer sexo com ele, sempre movida, porém, pelo sentimento de culpa e por uma mera atitude de suprir suas necessidades. Sobrecarregava-me a idéia de que um homem tão bom e honrado não estivesse se realizando, privando-se do tipo de intimidade que acompanha naturalmente a vida conjugal. Nós, com freqüência, passávamos vários meses sem manter relação sexual.

Com dois anos de casados, Paul e eu compramos outra casa, mudando de nosso pequeno imóvel no extremo sul da cidade para outro maior, em um bairro operário no extremo norte de Quincy. A irmã de Paul e seu marido compraram nossa antiga casa. A nova casa tinha dois pavimentos, uma grande garagem nos fundos, bem como um quintal lateral espaçoso.

Mantinha-me ocupada com o novo emprego e dedicando-me a muitas tarefas caseiras. O primeiro amor de Paul sempre fora o beisebol, e agora, quando adulto, ele jogava em um time pequeno várias noites por semana, antes de ir trabalhar. Disputava diversos torneios nos fins de semana. Tentei assistir a vários jogos de beisebol, no esforço de ser o tipo de esposa apoiadora do marido, mas parecia que nunca conseguia encontrar muita afinidade com as outras esposas. Várias delas tinham filhos, e muitas se conheciam e haviam estabelecido amizade umas com as outras anteriormente. Tentava não deixar que isso me aborrecesse. Na realidade, ia aos jogos mais por Paul que por qualquer outro motivo, e também não queria ficar em casa sozinha.

Durante o ano seguinte ao de nosso casamento, passei meu tempo nos jogos, trabalhando muito e ainda tentando evitar ter relações sexuais tanto quanto pudesse. Embora freqüentemente ficasse entediada nas quadras de jogo, sabia que aquilo estava mantendo Paul ocupado e reduzindo ainda mais seu tempo para pensar em sexo. Tentava ocupar minha vida com qualquer coisa que ajudasse a manter minha mente abstraída de meu passado.

Depois de três anos de casados, Paul e eu começamos a desejar um filho. Estávamos com 23 anos de idade, e ambos adorávamos crianças. Paul havia expressado seu desejo de ter um menino para dar continuidade à família Littleton, e eu queria alguém a quem pudesse amar incondicionalmente. Também achava que ter um filho poderia trazer um novo alento e significado à minha vida, algo com que me ocupar e pelo qual ansiar. O problema era que ficar grávida exigia fazer sexo, e essa idéia não era nada estimulante para mim.

Em meus esforços para manter a mente afastada do passado, meu relacionamento com Deus se reduzira ao mínimo. Não conversara muito com ele nos últimos anos; e, por mais que soubesse que isso era errado, tinha consciência do ressentimento com ele que carregava comigo desde o estupro. Embora minha crença e fé na existência de Deus permanecessem bastante sólidas, ainda sentia que ele me abandonara e deserdara naquele dia com Harold.

No entanto, quase por instinto, decidi orar a Deus do mesmo jeito. Pedi a ele que, por favor, nos ajudasse a ter um filho e que me auxiliasse a encarar o aspecto sexual envolvido nesse processo. Disse-lhe que Paul merecia ter um filho e lhe pedi que me ajudasse a desejar a parte física envolvida em criar um bebê.

Em nossas experiências visando um bebê, tentei me acostumar aos poucos com a atividade sexual mais freqüente. Era muito difícil para mim, mas descobri que tinha menos dificuldade em suportar tudo aquilo quando o sexo acontecia espontaneamente e sem planejamento — uma coisa assim, de momento. Mas quando era planejado, minha ansiedade resultava em um enorme estresse por pensar naquilo, e eu freqüentemente acabava me sentindo doente ou com dor de cabeça.

Embora nossa vida sexual tivesse melhorado, ainda não era nem de longe o que outros casais desfrutavam. Por conseguinte, sabia que não podia esperar ficar grávida muito rápido. Tentamos durante quase um ano, até que, finalmente, tivemos sucesso em nosso objetivo. Não pude deixar de imaginar como as coisas mudariam com um bebê. Tinha grandes esperanças de que a vida fosse melhorar com um filho. Achava que, com certeza, concentrando tanta atenção em um bebê, minha mente ficaria mais do que alheada do passado.

Paul foi muito bom comigo durante os nove meses de gravidez. Talvez eu tenha ficado mais relaxada simplesmente porque tinha uma desculpa ainda melhor para não fazer sexo. Regularmente me supreendia dizendo que o sexo poderia machucar o bebê, a fim de evitá-lo. Paul concordava, de modo que eu sentia que grande parte da pressão havia sido afastada de mim.

Em 23 de junho de 1978, Mathew James Littleton chegou. No entanto, não foi sem complicações. Nossos planos de parto natural foram rapidamente mudados quando o bebê começou a encaixar as pernas primeiro. A criança conseguira se enroscar no cordão umbilical. O cordão o estava sufocando, interferindo em sua respiração, e também pondo em risco minha vida, enquanto ele lutava para se soltar. Levaram-me às pressas para um centro cirúrgico, onde fui submetida a uma cesariana. Com certeza, não foi a experiência de parto ideal para nenhum dos envolvidos. Mas todos saímos intactos, e Paul e eu tínhamos um menino, que veio trazer um novo tempero à nossa vida. Quando Mathew foi levado ao quarto para que o víssemos e segurássemos, ele estava bem envolto em um cobertor. Sua cabeça estava descoberta, e nós pudemos ver-lhe o cabelo escuro e o nariz enrugado, bem como o pequenino punho, o qual ele estava tentando colocar dentro da boca. Eu podia sentir-lhe a batida do coração e fiquei imaginando como algo tão precioso poderia ter saído de dentro de mim. Agradeci a Deus várias vezes a vida de nosso recém-nascido.

Mathew mudou nosso mundo profundamente. Ele chorava sem parar e parecia que seus dias e noites estavam trocados. Constantemente exausta, tornou-se cada vez mais evidente que eu não seria capaz de manter um emprego em tempo integral enquanto tomava conta de nosso bebê. Paul e eu pensamos em maneiras possíveis de redimensionar nosso orçamento, na esperança de que pudéssemos arcar com um emprego de tempo parcial, ao menos em meu caso. Conversei com meu empregador e solicitei-lhe essa alteração, no que fui atendida sem qualquer problema. Fiquei feliz por haver constatado o interesse dele em meu trabalho.

Agora que tínhamos Mathew, ele se tornou minha desculpa para evitar o tédio dos incontáveis jogos de beisebol de Paul. Ficava em casa com Mathew à noite, enquanto Paul jogava, e também usava o bebê como minha nova desculpa para constantemente evitar relações sexuais com meu marido. Ainda odiava sexo, mas, por algum motivo, sempre tentava me certificar de permanecer sempre atraente, mas nunca tinha muita certeza disso. Estava muito confusa quanto à minha sexualidade. Gostava de ser atraente, mas, ao mesmo tempo, odiava quando despertava a atenção dos olhares masculinos.

Mathew estava chorando um dia, e nada que eu fizesse parecia ajudá-lo a parar. Depois de tentar de tudo para acalmá-lo, comecei a perder a paciência e gritei feito uma histérica com ele para que parasse. Paul chegou a casa e me encontrou soluçando descontroladamente. De repente, me sentia como essas mães que maltratam os filhos por ter gritado com um bebê inocente, mas o choro constante, combinado com os problemas e as pressões de meu passado oculto, estava me deixando louca.

— Eu não agüento mais! — clamei a Paul.

— Você só precisa descansar de ficar o tempo inteiro com Mathew — disse ele, tentando me acalmar. — Eu fico com Mathew em casa por algum tempo. Por que você não sai para fazer algo? Saia um pouco de casa. Que tal fazer alguma coisa de que gosta, que talvez não faça há algum tempo? Vai dar tudo certo.

Por algum estranho motivo inconsciente, peguei minha Bíblia e saí. Fui de carro até o parque. Supliquei a Deus por uma resposta, enquanto sentia como se minhas mãos deslizassem para a ponta de uma corda que me sustentava num despenhadeiro. Meus nervos estavam em tal estado que eu sentia como se estivesse perdendo a sanidade. Sabia que grande parte disso se devia ao fato de guardar aquele terrível segredo.

"Deus, por que o Senhor me abandonou, deixou que me defendesse sozinha, naquela casa com Harold há quase cinco anos? Mesmo depois de todo esse tempo, ainda me sinto destruída por dentro, sabendo que Harold levou algo de mim que jamais poderei recuperar? ", orei.

Continuei sentindo como se devesse lutar com mais vigor, embora não tivesse certeza de como fazer isso. Odiava a mim mesma por, de alguma forma, não ser capaz de me livrar desses sentimentos. Sentia-me agoniada por isso. Supliquei a Deus por respostas.

Meus olhos, então, depararam com o salmo 118.24: "Este é o dia em que o Senhor agiu; alegremo-nos e exultemos neste dia". Infelizmente, não via grandes motivos para me alegrar. Deus parecia tão distante. Por que ele me abandonara? Paul e eu freqüentávamos a igreja regularmente aos domingos e estávamos envolvidos em um estudo bíblico semanal; no entanto, ainda me sentia fria e vazia por dentro.

Sentada ali, lembrei-me de quando aceitara Jesus como meu Salvador aos 9 anos de idade. Sempre amara muito a Deus, mas agora ficava imaginando até que ponto ele me amava. Jamais pude entender por que ele abandonaria alguém a quem amasse. Sabia que Deus me amava, mas me sentia impura demais por causa do estupro. Por que Deus haveria de querer alguma coisa comigo?

Continuei a sondar as Escrituras em busca de respostas. De novo, folheando a Bíblia a esmo, encontrei Romanos 5.6, que diz o seguinte: "... quando ainda éramos fracos, Cristo morreu pelos ímpios". Continuei a orar a Deus, pedindo respostas para meu infortúnio, mas estava convencida de que ele me dera as costas.

Encontrei também o salmo 69.32: "... a vocês que buscam a Deus, vida ao seu coração!". Eu tinha buscado a Deus, mas não encontrara vida nenhuma — pelo menos desde quando fora estuprada, mais de cinco anos atrás. Havia me cansado de tentar entender Deus. Ele não me trouxera alegria — só dor. Estava com raiva por Deus ter permitido que Harold me estuprasse e por estar me forçando a viver com essa terrível lembrança. Sentia-me aborrecida por não ter podido contar com a intervenção de Deus no momento em que o estupro ocorria, do jeito que achava que deveria ter feito. Eu não conseguia entender a lógica do Senhor e estava pronta a desistir de tentar.

Lembrei-me do relacionamento que tinha com Deus durante a maior parte de minha vida, tão diferente agora. Recordei-me de como costumava me sentir próxima dele. No entanto, agora podia me sentir lentamente desistindo de minha luta para encontrar respostas. Concluí que estava falhando na tentativa de alcançar Deus e, por causa da minha amargura com relação ao estupro, decidi que era uma causa perdida.

Sentia que procurara Deus e não obtivera nenhuma resposta Fui embora do parque aquele dia sentindo que, se Deus realmente me amasse e quisesse um relacionamento comigo, ele teria de vir *me* procurar. Estava cansada de tentar.

Com o decorrer das semanas, passei minhas noites em casa com Mathew, esperando a volta de Paul depois dos jogos de beisebol, os quais pareciam em número cada vez maior. Ao entrarmos em nosso sexto ano de casamento, percebi que os constantes jogos de Paul, que agora beiravam a obsessão, tinham se tornado uma válvula de escape para sua frustração sexual. Era algo de que ele gostava e, muito provavelmente, mantinha sua mente distante de sua vida sexual pouco satisfatória. Às vezes, sentia que o beisebol se tornara sua "amante", por assim dizer.

O campo era onde ele passava quase cada segundo de seu tempo livre. Estava sendo seriamente negligenciada nesse processo. Embora com freqüência sentisse que não recebia a atenção merecida, sabia também que, por causa de meus problemas em relação à vida sexual, Paul tampouco tinha o que merecia. Tentei me sentir grata por ele ter voltado sua frustração para os esportes, e não para outra mulher.

Durante a ausência cada vez maior de Paul, tentei fazer o possível para ser uma boa mãe para meu filho. Lia para ele sempre, brincava com ele, segurava-o no colo e o embalava para dormir. Mesmo enquanto crescia, Mathew ainda parecia dormir durante o dia e passar a noite acordado. Quando estava em casa, tentava dormir durante o dia quando ele o fazia, mas isso nem sempre foi possível durante os três dias da semana em que trabalhava. Meu sono estava sendo seriamente prejudicado, enquanto tentava acompanhar o ritmo de um bebê.

Pouco tempo depois de Mathew completar 2 anos, minhas tentativas de treiná-lo para usar o vaso sanitário começaram, mas alcançaram pouco sucesso. Tornava-se mais e mais comum para mim sentir como se não conseguisse fazer nada direito como mãe. Parecia lentamente afundar em profunda depressão, e tudo o que queria fazer era dormir sempre que possível. Vivia dizendo que Mathew estava exaurindo minhas energias, me deixando muito cansada, mas comecei a perceber que eu queria dormir mais para fugir da depressão do que por estar cansada.

Durante uma conversa telefônica com minha mãe, mencionara minha dificuldade para tentar fazer com que Mathew usasse o vaso sanitário. Ela ficou ansiosa por me ajudar e insistiu em levá-lo para a fazenda, pedindo que a deixasse ficar com ele durante algum tempo.

— Vamos mantê-lo aqui por algum tempo — sugeriu. — Deixe que ele fique comigo umas duas semanas que eu lhe ensino.

Assim, você poderá descansar um pouco e fazer o que precisa. Vai lhe fazer bem.

Confiante de que minha mãe cuidaria bem de Mathew, gostei da idéia de ter umas duas semanas de paz. Assim, aceitei a oferta e viajei de carro as duas horas até a fazenda de meus pais. Quando estacionei na entrada da garagem, observei demoradamente a casa em que fora criada. Desde que me casara, meus pais tinham acrescentado uma sala de estar entre a garagem e o resto da casa, conectando as duas construções. Quando entrei na casa, imediatamente notei quanto ela era impecável. Minha mãe sempre mantinha a casa muito bem arrumada e não aceitava menos do que isso. O perfeccionismo de minha mãe se estendia à vida das outras pessoas também. Ela queria que sua casa fosse perfeita, assim como a vida das pessoas de sua família ou, pelo menos, o mais próximo disso. Eu sabia que se ela um dia conhecesse meu segredo, viria abaixo a imagem de perfeição que tinha de mim, de meu casamento e de meu passado. Mais uma vez, me sentia extremamente suja por dentro naquela casa tão limpa.

Depois de ter visitado meus pais por algum tempo, parti de volta para Quincy. Enquanto dirigia, senti a depressão tomando conta de mim e comecei a ficar consciente da gravidade do problema. Odiava minha vida. Era supeficial em meu relacionamento com Deus. Sentia-me infeliz em meu casamento e fracassada tanto como esposa quanto como mãe. Acima de tudo, odiava o que me acontecera nas mãos de Harold e as conseqüências que tal fato gerou em minha existência.

Sentia como se minha condição tivesse se tornado um caso insolúvel. Desistira da esperança de que um dia tudo melhoraria e me sentia condenada a uma vida miserável. Não conseguia enxergar nenhuma saída para meu passado e me via aprisionada a meu estupro. Por mais que tentasse, não conseguia deixar tudo isso no passado, e agora a ferida emocional se tornara um fardo tão pesado que me impedia de ter uma vida saudável e um casamento normal.

Dirigindo pela estrada, comecei a orar a Deus. Disse-lhe quanto sentia falta de uma relação mais profunda com ele. Expressei-lhe o desejo de estar com ele no céu, dizendo que estava pronta para deixar esta vida, que passara a odiar tanto. Confessei-lhe que não queria mais viver e lhe pedi que me levasse para junto dele.

Dirigia na estrada de mão dupla em que já viajara tantas vezes antes. Estava pronta para que aquela fosse minha última viagem. A distância, vi um caminhão se aproximando em sentido contrário. Conforme se aproximava, conduzi o carro para a outra pista, bem na direção dele. Estávamos em rota de colisão, e fechei os olhos preparando-me para o que esperava que fosse um impacto fatal (para mim). Devagar, larguei o volante e coloquei as mãos calmamente no colo.

Ouvi o motorista buzinar demoradamente ao ver meu carro se aproximando do dele. Continuei a me preparar com calma para o impacto. Mas, em vez disso, senti apenas uma enorme e poderosa lufada de ar balançar o carro naquele que deveria ser o ponto de colisão. Entreabri os olhos o suficiente apenas para ver que meu carro estava de volta à pista certa da estrada e que o caminhão já havia passado por mim.

Meu primeiro pensamento foi, mais uma vez, de fracasso. Não conseguia ser bem-sucedida nem no ato de tirar a própria vida. Em que mais poderia fracassar? Esse pensamento rapidamente se transformou em um sentimento de rejeição. Nem Deus me queria, pensei. Mas então passei a perceber que meu carro, de um modo milagroso, voltara à pista correta, apesar de minhas mãos afastadas do volante. Lentamente comecei a acreditar que talvez Deus tivesse assumido o controle do veículo, que não era sua vontade tal fatalidade, e que ainda tivesse planos para mim.

Pela primeira vez em seis anos, senti a presença de Deus outra vez. Senti que ele me livrara da morte e que minha existência, afinal de contas, deveria ter um propósito. Embora ainda não compreendesse a razão de ele não haver me livrado do estupro, pelo menos me livrara da morte. Isso me fez acreditar que ainda se importava comigo e que não me abandonara *por completo*. Orei durante todo o caminho de volta para Quincy a fim de que Deus me enviasse algum tipo de ajuda para minha depressão e para minha vida em geral.

Quando voltei a minha casa em Quincy, tentei desesperadamente explicar a Paul que meu estado emocional ia muito além de simples cansaço. Descrevi meu quadro depressivo e confessei que precisava de ajuda profissional. Paul pareceu incapaz de compreender a gravidade da situação e ficou o tempo todo dizendo que eu tinha minha fé em Deus em que me apoiar, portanto não haveria necessidade de qualquer ajuda psicológica. As lágrimas agora me desciam pelo rosto, enquanto tentava lhe explicar que quase acabara com minha vida, porém insegura de que minhas palavras realmente o estivessem convencendo.

— Eu não me suporto mais — supliquei. — Quero aprender a ser a esposa que você merece. Por favor, deixe-me apenas encontrar um bom psicólogo. Preciso realmente de ajuda.

Paul afinal consentiu, dizendo que, se isso era realmente tão importante para mim, deveria ir em frente e fazer o que queria.

Um amigo nosso me indicou um famoso psicólogo da cidade, dr. Stein. Mathew ainda estava na casa de meus pais. Comecei a me tratar com o dr. Stein imediatamente. Durante minha primeira visita a seu consultório, notei uma pintura pendurada na parede da sala de espera. Tinha muito laranja e branco esguichado sobre a tela, provocando a imaginação da pessoa para tentar interpretar aquilo. Não demorei muito para decidir que não gostava do quadro. Por algum motivo, ele me incomodava, até assustava um pouco. Felizmente o dr. Stein me fez entrar em seu consultório antes que eu passasse muito tempo ponderando sobre aquele quadro.

Durante as duas semanas em que Mathew ficou ausente de casa, vi o dr. Stein três vezes por semana. A cada visita, a pintura da sala de espera continuamente me perturbava, cada vez mais.

Em uma das minhas visitas, falei ao dr. Stein de minha aversão ao quadro.

— Aquele quadro que o senhor tem pendurado em sua sala de espera me provoca arrepios na espinha. Não sei ao certo por que razão, mas não gosto dele nem um pouco.

O dr. Stein foi comigo até a sala de espera e me fez parar bem em frente do quadro. Ele me instruiu a ficar olhando fixo para ele e, então, me perguntou o que eu via. Quando forçada a olhar fixo para o quadro, pude sentir-me encher de emoção.

— Sinto solidão — respondi afinal. — Sinto tristeza, medo e um misto de amargura e raiva.

Antes até que me desse conta, estava chorando enquanto olhava para o quadro. Minhas pernas tremiam, e eu me sentia fraca.

— O que está vendo agora? — perguntou o dr. Stein, insistindo em que eu continuasse.

— Vejo um sol alaranjado desaparecendo por trás de cortinas brancas — respondi.

— E por que o sol desaparecendo atrás de cortinas brancas incomoda tanto você? — ele perguntou pressionando um pouco mais.

— Acho que ele representa a solidão que experimentava quando criança ficava sentada ao pé da escada da casa onde cresci e a tristeza que se apoderava de mim ao observar o pôr-do-sol através das cortinas brancas de minha mãe — respondi. — E muitas outras vezes em minha vida quando me senti triste e sozinha.

Não contara ainda ao dr. Stein o que Harold fizera. Queria desabafar, mas ainda não me achava à vontade o suficiente para isso.

Depois de várias sessões, estava realmente começando a sentir que poderia me abrir com o dr. Stein. Ele era gentil e compassivo e parecia um profissional muito competente. Estava muito impressionada com seus conselhos e acreditei que ele realmente conseguiria me ajudar. Podia perceber sua intuição de que havia mais feridas dentro de mim que viriam à superfície quando eu estivesse pronta.

Um dia, finalmente senti que talvez *estivesse* preparada para lhe contar sobre Harold. Sentei-me na confortável cadeira de balanço que ele tinha no escritório e estava prestes a lhe contar sobre o estupro quando fomos interrompidos pelo toque do interfone.

— Doutor Stein, seu advogado está na linha 1 — ouvi a secretária dizer.

Ele apanhou o telefone, e eu ouvi o final da conversa, sentada em minha cadeira, esperando a continuação do atendimento.

— Sim, Harold, o que posso fazer por você? — eu o ouvi perguntar. — Sim, passarei aí para assinar os documentos assim que sair do consultório.

Sabia que ele estava conversando com o mesmo Harold que me estuprara. Não conhecia outro advogado na cidade cujo nome fosse Harold. Minha confiança rapidamente diminuiu, percebendo que o dr. Stein conhecia Harold, e me senti forçada a continuar escondendo meu segredo.

O dr. Stein e eu nos concentramos no meu casamento com Paul. Por fim, ele convidou Paul a participar de uma sessão comigo para uma terapia matrimonial. Explicou-nos que a comunicação era o ingrediente mais importante de qualquer casamento. Disse que precisávamos compartilhar mais nossos sentimentos um com o outro — especialmente nossos sentimentos relacionados ao sexo, que era um dos nossos maiores problemas. Falou ainda sobre a importância do toque e da maneira correta de executá-lo.

— Kathy, pode dizer a Paul que atitudes você toma e não gosta quando faz sexo com ele? — perguntou o dr. Stein.

Eu estava visivelmente envergonhada, mas o dr. Stein insistiu em que eu respondesse, explicando que isso nos ajudaria. Quis fixar o olhar no chão, mas o dr. Stein me impediu.

— Não, não tenha vergonha — disse ele. — Esses problemas são comuns. Olhe para Paul e diga-lhe o que a incomoda com relação ao sexo.

— Paul, eu na verdade não gosto muito quando você fica em cima de mim — disse, toda tímida.

O dr. Stein se voltou para Paul.

— Paul — disse ele —, Kathy precisa se sentir no controle da situação. Você conseguiria deixá-la fazer isso?

Paul olhou para mim, parecendo um pouco confuso.

— Kathy — perguntou o dr. Stein —, você acha que teria mais desejo de fazer sexo se decidisse quando, onde e como vocês o praticariam?

Pensei na pergunta por um instante.

— Se eu não tivesse de me preocupar com Paul se aproximando de mim para fazer sexo — respondi, hesitante —, isso faria com que me sentisse um pouco menos pressionada.

— Bem, eu me sentiria melhor se ela tomasse a iniciativa — acrescentou Paul mais que depressa —, porque me sentiria desejado por ela.

À medida que foi se desenrolando nossa sessão, comecei a perceber que, se eu pudesse decidir quando, onde e como faríamos sexo, seria capaz de me sentir melhor durante o ato.

Antes de irmos embora, o dr. Stein disse algo que nos surpreendeu. Ele nos deu uma "tarefa" a ser cumprida antes da próxima sessão. Recomendou que puséssemos para tocar uma fita cassete com música suave antes de irmos para a cama. Aconselhou-nos a esfregar uma loção cremosa no corpo um do outro, massageando-o, mas que *não* fizéssemos sexo.

Naquela noite, sugeri a Paul que tentássemos cumprir nossa tarefa. Sentia-me à vontade para tomar a iniciativa, porque sabia que eu estaria no controle da situação. Quando colocamos a fita cassete para tocar, era bom saber que eu não teria de fazer sexo. Visto que fôramos orientados a não fazer sexo, ambos conseguimos relaxar e nos concentrar em simplesmente apreciar o toque um do outro. Passei a perceber como era gostoso tocar em Paul e deixar que ele me tocasse. Comecei a entender que, quando Harold me estuprara, eu não tivera qualquer controle sobre suas ações, mas agora Paul estava me permitindo assumir o controle de nosso relacionamento físico. A música suave, relaxante, também parecia me ajudar a permanecer calma e tranqüila, o que fez uma diferença importante no modo de me sentir.

Aumentamos a permanência de Mathew na casa de meus pais por mais uma semana quando Paul e eu começamos a ser atendidos juntos pelo dr. Stein. Depois disso, fomos ambos de carro buscar Mathew. A viagem foi muito agradável, porque conversamos mais sobre nossos respectivos sentimentos e discutimos modos pelos quais poderíamos expressar mutuamente quanto nos amávamos. Precisava verbalizar meus sentimentos sem brigar nem discutir. Era gostoso ser capaz de conversar calmamente, mas com franqueza, um com o outro.

Quando chegamos à fazenda de meus pais, mal podíamos acreditar em quanto nosso filho de 2 anos de idade mudara em três semanas apenas. Parecia mais alto e estava falando muito mais. Era evidente que ele aproveitara bastante o tempo com a avó e o avô. Minha mãe conseguira ensiná-lo a usar o "troninho" com sucesso durante o tempo que ele passou ali. Além disso, Mathew estava até dormindo melhor à noite. Dava para perceber que minha mãe tivera um trabalho e tanto com ele.

Paul e eu continuamos freqüentando as sessões do dr. Stein durante o inverno. Ele sugeriu que eu precisava encontrar mais interesses e amigos fora do casamento. Recomendou que me envolvesse com alguma atividade, organização ou outra coisa que me agradasse. A empresa para a qual eu trabalhava tinha um time de tênis que deveria começar a competir na primavera. O tênis parecia um esporte do qual eu poderia gostar e também achei que seria um bom exercício, mas cada um deveria encontrar seu parceiro de jogo. Depois de convidar várias pessoas, acabei encontrando Adrian, uma mulher que conheci em nossa igreja e que também estava interessada em jogar tênis. Perguntei a Adrian se ela gostaria de ser minha parceira. Respondeu que adoraria. Jamais poderia imaginar que esse seria o início de uma amizade maravilhosa, gratificante.

Adrian era uma mulher bem alta, de boa compleição fisica, e que tomava cuidados especiais com a aparência. Ela sempre se vestia na moda, tinha cuidado com o cabelo e usava maquiagem. Era catorze anos mais velha do que eu e nunca tivera filhos, apesar de estar casada havia mais de vinte anos. Tinha um marido maravilhoso, cristão também, e ambos pareciam ainda bastante apaixonados.

Aos poucos, fui conhecendo Adrian, graças aos jogos de tênis e às atividades da igreja. Rapidamente descobri que ela morava a poucos quarteirões de nós, o que tornava ainda mais fácil passar tempo com ela. Com o tempo, começamos a fazer várias coisas juntas, das quais as longas caminhadas eram a nossa favorita. Eu podia ver que Adrian era uma amiga de verdade. Ela parecia me aceitar com muita facilidade do jeito que eu era, e nunca senti que precisava ser diferente junto dela. Às vezes, se eu estivesse em um mau dia, Adrian chegava a enfiar um cartão debaixo da minha porta para me animar ou apenas para me fazer saber que poderia contar com sua ajuda.

Sem ter consciência disso, Adrian teve um importante papel na restauração da minha fé em Deus. Ela parecia ser uma expressão viva do amor de Deus, pelo simples fato de ser gentil e atenciosa. Também servia de grande exemplo cristão pelo modo de levar a vida como um todo.

Adrian acabaria sendo minha parceira de tênis durante três anos em nosso time. Durante esses três anos, Paul e eu passamos a conviver muito melhor, e parecia que eu, enfim, estava conseguindo afastar a lembrança de Harold da mente. De vez em quando, alguma coisa disparava os pensamentos do estupro, mas, na maioria das vezes, conseguia não pensar no assunto e viver uma vida até certo ponto normal.

Quando Paul e eu ocasionalmente nos desentendíamos por algum motivo, eu geralmente confidenciava a Adrian nossas discussões ou problemas que estávamos tendo. Ela sempre tinha palavras elogiosas a respeito de Paul e tentava salientar todas as qualidades positivas que ele possuía e me lembrar do motivo pelo qual eu me casara com ele. Encorajava-me sempre a buscar a conciliação dialogando com ele, da mesma forma que o dr. Stein sempre recomendara. Toda vez que eu reparava quanto Adrian e seu marido eram felizes, cobrava ânimo em me empenhar, ainda com mais afinco, na busca da felicidade em minha vida conjugal.

No verão de 1983, Mathew acabara de completar 5 anos e estava pronto para começar o jardim de infância no outono. Paul e eu tínhamos bons empregos, e as coisas pareciam estar indo bem para nós. Na maioria das vezes, lograva impedir que pensamentos sobre o estupro ocupassem minha mente. Estava me tornando mais ativa em nossa igreja, principalmente agora que Adrian e eu éramos amigas. Sentia que começava a dar continuidade à minha vida.

Mais ou menos nessa época, minha atenção e dedicação ao trabalho tinham sido recompensados com uma promoção. A empresa para a qual trabalhava era uma grande companhia, tinha incontáveis departamentos e centenas de empregados. Fui transferida para o departamento de compras, onde rapidamente me tornei amiga de um colega chamado Mark, cuja mesa ficava bem junto da minha.

Mark era um rapaz simpático, mas parecia ter um casamento atribulado. Reclamava com freqüência da esposa e falava sobre quanto ela costumava ser cruel com seus dois filhos. Solidária com Mark e seus meninos, deixava-o desabafar, tentando ouvi-lo com atenção, evitando, porém, ser exageradamente amigável. Honrava-me saber que Mark se sentia à vontade para conversar comigo, mas, desde que fora estuprada, me tornara extremamente cautelosa no que dizia respeito a me aproximar demais do sexo oposto. Por causa de meu passado, ainda me sentia perseguida por um enorme medo dos homens e do que que eles seriam capazes de fazer. Assim, nunca me descuidava e me dava por satisfeita por não confiar em ninguém. Depois de Harold, prometera a mim mesma que nunca mais baixaria a guarda, nem por um segundo.

Um dia, Mark chegou ao trabalho e anunciou que estava se divorciando. Senti-me mal com tal notícia e achei que ele tinha grande necessidade de ter alguém com quem conversar. Enquanto rolava a papelada para se concretizar o divórcio, Mark se mostrava cada vez mais deprimido, o que se tornava mais e mais visível no trabalho. Progressivamente, de tempos em tempos, comecei a conversar com ele sobre Deus e, sem ser específica, disse-lhe como Deus me ajudara a superar lances bem difíceis em minha vida. Eu o incentivei a tentar se envolver com uma igreja, mas ele me olhou de um jeito estranho, como se eu fosse mais uma religiosa fanática.

No entanto, Mark acabou encontrando o caminho da igreja. Depois de algum tempo, decidiu-se por Cristo. Foi trabalhar no dia seguinte àquele em que aceitou a Cristo e estava extremamente entusiasmado. Contou-me que eu fora um fator fundamental para sua experiência com Cristo e que realmente me devia muito por ter ajudado a transformar sua vida. Disse-lhe que eu estava realmente feliz pelo fato de ele agora ter Deus em sua vida.

Vários meses mais tarde, a campainha de casa tocou certa noite. Abri a porta e deparei com Mark ali parado, chorando. Paul estava jogando beisebol, como de costume, e Mathew, dormindo. Em meio às lágrimas, Mark me perguntou se poderia entrar. Expliquei-lhe que Paul não estava em casa, mas ele me contou que sua avó, a quem amava profundamente, estava muito mal no hospital e que ele temia que ela viesse a falecer sem conhecer a Cristo. Em seguida me perguntou se poderia orar com ele pela avó.

Mark tocara em um ponto sensível para mim, e fiquei preocupada demais em dispensá-lo simplesmente. Mark sentou-se em nosso sofá e enterrou o rosto nas mãos. Em minha simpatia por ele, sentei-me a seu lado, de modo que pudéssemos orar juntos.

Mas Mark aparentemente interpretou mal meu gesto. Subitamente, estendeu os braços em volta de mim e, antes que me desse conta, me fez inclinar para trás, contra o encosto do sofá, e tentou me beijar. Imediatamente imagens de Harold me passaram correndo pela mente e comecei a me debater para escapar. Mark, que não sabia nada de minha experiência pregressa, ficou chocado com minha repentina histeria.

Eu gritava e chorava, enquanto o esmurrava com os punhos fechados. Mark deu um pulo para trás, visivelmente assustado com minha reação explosiva.

— Kathy, sinto muito — ele ficava repetindo o tempo todo. — Sinto muito. Não pretendia lhe fazer nenhum mal. Desculpe-me.

Eu gritava enfaticamente para que ele saísse de minha casa.

Depois que Mark foi embora, me sentei toda encolhida na beirada do sofá. Tremendo violentamente, visões de Harold encheram-me a mente. Continuava ouvindo Mark dizer que não pretendia causar-me nenhum dano, mas não conseguia imaginar por que tentara me beijar. Podia sentir a amargura crescendo dentro de mim, enquanto imaginava se Mark tinha mesmo uma avó doente ou se tudo não passara de um grande blefe para abusar de mim. Fiquei me repreendendo repetidamente por ter sido tão ingênua a ponto de deixá-lo entrar.

Mais tarde, naquela mesma noite, Mark me telefonou e tentou se desculpar mais uma vez por suas ações.

— Kathy, não sei o que deu em mim — disse ele cheio de remorso. — Espero, por favor, que você me perdoe.

— Eu o perdôo — respondi contundentemente. — Mas não quero mais falar sobre isso. Vamos simplesmente esquecer o que aconteceu.

Quando desliguei o telefone, sabia que nossa amizade nunca mais seria a mesma.

Evitei relatar a Paul o incidente. No dia seguinte, no trabalho, agi como se não tivesse visto Mark na noite anterior. Não contei nada a Paul porque fiquei receosa de que ele me culpasse por haver permitido que Mark entrasse em casa. Já alimentava um sentimento de culpa e não queria vê-lo aumentado pela acusação de mais uma pessoa.

Eu sabia que o divórcio de Mark fora difícil para ele e que precisava de alguém com quem conversar. Infelizmente também reconheci que não poderia continuar a desempenhar o papel de amiga confidente. Assim, tomei outro rumo em meu esforço para ajudá-lo. Tinha uma amiga chamada JoEllen, solteira e mais ou menos da idade de Mark, e decidi experimentar se tinha vocação para casamenteira. Afinal de contas, fora assim que eu e Paul havíamos nos conhecido. Então, procurei aproximar os dois, e, claro, eles morderam a isca rapidinho.

JoEllen gostou de Mark de verdade, imediatamente, e ele pareceu extremamente interessado nela também. Fiquei aliviada quando o relacionamento deles começou a se tornar mais comprometido, porque me tirou da situação constrangedora de ser aquela com quem Mark "poderia contar para tudo". Fiquei contente em ser capaz de me excluir, de certa forma, daquela amizade sem ter de machucar Mark deliberadamente. Mas, agora que ele estava saindo com JoEllen, não me sentia tão mal por não ser mais uma amiga tão íntima.

Não demorou muito, depois disso, para que a empresa em que eu trabalhava se visse obrigada a dispensar alguns empregados, no esforço de enxugar custos. Optaram por dispensar primeiro os de tempo parcial, o que significou que meu emprego foi um dos primeiros a serem cortados. De certa forma, não fiquei desapontada. Trabalhar junto de Mark se tornara constrangedor depois do incidente em minha casa. Além do mais, teria mais tempo para ficar com Mathew.

Sem emprego, com um filho no jardim de infância e com meu aniversário de 30 anos se aproximando já no próximo mês, tudo isso pareceu acionar um dispositivo de auto-reflexão de minha parte. Depois de quase dez anos de empresa, parecia estranho pensar que não trabalharia mais. Comecei a imaginar que tipo de emprego eu gostaria de ter depois disso, ou mesmo se desejaria voltar a trabalhar.

Nossas atribuições na igreja que freqüentávamos aumentaram, progressivamente, durante a década de 1980. Em 1987, Paul e eu passamos a dar aulas na igreja, em uma classe de crianças da faixa-etária de Mathew. A classe reunia crianças de 8 a 11 anos e funcionava paralelamente ao culto matutino de domingo para os adultos, no santuário. Havia cerca de 25 crianças a cada domingo em nossa classe. Eu conduzia os cânticos, e Paul geralmente ensinava a lição.

Paul continuava a trabalhar na mesma fábrica havia mais de catorze anos. Mas, graças a suas experiências positivas dando aulas bíblicas para crianças, começou a desejar se tornar um professor "de verdade" em uma escola. Isso era algo excelente, exceto por uma razão: ele nunca havia cursado uma faculdade — um requisito para ter o certificado de professor. Paul e eu estávamos ambos com 34 anos. Voltar à escola enquanto tentávamos criar e sustentar uma família não seria uma tarefa fácil.

Depois de muita discussão sobre a possibilidade de Paul ir para a faculdade, decidimos que ambos teríamos de trabalhar para pagar seus estudos durante quatro anos. Para nossa surpresa, encontramos emprego cerca de duas semanas depois de nos candidatarmos. Paul pediu demissão da fábrica e conseguiu encontrar um trabalho de meio expediente. O emprego consistia em fazer entregas com um pequeno furgão à noite, depois que acabassem as aulas na segunda, quarta e sexta-feiras. Por fazer entregas a caminho de St. Louis, que fica aproximadamente a duas horas e meia de Quincy, até tarde da noite, o emprego exigia que ele pernoitasse em um hotel. Felizmente, eu também consegui encontrar um trabalho em tempo integral numa corretora chamada Rates and Investments.

A mudança em nossa rotina funcionou bem para nós. Todos nos ajustamos ao novo horário de Paul, e eu sempre me certificava de voltar do trabalho para casa antes que Mathew saísse para ir à escola. Os próximos dois anos passaram rapidamente, e eu fui bem-sucedida em manter os pensamentos sobre o estupro sepultados bem no fundo da minha mente. De vez em quando, alguma coisa acionava a lembrança daquela experiência. Por exemplo, quando um estupro era noticiado nos jornais, os sentimentos familiares de vazio e de desalento associados à minha experiência vinham à tona. No entanto, continuamente empurrava esses pensamentos e sentimentos para longe e tentava me concentrar em minhas tarefas diárias.

Também me tornei preocupada com a vontade de administrar meu próprio negócio. Depois de minha experiência com Harold, desejava trabalhar por conta própria e não ter de prestar contas a ninguém hierarquicamente superior a mim. Embora fosse uma idéia que com freqüência me passava pela cabeça, nunca imaginei que realmente teria a chance de conseguir gerir um negócio próprio.

Então, em um dia de abril de 1988, perto do fim do segundo ano de Paul na faculdade, ele estava vendo um jogo de beisebol na televisão quando entrou um comercial sobre um centro recreativo para a família em Nova York. O centro tinha minigolfe, máquinas de vídeo, bilhar, pistas para prática de lançamento de bolas de golfe, espaço comercial e muito mais.

— Quincy precisa de algo assim — Paul observou casualmente.

Comecei a me animar e exclamei:

— Então vamos montar algo igual!

Paul riu, presumindo que eu não falava sério, e disse:

— Claro, quando você quiser!

As engrenagens começaram a girar em minha cabeça, enquanto vislumbrava a idéia de um lugar em Quincy para toda a família se divertir.

Como se pudesse ler minha mente, Paul ficou um tanto pensativo e depois disse:

— Kathy... você está falando sério?

— Sim, estou — respondi. — Paul, há muito tempo que quero ter meu próprio negócio. Apenas nunca tive uma idéia clara de que tipo de coisa seria. Por favor, deixe-me apenas fazer algumas pesquisas e ver o que consigo descobrir.

— Tudo bem. Sem problema... — ele respondeu, desinteressado.

Paul provavelmente imaginou que, com o tempo, eu cairia em mim e esqueceria tal idéia. No entanto, não foi o caso. Na verdade, quanto mais pensava em criar um centro recreativo para toda a família em Quincy, mais entusiasmada e motivada me sentia.

Nos próximos seis meses, quando não estava ajudando Paul com seus trabalhos para a faculdade, fazia ligações para levantar preços de comida, máquinas de vídeo e brinquedos para crianças. Também consultei o preço da construção de um campo de minigolfe. Mais ainda, o comercial do centro recreativo passou de novo, enquanto eu assistia à TV certo dia, e anotei o número do telefone, na intenção de pedir informação e conselhos sobre como dar início a um empreendimento semelhante. Ansiosa, telefonei para lá e conversei com o gerente comercial em Nova York. Ele foi muito gentil e me deu algumas idéias de por onde começar.

Experimentava sentimentos controversos de entusiasmo e de apreensão. Sentindo-me um pouco insegura, decidi perguntar a Adrian se ela achava loucura essa idéia minha tão repentina. Felizmente, Adrian e seu marido, Scott, fizeram eco a meu entusiasmo. Quando tornei a tocar no assunto com Paul e o informei de que achava que seria viável para nós iniciarmos um centro recreativo, constatei também, nitidamente, seu interesse.

Paul resolveu ajudar perguntando a seu melhor amigo, Phil, que trabalhava com construção civil, se ele seria capaz de fazer um campo de minigolfe. Phil admitiu que seria um desafio, mas aceitou o trabalho. Mal pude acreditar em como tudo parecia estar se encaixando. Minha expectativa aumentava a cada dia que passava.

Desde que começáramos a falar sério em abrir um centro recreativo, Paul e eu decidimos discutir o assunto com Mathew.

Aos 10 anos, ele tinha idade suficiente para trabalhar no centro em troca de uma mesada. Depois de explanarmos nossa idéia, ele ficou vibrando com a oportunidade de ter mais responsabilidade, além de poder ganhar algum dinheiro.

Por volta de fevereiro de 1989, ainda não tínhamos tido a sorte de encontrar um banco que nos emprestasse algum dinheiro, e reclamei da situação com Adrian e Scott. Scott sugeriu que conversássemos com um encarregado de empréstimo no banco em que ele tinha conta. Começando a perder as esperanças, telefonei para lá e marquei uma entrevista com o encarregado, Nick Garland, para o dia seguinte.

Nessa oportunidade, Paul e eu nos sentamos nervosos na sala de espera do departamento de empréstimos do banco. Enquanto aguardávamos, minha mente ia sendo absorvida por idéias sobre o centro recreativo, e eu silenciosamente ensaiei o que gostaria de dizer ao encarregado do banco. A voz de Nick interrompeu-me os pensamentos, enquanto caminhava até nós e se apresentava. Paul e eu nos levantamos para apertar-lhe a mão e o seguimos até sua sala.

Depois de conversarmos por alguns minutos sobre trivialidades, Nick ficou sério e tocou no assunto daquela entrevista. Nós lhe expusemos nossa idéia do centro recreativo e o motivo pelo qual achávamos que ele era necessário em Quincy. Mostramos-lhe os fatos e os números que havíamos pesquisado. Nick lenta e cuidadosamente examinou nossos documentos, ainda mantendo seu comportamento formal.

Enquanto observava os números, ilustrei o que o centro recreativo ofereceria. Podia sentir meu entusiasmo borbulhando enquanto me sentava na beirada da cadeira para tentar explicar nosso objetivo com aquele negócio.

— O que a cidade oferece para as famílias fazerem, especialmente durante o inverno ou nos dias chuvosos? — perguntei. Sem lhe dar chance de resposta, continuei: — As famílias precisam de um lugar coberto para se divertirem e passar o tempo juntas.

Precisamos encontrar um prédio perfeito para abrigar um campo de minigolfe. Também queremos ter uma pista para os adultos treinarem suas tacadas de golfe, uma máquina de basquetebol, mesas de bilhar, máquinas de vídeo, brinquedos para as crianças e uma área de alimentação. Haveria algo para todo mundo!

Os olhos de Nick em momento algum se desviaram dos documentos, e ele não disse uma só palavra. O silêncio me deixou nervosa, enquanto tentava imaginar o que estaria passando pela cabeça dele. Por fim, ergueu os olhos para nós.

— Bem — disse ele —, parece que vocês dois fizeram mesmo seu dever de casa. Na verdade, essa é uma das melhores propostas que vejo há muito tempo. — Ele ficou calado enquanto olhava novamente para os documentos.

— Sei que podemos fazer isso, se pelo menos tivermos a chance de tentar! — exclamei, incapaz de me conter.

Nick permaneceu em silêncio durante vários minutos. Percebi que ele era o tipo de pessoa que não demonstra o que está pensando. Meu coração batia forte, enquanto me encarapitava na beirada da cadeira, esperando a resposta dele.

Por fim, ele ergueu os olhos de novo, agora com um sorriso, e disse:

— Acredito em vocês. Acho que, se há alguém capaz de fazer esse trabalho, vocês são essas pessoas!

A declaração dele nos pegou de surpresa, já que nos acostumáramos a ter nossa proposta recusada por todos os outros. Paul e eu estávamos sem palavras.

— Estou intrigado com o entusiasmo de ambos. Vocês parecem pessoas honestas — Nick admitiu. Então continuou: — Para ser franco, o risco é grande, e o banco não pode lhes emprestar muito dinheiro. Vocês terão de ser criativos e aprender a esticar os recursos financeiros a que terão acesso. Uma vez que o centro recreativo estiver aberto, quero ver uma planilha de lucros e perdas a cada mês.

— Obrigado por nos dar uma chance — Paul retrucou.

Intrometi-me e disse:

— O senhor não pode imaginat como é gratificante ouvir que alguém acredita em nós!

Nick continuou, dizendo que precisávamos encontrar uma construtora, de forma que o banco soubesse exatamente quanto dinheiro teria de nos emprestar. Tentei manter a compostura no escritório, mas assim que a reunião acabou, enquanto caminhávamos para a *van*, liberei todas as minhas emoções.

Agarrando Paul pelo braço, exclamei:

— Paul! Nós vamos mesmo fazer isso!

Paul compartilhou de meu entusiasmo, mas me asseverou:

— Kathy, lembre-se de que eu ainda estou na faculdade em tempo integral e trabalhando meio expediente. Esse realmente é seu sonho e fico feliz de ser uma pequena parte dele. Mas precisa se conscientizar de que caberá a você ser criativa e fazer essa idéia se transformar em realidade.

Balancei a cabeça em sinal de concordância. Também imaginava que começar e administrar um centro recreativo para a família ajudaria a fazer com que me sentisse boa em alguma coisa e, talvez, até erguer minha auto-estima.

Por causa de meu entusiasmo, quase me esquecera de meu trabalho na corretora. Concluí que ainda teria de trabalhar ali para ajudar a pagar as contas e a faculdade de Paul. Seria difícil conciliar um trabalho em tempo integral com a administração de um negócio pessoal. Assim, decidi pedir a meu chefe, Chuck Pendleton, uma oportunidade de trabalhar em regime de tempo parcial, durante três dias por semana. Felizmente, Chuck concordou comigo em que abrir um centro recreativo para a família seria uma boa idéia. Entendeu minha necessidade de trabalhar menos e achou que seria melhor do que me perder por completo.

Depois de conversar com Chuck, fui para casa a fim de pesquisar o jornal novamente, em busca de um prédio para alugar. Depois de umas duas semanas, finalmente encontrei o anúncio de um velho armazém de propriedade de uma igreja em uma localização excelente no limite da cidade. Um dos membros do conselho da igreja, um senhor idoso, levou-nos para conhecer o interior do prédio. Era espaçoso o suficiente para um campo de minigolfe, com espaço extra para tudo o mais que resolvêssemos incluir. Quando o homem descobriu que éramos cristãos e que o negócio seria para as famílias, ficou bastante entusiasmado e nos disse que tinha quase certeza de que o restante dos membros do conselho nos deixaria alugar o prédio. Ele nos informou de que nos telefonaria dentro de uns dois dias com a decisão final.

Durante os próximos dois dias, aguardei ansiosamente o telefonema do membro do conselho. Por fim, ele telefonou com boas notícias. A igreja não só nos alugaria o prédio, como também manteria o aluguel o mais baixo possível.

No dia seguinte, no trabalho, contei a Chuck como as coisas estavam indo bem na abertura de nosso negócio. Chuck sugeriu que eu deveria levar toda a papelada, inclusive o contrato de aluguel, para um advogado dar uma olhada. Achava que era importante ter um advogado para ajudar com quaisquer situações legais que surgissem relacionadas ao negócio. Quando fui para casa, mais tarde, naquele mesmo dia, telefonei para Ted Michaels, um advogado cristão. Um dos amigos de Chuck sugeriu que eu marcasse uma entrevista com ele em meu próximo dia de folga, o que aconteceu no dia seguinte. Felizmente, Ted conseguiu me encaixar em sua agenda no período da tarde.

No dia seguinte, quando cheguei ao escritório de advocacia, Ted me aguardava pacientemente. Ele se apresentou educadamente e, em seguida, me conduziu por um corredor até seu escritório. Arrepios me percorreram o corpo, enquanto caminhava por aquele lugar e observava as cadeiras de espaldar alto que cercavam a mesa de madeira dele. Subitamente, me voltou à lembrança a imagem nítida de quando trabalhava para Harold em seu escritório, o qual continha cadeiras idênticas...

> Em meu primeiro dia de trabalho no escritório de advocacia, levantei-me bem cedo para me arrumar. Queria ter certeza de causar uma boa impressão em todos no escritório. Escolhi um belo vestido verde-escuro

que ia até pouco acima dos joelhos. Passei um pouco de maquiagem, coisa que meus pais não teriam aprovado. Mas eu era uma mulher adulta agora e me deliciava no fato de poder tomar minhas próprias decisões, mesmo com relação a algo tão simples como a maquiagem. Eu nunca entendera por que usar maquiagem era tão errado. Não via onde estava o mal nisso. Sempre achei que a maquiagem fazia meu rosto parecer um pouco melhor e gostava da cor adicional que ela lhe emprestava. Penteei o cabelo de um modo que achei que parecia profissional e achei que estava adequada para ser "secretária de advogado".

Chegando ao trabalho, sorri ao ver meu nome já na vaga do estacionamento do prédio. Já me sentia em casa. Quando cheguei à porta, Harold saiu ao meu encontro. Ele colocou sua mão nas minhas costas e gentilmente me conduziu para dentro, passando em seguida a me apresentar à recepcionista. Com a mão dele ainda tocando-me de leve as costas, ele me guiou pelo corredor e me apresentou a Wanda, secretária de Lawrence, outro advogado do escritório. Depois conheci Jane, secretária de Jim, e Lynn, secretária de Jerry. Cada secretária estava posicionada em frente ao escritório do respectivo advogado. Eu disse "oi" para todas, e então Harold me levou até minha mesa e disse:

— Esta aqui é sua, bem junto à de Lynn. Lynn lhe dará todo o treinamento, e você trabalhará basicamente para mim, mas também, às vezes, para os outros.

Eu sorri e disse "o.k.".

Nas primeiras semanas, fiz amizade com as outras secretárias. Todo mundo no escritório parecia se dar excepcionalmente bem. Não trabalhava ali havia muito tempo quando percebi um bar com bebidas e uma área de estar no final do corredor, junto à biblioteca. Também observei que, com freqüência, quando um cliente entrava, os advogados lhe ofereciam um drinque no bar. Comentei com Lynn que eu não bebia álcool e confessei-lhe que não sabia absolutamente nada sobre o preparo de nenhum drinque. Ela me disse que não me preocupasse com isso e me assegurou de que eu acabaria aprendendo. Durante o tempo que trabalhei no escritório, comecei a compartilhar com Lynn sobre a maneira excessivamente protegida como fora criada. À medida que se aproximava a primavera e meu casamento chegava mais e mais perto, aconteceu de eu mencionar certo dia a Lynn que nem Paul nem eu jamais tínhamos praticado sexo. Expliquei que ambos estávamos aguardando nossa noite de núpcias.

Ela ficou visivelmente surpresa e disse:

— Nem você nem Paul nunca fizeram sexo? Quer dizer que os dois são virgens? Eu achava que não existissem mais virgens no mundo!

Harold havia saído de seu escritório, a caminho da biblioteca no final do corredor, exatamente quando Lynn fazia seu comentário surpreso e em voz alta. Aparentemente chocado com a informação que ouvira sem querer, lançou em mim um estranho olhar, rapidamente substituído por um sorriso demoníaco. Abaixei a cabeça, em evidente constrangimento por ele ter ouvido algo tão pessoal de nossa conversa.

Quanto mais trabalhava ali, mais observava quanto Harold tocava em todas as mulheres do escritório — não só em mim. Um dia, ele chegou a se aproximar por trás de Lynn e começou a lhe esfregar as costas. Isso foi em 1974. Parecia que a maioria das mulheres simplesmente ignorava esse tipo de comportamento e não pensava muito no assunto. Obviamente os homens em posição de poder, como era o caso de Harold, não se sentiam absolutamente ameaçados de sofrer qualquer tipo de acusação, com conseqüente repercussão, por causa de um comportamento que, hoje em dia, seria facilmente visto como assédio sexual.

Uma tarde, estava datilografando em minha mesa quando Harold ia passando. Ele parou e disse:

— Kathy, você parece sempre tão tensa. Venha cá, deixe-me ajudá-la a relaxar um pouco.

Ele começou a esfregar minhas costas e meus ombros. Fiquei realmente nada à vontade com suas mãos sobre meus ombros. Elas pareciam pouco a pouco deslizar para a parte de meu colo. Finalmente resolvi falar, ao mesmo tempo que me inclinava rapidamente por cima da mesa.

— Harold, não consigo me concentrar com você fazendo isso.

— Você precisa se soltar — ele respondeu. — Você trabalha demais.

Com isso, ele se refugiou em seu escritório. Fiquei imaginando se sua referência a "me soltar" tinha a ver com minha "tensão" física ou com minha personalidade. Olhei para Lynn e disse:

— Você não fica incomodada quando Harold toca em você?

— Oh, Kathy. Harold não tem nenhuma má intenção com isso — ela riu. — É só o jeito dele.

— Bem, pois a mim incomoda — retruquei com a maior naturalidade.

Dia sim, dia não, Harold continuou a me deixar cada vez mais constrangida. Em diversas ocasiões, quando eu era chamada a seu escritório para ele ditar cartas, Harold vinha por trás de mim, enquanto eu estava sentada em uma das cadeiras de espaldar alto, e começava a me esfregar os ombros enquanto falava. Odiava toda vez que isso acontecia. Todas as vezes, reiteradamente, lhe pedia que parasse. Dizia-lhe que aquilo me distraía, prejudicava minha capacidade de concentração. Repetidamente reclamei com Lynn desse comportamento, e todas as vezes ela deu de ombros como se fosse algo inocente, sempre insistindo em que ele não tinha má intenção ao fazê-lo. Uma vez, ela chegou a me dizer que eu deveria simplesmente "relaxar e aproveitar", que, afinal, aquilo não era algo tão mau assim.

Às vezes, ficava imaginando se todos os escritórios de advocacia abrigavam um comportamento tão inadequado. Aquele em que eu trabalhara em Jacksonville, com certeza, não era assim, mas, pensando bem, as pessoas lá tampouco eram tão amigáveis umas com as outras. Não sabia ao certo o que pensar. Talvez eu fosse mesmo tensa. Talvez Lynn tivesse razão, e eu só precisasse de mais tempo para me ajustar a essa nova e estranha etiqueta.

Trabalhava ali havia quase quatro meses, no entanto parecia estar falhando em minha ambientação ao comportamento prevalecente no escritório de Harold, que tinha por hábito tocar sempre em todo mundo. Não conseguia imaginar como as outras secretárias se safavam com tanta facilidade, quase sem esforço algum, das brincadeiras sem graça de Harold. Eu constantemente me sentia incomodada no escritório.

— Kathy... Você está bem? Quer se sentar aqui em uma dessas cadeiras um pouco? — disse Ted, interrompendo meus pensamentos.

— Oh, sim, obrigada — respondi, ainda trêmula, enquanto me sentava devagar. Disse a mim mesma que precisava afastar da mente a imagem de Harold e me concentrar no encontro com Ted. Tentando me recompor, comecei a contar a Ted por que precisava de sua ajuda. Expliquei a idéia do centro recreativo para a família e lhe mostrei toda a papelada que levara comigo.

Ted sorriu e disse:

— Parece uma idéia interessante.

Em seguida, passou a examinar a papelada, enquanto eu continuava com minha explicação do negócio.

Depois que ele leu todo o contrato de aluguel, olhou para mim e disse:

— Toda a papelada está preenchida corretamente. Espero que você tenha muito sucesso em seu negócio. Se precisarem de alguma ajuda, não hesitem em me telefonar.

Agradeci a gentileza de seu atendimento e saí correndo do escritório. Suspirei aliviada assim que me aproximei do elevador. Estar no escritório de Ted me fez lembrar demais do escritório de Harold. Disse a mim mesma que precisava parar de deixar que Harold me arruinasse a vida. Finalmente encontrara algo que me estimulava e não permitiria que meu passado se intrometesse.

Durante toda a emoção de construir o centro recreativo para a família, tive algumas más notícias. Adrian descobrira que estava com câncer nos ossos. Teria de se submeter a uma série de tratamentos. Senti-me culpada por estar envolvida demais com o centro recreativo e por não passar tanto tempo com ela. Adrian, no entanto, não se ressentiu do tempo que eu dedicava a nosso negócio e continuou a me incentivar e apoiar.

Em junho, estávamos prontos para abrir aquele que resolvemos chamar de Centro de Diversões da Família. Paul e Mat estavam ambos de férias das respectivas escolas por causa do verão, de forma que era a época perfeita para começarmos a funcionar. A grande inauguração aconteceu em 9 de junho de 1989. Grandes multidões de pessoas desfrutaram do Centro de Diversões da Família todo o fim de semana, e a inauguração foi um enorme sucesso. Fiquei atônita com a quantidade de famílias que compareceram para conhecer o novo empreendimento.

Durante o restante do mês de junho, Paul, Mat e eu trabalhamos todos os dias no Centro de Diversões da Família. Eu estava encantada, porque muita gente da cidade gostava de passar tempo lá. Enfim tinha algo em que me concentrar, ao mesmo tempo que levantava minha autoconfiança.

Um dia, no começo de julho, tive outro encontro com Ted Michaels para cuidar de um documento legal para o aluguel de máquinas de vídeo. Depois do encontro, encaminhei-me para o elevador, absorta em pensamentos relacionados com o Centro de Diversões da Família e em como ele estava indo bem. Assim que entrei no elevador, ouvi alguém entrar atrás de mim. Apertei o botão do térreo. Olhando por cima do ombro para perguntar à outra pessoa que andar queria, acabei me vendo face a face com Harold Ranetti. Meu corpo ficou paralisado quando percebi quem era. Podia sentir a cor desaparecendo de meu rosto.

Antes que tivesse tempo até de pensar em alguma coisa, Harold me abraçou como se eu fosse uma velha amiga e disse:

— Kathy! Você está mais bonita agora do que antes!

Os últimos quinze anos que eu passara tentando dar seqüência à minha vida e esquecer o infortúnio do passado pareceram inúteis, só para tudo voltar e aparecer bem ali na minha frente. Eu tremia de medo e sentia que iria ficar com náusea.

Desvencilhei-me do abraço de Harold, recuei e me ouvi dizer:

— Nunca mais chegue perto de mim. Não vou permitir que me machuque de novo!

Por sorte, as portas do elevador se abriram e saí depressa dali. Corri para fora do prédio e me afastei o mais rápido que pude de Harold, visualizando seu sorriso de superioridade ainda fresco em minha retentiva.

Trancafiando-me dentro da *van*, todas as dolorosas lembranças do incidente que ocorrera na casa vazia começaram a me exaurir. Meu corpo não conseguia parar de tremer, enquanto lutava para conter as lágrimas. Repetidamente disse a mim mesma que deveria me concentrar no Centro de Diversões da Família e não permitir que Harold se intrometesse em minha felicidade outra vez. Precisava continuar a manter meu passado enterrado bem dentro de mim e seguir em frente.

Surpreendentemente, consegui levar adiante meu dia e me concentrei em meus afazeres, sem pensar muito em Harold. No entanto, quanto mais tarde ficava, mais apreensão sentia por ter de ir para a cama sozinha. Paul estava em um hotel por causa do trabalho, e Mathew já estava dormindo em seu quarto. Mas obriguei-me a ir para a cama porque sabia que precisava dormir. Cobri-me com o cobertor e, rapidamente, adormeci, vencida pela completa exaustão.

Pouco depois que adormeci, de repente despertei, incapaz de respirar. Enroscada no cobertor, percebi que tivera um pesadelo com Harold. Seu cinto, em volta de meu pescoço, sufocava-me. Apesar do suor escorrendo-me pelo rosto de tanto me debater e virar na cama, eu tremia, descontrolada. Envolvendo-me no cobertor, levantei da cama e nervosamente examinei as trancas das portas. Peguei uma faca na cozinha e voltei para o quarto. Escondendo a faca na gaveta do criado-mudo, tentei me convencer a voltar a dormir.

Nas semanas que se seguiram, o incidente com Harold no elevador de vez em quando voltava à minha mente, mas rapidamente o expulsava. Tentei me concentrar no Centro de Diversões da Família e em meu trabalho na corretora. Sendo proprietária de um negócio e trabalhando em outro emprego ao mesmo tempo, mantinha-me bastante ocupada o dia inteiro.

Embora fosse divertido administrar o Centro de Diversões da Família, ainda gostava de trabalhar na corretora. Às vezes, pensava em quanto Harold era diferente, comparado com Chuck. Chuck nunca tentava me tocar, não me dirigia comentários maliciosos nem carregados de sensualidade, como Harold o fazia. Embora estivesse nervosa quando comecei a trabalhar para Chuck, ele conseguira conquistar minha confiança. Também ajudara o fato de ele ter me apresentado à sua esposa, Phyllis, e a seus dois filhos, demonstrando a importância que dava à família.

Um dia, perto do fim de julho, estava tendo uma manhã agradável, como sempre, na corretora. Chuck trabalhava ocupado em seu escritório, enquanto eu preenchia determinada papelada de fundo mútuo em minha mesa. Enquanto trabalhava, curiosamente fiquei tentando imaginar como Paul e Mat estariam se saindo no Centro de Diversões da Família.

O telefone tocou, interrompendo-me os pensamentos, e atendi como de costume:

— Bom-dia, Rates and Investments.

— Voltei! — ouvi uma voz masculina anunciar. Sabia exatamente quem era. Quase deixei cair o aparelho, chocada, enquanto ele continuava: — Vou fazer tudo de novo com você, e, desta vez, você vai gostar.

Estremeci de medo e senti uma lágrima rolar pelo rosto. Minha mão tremia quando desliguei o telefone. Tentei me convencer de que não era Harold, porque ele não sabia onde eu trabalhava. Por outro lado, sabia que eu lhe reconhecera a voz; seria capaz de identificá-la em qualquer lugar.

Chuck, que também ouvira o telefone tocar, percebeu meu silêncio e saiu do escritório. Encontrou-me tremendo em minha mesa, com um ar de terror no rosto.

— Kathy, o que houve? — perguntou, preocupado com minha reação.

— Oh... Foi um trote obsceno que acabaram de passar e para o qual não estava preparada — respondi. Minha voz tremia enquanto eu continuava: — Já vou ficar bem.

— Você parece bastante abalada... Tem certeza de que está bem? — ele perguntou, preocupado de verdade.

— Sim, foi só porque fui pega desprevenida, só isso — retruquei.

O resto do dia, tentei me concentrar no trabalho, sem grande sucesso. As palavras de Harold ficavam ecoando sem parar em minha cabeça. Passei o dia inteiro com o estômago embrulhado e não tive apetite nem para almoçar. Chuck ficava me observando a todo momento. Dava para ver que ele estava preocupado.

Durante as próximas semanas, comecei a receber telefonemas em casa em que a pessoa do outro lado da linha ficava apenas ouvindo, muda. Depois de dizer «alô» diversas vezes, por fim eu desligava. Às vezes, a pessoa desligava antes de mim. Ficava imaginando se seria Harold e, de novo, procurava me convencer de que não deveria permitir que ele me aborrecesse. Chuck também começou a notar uma série de telefonemas em que a pessoa desligava sem dizer nada nos dois dias da semana em que eu não trabalhava. Ele me questionou sobre o assunto, imaginando se haveria alguém tentando falar comigo.

Os telefonemas continuaram por vários meses. Tornaram-se mais um incômodo que uma preocupação. Com freqüência, ficava tentando imaginar se algum dia parariam. Não compreendia como alguém se prestaria a tal papel. A mim parecia uma total perda de tempo.

Na corretora, certo dia de outubro, estava sozinha durante o horário de almoço, porque Chuck havia saído para almoçar com a esposa. O telefone tocou, e eu atendi, ansiosa, sem saber ao certo se seria uma chamada real ou mais uma daquelas em que ninguém dizia nada.

No entanto, eu não estava esperando ouvir a voz de Harold, fazendo os mesmos comentários obscenos que fizera da primeira vez que telefonara, meses antes. Bati o telefone com força, enquanto as lágrimas me escorriam pelo rosto. Chuck e Phyllis entraram no exato momento em que me levantava da mesa. Perceberam de imediato que eu estava chorando e quiseram saber o que havia de errado. Sentindo-me nauseada, pedi licença para ir ao banheiro e me tranquei lá dentro. Recostei-me na parede para me conter, tentando imaginar se aquilo não seria apenas mais um pesadelo. Inclinei-me em cima da pia e joguei água no rosto, tentando lavá-lo das lágrimas.

Phyllis bateu de leve na porta e tornou a perguntar o que havia acontecido. Sabia que precisava lhes dizer alguma coisa e que não poderia ficar escondida no banheiro o tempo todo. Hesitante, abri a porta e encontrei os dois olhando fixamente para mim com um ar de interrogação no rosto. Phyllis então passou o braço a minha volta e me conduziu ao escritório de Chuck, onde me sentei em uma das cadeiras. Ela colocou uma caixa de lenços de papel na minha frente, sobre a mesa de Chuck, e sentou-se na cadeira a meu lado. Chuck sentou-se em sua cadeira por trás da mesa.

Ele se inclinou por cima da mesa e disse:

— Kathy, por favor, conte-nos o que aconteceu. Queremos ajudá-la.

Minha voz tremia quando respondi:

— Recebi outro telefonema obsceno enquanto vocês estavam fora.

Phyllis me deu palmadinhas no braço e disse:

— Kathy, você não deveria deixar que essas coisas a aborrecessem tanto. É só algum velho pervertido.

Rasguei o lenço de papel que segurava em vários pedaços e abaixei os olhos. Durante quinze anos, não havia contado a ninguém sobre o estupro que sofrera na casa vazia. Mas tornara-se claro que não poderia continuar mantendo esse segredo, principalmente com Harold de volta à cena. Pela primeira vez, realmente tive vontade de conversar sobre o estupro e de desabafar a dor que vinha mantendo represada durante tanto tempo.

Sabia que podia confiar em Chuck e Phyllis, de forma que respirei fundo e disse:

— Sei quem anda me telefonando. — Ergui o olhar por tempo suficiente para perceber o ar de confusão no rosto de Chuck. — Aconteceu uma coisa comigo há muito tempo que nunca contei a ninguém.

Ainda confuso, Chuck perguntou:

— O que foi, Kathy?

Meus olhos se encheram de lágrimas quando comecei a lhes falar de meu passado.

— Eu trabalhava para Harold Ranetti na época, há mais de quinze anos — comecei. — Um dia, ele me disse que deveria ir a seu encontro em uma casa desabitada para ajudá-lo a fazer um inventário dos bens ali existentes, de forma a arrolá-los no espólio. — Lágrimas escorriam-me pelo rosto, e gaguejei: — Não queria entrar naquela casa, mas ele me deu essa ordem. Quando estávamos fazendo o inventário, ele me agarrou por trás e me estuprou.

Phyllis engoliu em seco, e Chuck observou:

— Harold Ranetti? Ele é um dos advogados mais influentes de Quincy! Não admira que você não tenha contado isso a ninguém. Na época, não existia o teste de DNA de que a polícia hoje dispõe. Sem mencionar que você estava sozinha com ele e seria sua palavra contra a dele. — Chuck olhou para mim e continuou: — Kathy, como você lidou com isso todos esses anos?

— Como tem certeza de que é Harold que está telefonando agora? — cortou Phyllis antes que eu pudesse responder a Chuck. — Por que ele faria isso depois de tanto tempo?

Expliquei que casualmente encontrara Harold no elevador alguns meses antes. Então, compartilhei com eles a declaração obscena que ele me fizera ao telefone e disse:

— Receio que ele possa tentar fazer tudo de novo.

Notei que Phyllis tinha lágrimas nos olhos. O rosto de Chuck estava vermelho, e seus olhos também estavam rasos d'água. Era um alívio enorme finalmente compartilhar com alguém minha história, e significava muito para mim o fato de eles se importarem. Pela primeira vez em quinze anos, não me sentia sozinha.

Chuck tentou parecer confiante ao dizer:

— Na verdade, acredito que Harold só esteja tentando assustar você. Estou mais preocupado com você e com o tempo que manteve isso guardado. Deveria ter recebido algum tipo de aconselhamento profissional para lidar com o passado, de forma a saber melhor trabalhar com a situação agora.

Sabia que Chuck tinha razão. Precisava conversar com alguém sobre meu passado; não me fizera bem algum manter tudo guardado comigo todos aqueles anos.

— Se Chuck ou eu pudermos fazer alguma coisa para ajudá-la, por favor, nos diga — disse Phyllis.

Chuck me deixou ir embora mais cedo, de forma que eu pudesse ir para casa telefonar para algum local de aconselhamento psicológico e marcar uma consulta. Decidi ligar para a clínica de aconselhamento psicológico localizada no hospital da cidade. A recepcionista me informou que uma terapeuta chamada Cindi tinha horário para o final daquela tarde. Como eu tinha o resto da tarde livre do trabalho, marquei a consulta.

Depois de duas sessões com Cindi, decidi que não gostava de seu método de trabalho. Conversei com Chuck sobre isso, e ele tentou pensar em outro conselheiro que pudesse me indicar.

— Bem, tenho ouvido boas referências de um psicólogo chamado Trent Lauller — sugeriu Chuck procurando o número do telefone dele no catálogo. Rapidamente encontrou-o e disse: — Kathy, por favor, ligue para ele imediatamente e marque uma consulta.

Acenei positivamente com a cabeça e, em seguida, liguei. O sr. Lauller me informou que acabara de ter uma consulta cancelada e que, por isso, poderia me receber dentro de meia hora. Informei Chuck disso, e ele, imediatamente, me autorizou a marcar a consulta, assegurando-me de que daria cobertura a meu trabalho pelo tempo que fosse necessário permanecer fora.

Grata por Chuck estar sendo tão compreensivo com minha situação, marquei a consulta e saí rumo ao consultório do sr. Lauller. Entrei ali, hesitante, tentando imaginar se ele, ou qualquer outra pessoa, poderia de fato me ajudar. Olhando em volta pela sala, não pude deixar de notar como o lugar parecia confortável. Continha várias estantes de livros, um sofá de tecido marrom e uma cadeira bastante acolchoada.

Um homem corpulento, de cabelos e barba grisalhos, entrou. Olhei detidamente para ele, nervosa demais para dizer alguma coisa.

— Olá — ele me cumprimentou. — Você deve ser Kathy. Sou Trent Lauller. Pode me chamar de Trent. — Apertou-me a mão e convidou-me a sentar no sofá.

Trent puxou sua cadeira mais para perto e sentou-se bem na minha frente, com um bloco de notas e uma caneta na mão. Durante essa primeira consulta com ele, não lhe falei sobre meu passado com Harold. Ele indagou sobre minha infância e fez algumas perguntas sobre minha criação em geral.

No final da consulta, Trent levantou-se e disse:

— Não deixo ninguém sair do meu consultório sem um abraço. Todo mundo precisa de pelo menos doze abraços por dia para se sentir amado e cuidado.

De repente, me senti desconfortável, e minhas mãos começaram a tremer. Entrei em pânico e olhei de relance para a porta fechada, sentindo-me presa em uma armadilha. Trent percebeu meu medo e disse:

— Estou vendo que você não se sente à vontade com abraços, ou talvez não confie nos homens. Posso lhe assegurar que jamais farei qualquer coisa para diminuir sua confiança em mim. Podemos trabalhar com os abraços mais para a frente.

Aliviada por sair dali, lembrei-me de como costumava confiar em todo mundo antes que Harold me estuprasse. Ansiava por me sentir daquele jeito de novo e, entristecida, fiquei imaginando se isso um dia voltaria a acontecer.

Depois de mais algumas semanas de consultas com Trent, comecei a me sentir mais à vontade perto dele. Fiquei sabendo que ele era cristão, e conversamos sobre Deus e seu amor. Por fim, decidi que estava pronta para compartilhar com ele minha história de estupro. Como acontecera com Chuck e Phyllis, lágrimas rolavam, enquanto eu revelava a Trent meu segredo.

Quando terminei, enxuguei as lágrimas, enquanto Trent olhava para mim e perguntava:

— Você acha que Deus a estava punindo por algum motivo?

Baixando o olhar, murmurei:

— Não sei o que fiz de tão ruim a ponto de Deus querer me machucar tanto.

— Kathy, Deus não faz com que coisas ruins aconteçam às pessoas. Satanás é o causador das coisas ruins da vida, mas Deus as permite para que nos tornemos mais fortes — respondeu, e continuou: — Kathy, Deus tem um plano para sua vida. Ele sempre a amará e cuidará de você. Acredita nisso?

Suspirei e disse:

— Por causa da formação cristã que recebi, eu sei disso, mas é tão duro entender por que Deus permite essas coisas...

Trent olhou para mim com carinho e replicou:

— Pare de tentar entender Deus e se esforce para entender a si mesma.

Enquanto me preparava para ir embora de seu consultório, ele veio até mim e disse:

— Acho que um abraço lhe cairia bem hoje. — Inclinou-se, então, em minha direção e passou os braços à minha volta. Deu-me alguns tapinhas nas costas e me lembrou: — Kathy, você vai ficar bem, porque Deus a ama.

Pensei em como era estranha a sensação de receber um abraço afetuoso. Mesmo depois de dezesseis anos de casamento, Paul e eu continuávamos a lutar com o problema da intimidade; portanto, um abraço afetuoso ainda era estranho para mim.

Continuei me ausentando do trabalho na corretora para me consultar com Trent. Chuck estava me apoiando muito nessa necessidade de receber aconselhamento, a ponto de compreender meu desejo, naquele momento, de não contar nada a Paul sobre Harold.

— Amo tanto meu marido que não suportaria magoá-lo. Não consigo nem imaginar como ele receberia notícias tão terríveis. Se você estivesse no lugar de Paul, gostaria de saber que algo desse tipo acontecera com Phyllis? — perguntei a Chuck.

Chuck respondeu, hesitante:

— Kathy, Paul vai precisar de muito aconselhamento quando você finalmente lhe contar, porque, para ser bem sincero, receio que eu ainda sairia atrás de Harold se ele tivesse feito algo assim com Phyllis. Além disso, acho que ficaria tentando imaginar o tempo todo, quando Phyllis e eu tivéssemos nossos momentos íntimos, se ela estaria pensando em sua terrível experiência com Harold, como acontece com você. — Solidário, continuou: — Não gostaria de estar em seu lugar ou no de Paul. Não consigo nem imaginar o que vocês terão de passar.

Depois de cada visita a Trent, Chuck continuou a se colocar disponível para conversar comigo sobre o que era discutido durante a sessão de aconselhamento. Era de grande ajuda para mim conversar com alguém sobre meu passado, porque me fazia liberar as emoções que eu mantivera trancafiadas dentro de mim por tanto tempo. Por outro lado, também começava a me sentir culpada por contar a três pessoas sobre o estupro, enquanto meu marido não sabia nada a esse respeito. Por quanto tempo ainda seria capaz de esconder meu passado dele?

Durante todo o inverno, continuei com as sessões de aconselhamento com Trent, enquanto protelava a decisão de contar a Paul sobre Harold. Na verdade, não tinha mais notícias de Harold desde a segunda vez que ele ligara para a corretora, ainda no outono. Certa de que ele não havia desistido da idéia de me atormentar, ficava nervosa, tentando imaginar quando ouviria notícias dele outra vez. Vivia cada dia com medo de receber outro telefonema ou de encontrá-lo novamente.

Muito tempo se passara, embora meus dias parecessem se arrastar interminavelmente. Era abril de 1990, cerca de um ano depois que começáramos a construir o Centro de Diversões da Família. Atrasada para o trabalho, corri debaixo da chuva e entrei na *van*. A boa velocidade, dirigindo pela viela atrás da minha casa, pisei fundo no freio para evitar bater em um carro que lentamente atravessara à minha frente. Meu corpo ficou tenso no mesmo instante em que percebi que o motorista era Harold.

Experimentei aquela sensação familiar de nó no estômago, enquanto a visão do carro de Harold permanecia em minha mente. Era um Buick branco, de placa HR5412. Sabia que jamais a esqueceria. Minhas mãos tremiam, enquanto voltava a acelerar. Tentei me concentrar na direção, mas os pensamentos girando em minha cabeça tornavam isso difícil. Fiquei imaginando o que ele estaria fazendo perto de minha casa. Vivia do outro lado da cidade e não tinha motivo algum para estar em nosso bairro.

Mais ou menos a meio caminho do trabalho, notei pelo retrovisor que Harold estava me seguindo. Estremeci ante aquela visão, mas mantive os olhos nele, enquanto me seguia. Fiquei imaginando se estaria tendo mais um de meus pesadelos. Saindo da rua principal, observei que Harold tomou o mesmo rumo. Então, virei na direção oposta àquela para onde estava indo, e ele fez o mesmo.

Percebendo que ele não me deixaria em paz, mais que depressa tomei a direção da corretora. Quando olhei de relance para o retrovisor outra vez, Harold me encarou maldosamente, de olhos arregalados. Senti um misto de raiva e medo. Será que ele estava tentando me fazer perder a cabeça? Ele sabia onde eu morava, onde eu trabalhava e que carro eu dirigia. Fiquei imaginando o que mais saberia a meu respeito.

Resolvi não contar a ninguém sobre o fato de ele ter me seguido. Imaginei que, se não valorizasse tanto isso, Harold me deixaria em paz. No fundo, sabia que estava enganada. Mantivera o estupro em segredo por dezesseis anos, na esperança de conseguir enterrar o passado; no entanto, Harold estava de volta à minha vida, tentando arruiná-la de novo. Parte de mim ainda tentava imaginar se aquilo era só um pesadelo do qual um dia acabaria despertando.

Na segunda-feira seguinte, saí de casa cedo para passar no Centro de Diversões da Família e apanhar um dinheiro para depositar no banco. Enquanto saía do Centro em direção a meu carro, com o depósito na mão, sobressaltei-me ao perceber Harold sentado dentro do carro dele, no outro extremo do estacionamento, à minha espera. Fiquei imaginando como ele soubera de minha ligação com o Centro. Então, lembrei-me de que o jornal publicara um artigo sobre o Centro e mencionara meu nome e o de Paul como proprietários.

Entrei rapidamente no carro. Fiquei ponderando sobre como ele tomara conhecimento de que eu estaria no Centro naquele dia, uma vez que também sabia que eu trabalhava na corretora. Harold me seguiu por toda a cidade até o banco. Eu tremia durante todo o tempo em que dirigia e tentei me concentrar no tráfego à minha frente.

Quando cheguei ao banco, notei que Harold também entrou no estacionamento e parou o carro no extremo oposto. Aterrorizada com a possibilidade de que ele saísse do carro e se aproximasse, entrei no banco rapidamente e, depois de fazer o que precisava, saí dali em direção à corretora. Meu coração batia forte, enquanto o observava me seguir até o escritório.

Quando estacionei perto da corretora, saltei mais que depressa do carro e entrei no prédio, fechando a porta com toda a força. Desabei na cadeira junto à minha mesa, no exato momento em que Chuck, atraído pelo barulho, saía para ver o que tinha acontecido.

— Kathy — disse ele visivelmente preocupado —, o que foi que aconteceu?

Tentando recuperar o fôlego, consegui balbuciar:

— Harold está aí fora. Ele vem me seguindo a manhã toda!

Chuck correu até a janela, mas não viu Harold. Voltando para junto de mim, viu meu rosto empalidecido e meu corpo trêmulo e constatou logo que eu dizia a verdade. Consegui lhe explicar que Harold também me seguira havia uns dois dias.

Chuck ficou sem saber o que dizer, sentando-se apenas em uma das cadeiras. Olhou afinal para mim e disse:

— Kathy, você precisa ir conversar com Trent imediatamente.

Concordei, balançando a cabeça, enquanto ele apanhava o telefone e discava o número. Chuck explicou a Trent o que me acontecera, e Trent disse que poderia me atender assim que eu chegasse lá.

— Kathy, você consegue dirigir até lá ou prefere que eu a leve? — ele perguntou.

Desviando os olhos dele, dei uma olhada pela janela e mirei fixamente os galhos das árvores balançando ao vento.

Como o escritório de Trent ficava a apenas quatro quarteirões da corretora, respondi:

— Acho que consigo chegar lá sozinha. Obrigada.

Cuidadosamente voltei para meu carro, olhando à minha volta, atenta a qualquer sinal de Harold. Felizmente não o vi. Quando cheguei ao consultório de Trent, ele estava esperando à porta por mim. Percebeu assim que entrei que eu ainda tremia. Estendeu-me os braços, e me pus a chorar. Trent me abraçou e me deixou chorar, até que eu conseguisse me controlar. Conduzindo-me em direção ao sofá, me fez sentar e pediu que eu lhe contasse sobre o ocorrido. Meus lábios tremiam, enquanto relatava a Trent sobre o fato de Harold me perseguir.

— O que Harold está fazendo com você é considerado assédio. Ele continuará a assediá-la até você tomar a decisão de fazê-lo parar! — disse Trent firmemente. Ele se inclinou para a frente na cadeira e apoiou o queixo nas mãos.

— Mas como posso impedi-lo? Se procurar a polícia, será minha palavra contra a dele. Não tenho provas para fornecer. Por que a polícia acreditaria em mim quando Harold é uma figura de projeção na cidade? — perguntei-lhe. Antes que ele pudesse responder, acrescentei: — Fico esperando, simplesmente, que Harold desista do que está fazendo, porque não suporto a idéia de revelar isso a Paul. Sei como me sinto por dentro e fico só imaginando o impacto que isso causará em Paul quando tomar conhecimento de tudo. Quero poupá-lo de toda essa dor.

— Kathy, não posso ajudá-la quanto a isso até que você esteja pronta para *se* ajudar. Precisa decidir o que vai fazer para deter Harold. Já pensou na possilidade de não ter sido a única vítima de Harold? Talvez cada uma das vítimas dele tenha ficado tão amedrontada quanto você, mantendo a boca fechada. Talvez seja exatamente isso que Harold espere que você faça — Trent retrucou.

Trent acabava de me sugerir algumas idéias que mereciam melhor ponderação de minha parte.

Naquela noite, Paul dormiria em um hotel por causa do trabalho. Depois de me aprontar para ir deitar, inspecionei cuidadosamente ambas as portas, para ter certeza de que estavam trancadas. Mathew estava dormindo tranqüilamente em sua cama, alheio ao medo que eu sentia. Esperava manter tudo daquele jeito, porque não queria que ele tivesse conhecimento do que eu estava vivenciando.

Ao entrar em meu quarto, certifiquei-me de que a faca que eu havia retirado da cozinha continuava na gaveta do criado-mudo, onde a deixara no verão anterior. Então, rastejei por cima da cama e me escondi debaixo dos cobertores. Pensamentos assustadores sobre Harold encheram-me a mente, enquanto ali deitada, e me impediram de pegar logo no sono. Por fim, adormeci, minha energia drenada pela constante perturbação e pelo sentimento aterrador da existência de Harold em minha vida.

Mais uma vez, acordei cedo na manhã seguinte, o corpo encharcado de suor e o rosto molhado das lágrimas de mais um pesadelo. Fiquei deitada debaixo dos cobertores, com medo de encarar mais um dia e imaginando o que mais Harold estaria preparando para mim.

Aliviada, não vi Harold nem recebi seus telefonemas durante os próximos meses. Mergulhei em todo o trabalho que precisava ser feito no Centro de Diversões da Família. Havia tantas promoções de que eu precisava cuidar, além dos livros contábeis e das reuniões com os anunciantes. Mas Harold não ficou longe da minha mente. Sabendo que ele não permaneceria distante por muito tempo, acordei certa manhã apreensiva com o que poderia acontecer naquele dia. Cada vez que passava de carro pela cidade, ficava o tempo todo olhando pelo retrovisor para ver se estava sendo seguida.

Um domingo de junho, estivera ocupada a tarde inteira trabalhando na lanchonete do Centro. Olhei para a porta no exato momento em que Harold entrava. Ele olhou rapidamente em minha direção por tempo suficiente apenas para estabelecer contato visual e me exibir aquele sorriso ameaçador que já se tornara sua marca registrada. Imediatamente chamei meu gerente assistente, Neal, pedindo-lhe que cuidasse de tudo para mim. Disse-lhe que tinha uma papelada que precisava terminar de preencher no escritório.

Da janela do escritório, observei Harold passear junto ao campo de minigolfe com seu jeito prepotente. Nervosa, mordi os lábios e roí as unhas, tentando imaginar o que ele pretendia. Ele permaneceu por tempo suficiente para dar uma boa olhada nos arredores e, em seguida, saiu, triunfantemente, pela porta, o rosto estampando certo aprazimento, parecendo ter satisfeito algum objetivo inconfesso.

Com medo de ficar sozinha à noite, pedi a Neal que permanecesse e fechasse o Centro comigo. Cuidei de que fôssemos embora juntos, de forma que eu não precisasse sair sozinha. Caminhando na direção da *van*, só o luar iluminava o estacionamento. Apertei o passo ao mesmo tempo que cautelosamente lançava um olhar perscrutador pelos arredores. Embora mal conseguisse enxergar a própria mão à minha frente, olhei em volta para ver se Harold estava escondido em algum lugar, me observando.

Uma vez dentro do carro, instantaneamente tranquei as portas e saí de ré da vaga que ocupara. Enquanto dirigia no sentido de casa, no escuro, percebi um par de faróis atrás de mim. Automaticamente fiquei imaginando se seria Harold. Pisei no acelerador, determinada a chegar a casa o mais depressa possível. Suspirando aliviada, lembrei que Paul estaria em casa naquela noite.

Percebendo que vinha prendendo a respiração durante todo o trajeto até ali, respirei fundo e entrei em casa. Olhei à minha volta e vi que Paul acabara de lavar a louça do jantar dele e de Mat.

Ele olhou para mim quando entrei na cozinha e perguntou, ansioso:

— Como foi esta noite?

Sabia que ele estava se referindo à quantidade de dinheiro que entrara no caixa.

— Bem, muito bem — retruquei, seca, sem a intenção de ser grosseira. Minha cabeça latejava por causa do estresse de rever Harold.

— Você teve um dia ruim? — questionou Paul com um olhar inexpressivo no rosto.

— Sinto muito se fui rude. Só estou cansada, mais nada — respondi.

Saí da cozinha e fui me sentar junto de Mat no sofá da sala. Conversamos sobre como fora sua rotina. Não conseguia acreditar em como ele era maduro para um menino na idade de 12 anos.

Depois de conversar um pouco, decidimos nos deitar. Eu me debati na cama a noite inteira, com medo do que Harold faria no dia seguinte. Meu único conforto era que Paul estava deitado a meu lado.

No dia seguinte, na corretora, contei a Chuck sobre Harold ter ido ao Centro de Diversões da Família. Ele concordou em ser bem possível que Harold fosse uma pessoa perigosa e me aconselhou a envolver a polícia na história. Pouco à vontade com a idéia de compartilhar meu passado com mais pessoas, quando Paul ainda não sabia de nada, optei por não seguir seu conselho.

Minutos depois de minha conversa com Chuck, o telefone tocou. Atendi, como de costume, e ouvi a voz maliciosa de Harold:

— Gosto muito desse vestido amarelo-claro que você está usando hoje. E o colar de contas pretas combina bem com os botões do vestido. Também gosto de seu cabelo penteado para trás. Mal posso esperar para passar a mão nele.

Podia sentir o gosto salgado das lágrimas que me escorriam pelo rosto até meus lábios. Paralisada de medo, levei um minuto para perceber que Chuck continuava na sala. Os nós de meus dedos ficaram brancos, tamanha a força com que eu apertava o fone. Chuck soltou-me os dedos como se eles estivessem colados no aparelho e desligou.

Colocando a cabeça entre as mãos, solucei:

— Ele sabe a cor de meu vestido, que ele tem botões na frente. Disse que gosta de meu cabelo e quer passar as mãos nele. — Senti-me nauseada só de imaginar Harold me tocando. Erguendo os olhos para Chuck, perguntei: — Como ele consegue saber o que estou vestindo ou como está meu cabelo? Não o vi me seguir para o trabalho. Onde ele me viu?

Chuck se ajoelhou à minha frente, enquanto eu continuava paralisada na cadeira, e suplicou:

— Kathy, você precisa pedir ajuda. Por favor, deixe-me ligar para a polícia.

Olhei fixo para ele, que continuou:

— Eu jogo golfe com o delegado assistente e sei que posso conseguir fazer com que ele a ajude. Por favor, permita-me telefonar para ele.

O máximo que consegui fazer foi balançar a cabeça em sinal de concordância, a qual começara a latejar de dor outra vez. Sabia que alguma coisa precisava ser feita. Mas não tinha noção de como alguém conseguiria deter aquele homem ou se alguma pessoa, na verdade, acreditaria em mim.

Chuck telefonou para a delegacia e contou a seu amigo, Jim LaPoura, que sua secretária vinha sendo assediada por alguém e queria registrar uma queixa. Uma policial foi enviada ao escritório a fim de anotar tudo. Ela me levou para uma sala dos fundos, de forma que pudéssemos conversar em particular. Imediatamente percebi seu comportamento reservado, o que me deixou pouco à vontade.

Ela permaneceu assim distante, enquanto me fazia várias perguntas. Aquilo parecia algo rotineiro para ela. Estava ali fazendo seu trabalho e ponto final. Enquanto continuava com seu questionário, ocorreu-me que estava conversando com uma pessoa totalmente estranha para mim, com quem não me sentia nem um pouco à vontade, quando meu próprio marido não tinha a menor ciência daquela história. Foi exatamente nesse instante que concluí que não poderia mais mantê-lo alienado de tudo.

Quando a policial me perguntou se eu sabia quem vinha dando aqueles telefonemas, hesitei antes de responder. Claro que eu sabia. Era a voz que me assombrava os sonhos todas as noites. No entanto, queria contar a Paul sobre a situação antes de revelá-la ao departamento de polícia inteiro. Por fim, respondi, meio reservada, que não tinha certeza. Não fazia idéia de que essa simples declaração voltaria, eventualmente, para me esbofetear.

Depois que a policial foi embora, expliquei a Chuck que Paul precisava saber de tudo antes que eu o revelasse à polícia. Ele assentiu com a cabeça, em sinal de que me compreendia. Convencido de que eu ficaria bem, saiu para almoçar com Phyllis, enquanto tentei voltar à rotina do trabalho.

O telefone tocou de novo. Em meu estômago, um nó de medo se formou, ante a possibilidade de ser Harold novamente. Infelizmente, sabia que precisava atender.

Quando tirei o fone do gancho, ouvi a voz de Harold me perguntar:

— A policial conseguiu fazer com que você se sentisse melhor? — Mais uma vez, fiquei imobilizada na cadeira. Harold continuou a falar: — A polícia provavelmente vai instalar um grampo em seu telefone, mas nunca conseguirá me pegar. E mesmo que conseguisse, não poderia fazer nada comigo. Não sou estúpido. Nunca vou ligar do mesmo telefone. Vou parar de telefonar por algum tempo, mas depois estarei de volta.

Ouvi o som de linha livre quando ele desligou, obviamente por não esperar que eu fosse responder. Não sabia quanto mais daquele tipo de coisa seria capaz de suportar. Quando Chuck voltou do almoço, lhe informei que Harold telefonara de novo. Imediatamente, ligou para Jim LaPoura e relatou que o assediador sabia que eles tinham mandado uma policial. Mandou um recado por meio de Chuck para que eu o procurasse na manhã seguinte, bem cedo, no parque junto ao rio. Disse que estaria à paisana. Recebi a instrução de procurar uma caminhonete, em lugar de um carro de polícia, isso para despistar o assediador caso viesse a me seguir.

Fiquei deitada na cama junto a Paul naquela noite, pensando na maneira de fazer minha abordagem. Preocupava-me o modo como reagiria e o que iria dizer. Mas eu sabia que precisava lhe contar. Olhei para seu corpo imóvel no escuro e o ouvi começar a roncar. Deitando de lado, decidi esperar até o amanhecer.

Na manhã seguinte, fui ao parque onde deveria me encontrar com o sr. LaPoura. Ele já estava me esperando lá com sua caminhonete quando estacionei ao lado dele. Olhou para mim e fez sinal para que eu passasse para a caminhonete. Hesitei, relutando em entrar em um carro com um homem que não conhecia. Mas sabia que precisava de ajuda, de forma que, com dificuldade, entrei na caminhonete, tomando o cuidado de permanecer o mais próximo possível da porta.

— Kathy — ele começou —, você sabe quem está dando esses telefonemas?

Encolhi-me ante a idéia de revelar a mais um estranho o nome de Harold. Mas, pelo menos, esse policial parecia mais atencioso que a mulher do dia anterior. Olhei rapidamente pela janela do carro na direção do rio e comecei a lhe contar sobre Harold, de dezesseis anos atrás até o presente.

Os olhos do sr. LaPoura se arregalaram depois que terminei de falar, e ele exclamou:

— Meu Deus!

— Meu marido não sabe de nada... Nem mesmo do episódio há dezesseis anos — continuei, explicando que o estupro ocorrera três meses antes de meu casamento.

— Entendo sua situação — respondeu ele descansando o braço no volante.

— Mantive tudo em segredo durante dezesseis anos. Ninguém sabia disso até recentemente, quando Harold começou a me perseguir. Vi-me pressionada a compartilhar isso com Chuck e Phyllis — admiti. Tive dificuldade para manter o contato visual com o sr. LaPoura por causa de meu desconforto com os homens, de maneira que continuei com os olhos fitos no rio. Observando uma barcaça passar, ouvi o sr. LaPoura falar sobre Harold.

— Kathy, que ninguém nos ouça, mas o departamento de polícia tem um arquivo com quase dez centímetros de espessura sobre Harold Ranetti — ele me confidenciou. — Ranetti está envolvido com rituais satânicos, em que animais são mutilados e seu sangue é bebido, e a polícia não pode fazer nada em relação a isso porque ele conhece todas as brechas legais.

Fiquei boquiaberta e chocada com o que acabara de ouvir. O sr. LaPoura prosseguiu:

— Kathy, você não acreditaria na quantidade de mulheres que apresentou queixa contra Harold e depois retirou por medo ou por diversos outros motivos. Acho que talvez Harold as tenha ameaçado, mas ninguém tem coragem de ir atrás dele.

De repente, me ocorreu que não estava só e que outras mulheres sabiam como me sentia. Mas quanto mais pensava no assunto, mais irada ficava.

— Não tiveram coragem de levar até o fim a queixa que apresentaram? Mas podiam tê-lo detido! — explodi agarrando com força o apoio para braço da porta.

— Está disposta a fazer o que for preciso para tentar deter Harold, Kathy? — perguntou o sr. LaPoura.

Pensei sobre como me sentira vazia durante todos esses anos e em quão traumatizada me achava. Havia outras mulheres por aí se sentindo do mesmo jeito por causa de Harold. Alguém precisava fazer alguma coisa. Olhei para ele e respondi firmemente:

— Sim, estou.

— Isso não será fácil e poderá levar algum tempo. Você provavelmente terá de ter algum contato com Harold para conseguir provas. Tem certeza de que é capaz de lidar com isso? — indagou.

— Vou ser obrigada. Fico apavorada todos os dias pensando em qual será seu próximo modo de agir — respondi. — Ele precisa ser detido antes que assedie ou ataque outras mulheres.

Voltando para casa, orei a Deus pedindo que me desse coragem para falar com meu marido. Realmente comecei a ficar preocupada com a reação de Paul a meu passado. Estava certa de que ele precisaria de alguém com quem conversar depois que ficasse sabendo de tudo. Após pensar muito na situação, decidi confidenciar com o melhor amigo de Paul, Phil, sobre meu passado. Sabia que Phil seria aquele a quem Paul procuraria e imaginei que seria uma boa idéia deixá-lo ciente e prevenido.

Felizmente Phil e a esposa, Cindi, estavam ambos em casa. Convidaram-me a entrar, e, depois que nos acomodamos, comecei a narrar outra vez minha experiência com Harold para mais duas pessoas. Admiti que não tinha contado nada daquilo a Paul ainda e que estava planejando fazê-lo naquela noite. Expliquei a Phil que Paul poderia querer conversar com ele sobre o assunto, buscando sua ajuda para lidar melhor com o problema. Phil imediatamente ofereceu seu apoio. Ambos concordaram em que eu deveria apresentar queixa contra Harold e me asseguraram de que me dariam total suporte.

Mais tarde, naquela mesma noite, Paul, Mat e eu nos sentamos em volta da mesa para jantar. Eu brincava com a comida, sem apetite, enquanto Paul e Mat conversavam sobre esportes. Eu não tinha muito que dizer naquela noite. Só conseguia pensar nas palavras que teria de dizer a Paul. À medida que o tempo passava, cada vez mais temia a conversa que teríamos.

Quando chegou o momento de irmos para a cama, apaguei a luz e nervosamente me deitei na cama ao lado de Paul. Petrificada, não conseguia começar.

Paul rompeu o silêncio ao dizer:

— Você está estranhamente calada nesta noite. Aconteceu alguma coisa?

Sabia que essa era a hora decisiva. Meu corpo começou a tremer, enquanto eu murmurava:

— Sim, aconteceu.

Paul se virou para o meu lado. Meu estômago parecia cheio de nós, enquanto procurava as palavras certas. Engolindo em seco, comecei:

— Paul, há algo que aconteceu em minha vida muito tempo atrás que eu esperava nunca ser preciso relatá-lo a você, a fim de evitar transtorná-lo. Mas as coisas mudaram, e não me vejo mais em condições de mantê-lo afastado disso.

Senti Paul se apoiar em um braço e ouvi sua respiração ofegante. Sentia-me aliviada pela escuridão, porque assim não precisava mirar seu rosto.

— O que é? — ele perguntou.

— Lembra-se de quando perdi o emprego, dezesseis anos atrás? — comecei.

Confuso com a pergunta, ele respondeu:

— Sim, Harold lhe deu uma cantada, você o repreendeu, e então ele a dispensou, com o argumento de que não tinha o perfil para trabalhar em um escritório de advocacia.

Minha voz tremia quando disse:

— Bem, a verdade não foi exatamente essa. — Comecei, então, em meio a lágrimas, a contar a Paul sobre o dia em que acompanhei Harold para fazer o inventário em uma casa desabitada: — Tentei tomar cuidado e ficar atenta a cada um dos movimentos dele, mas Harold me pegou de surpresa e era muito mais forte do que eu. Tentei lutar com ele, mas não consegui.

Minhas palavras saíam aos borbotões, de modo que não sabia ao certo se faziam ou não sentido. Paul sentou-se de repente e exclamou:

— Kathy, você está dizendo que...

Antes que conseguisse terminar, desabei nos braços de Paul, soluçando descontroladamente. Ele me abraçou forte, enquanto eu repetia que sentia muito, sem parar.

A voz dele embargou, enquanto me disse com suavidade:

— Não foi culpa sua.

Inclinando meu rosto contra o rosto dele, notei-lhe a face úmida. Percebi que ele também estava chorando.

— Não queria ser obrigada a lhe contar isso. Sinto muito — continuei a repetir.

Paul não respondeu, e por algum tempo ficamos ali sentados na cama, apenas abraçados. De repente, Paul ficou tenso e se afastou de mim, dizendo:

— Não posso crer que você tenha ocultado isso de mim naquela época. E eu achando que não era bom de sexo, que não a satisfazia... Você me deixou acreditar nisso por dezesseis anos!

Surpresa com a explosão dele, acudi mais que depressa:

— Não, o problema não era você. Eu é que não era boa. Não queria lhe dizer porque sabia que o magoaria.

— Por que está me dizendo isso agora? — ele perguntou, afastando-me de seus braços.

Falei-lhe, então, do encontro inesperado com Harold no elevador há quase um ano e de suas constantes perseguições desde então.

— Ele fica ligando para mim na corretora. Chuck estava no escritório quando Harold me ligou uma vez e quis saber quem era. Ele me convenceu a denunciá-lo à polícia. Paul, Harold chegou a ir ao Centro de Diversões um dia — relatei.

Senti os braços de Paul novamente me envolvendo.

— Esse camarada é mesmo inacreditável! Pode deixar que eu mesmo dou um jeito nele — retrucou.

— Não! Deixe a polícia cuidar disso — supliquei.

— Quero fazê-lo pagar por tudo o que lhe causou! — exclamou.

— Exatamente por isso não lhe contei nada na época. Não gostaria de ver meu futuro marido atrás das grades de uma prisão — retruquei, entristecida.

Paul suspirou e, então, me abraçou de novo, enquanto nos deitávamos na cama. Ficamos ali em silêncio até que, por fim, adormecemos, um nos braços do outro.

Durante todo o fim de semana, percebi que Paul estava deixando a raiva crescer em seu interior. Passava a maior parte do tempo sentado em sua cadeira, com os dentes cerrados, olhando fixamente para o espaço vazio. Compartilhei com ele que estava me consultando com um psicólogo chamado Trent e que me sentia muito à vontade com ele. Sugeri-lhe que fôssemos juntos à minha próxima consulta. Relutante a princípio, Paul acabou concordando. Também lhe falei que conversara com Phil e Cindi sobre Harold, prevendo a possibilidade de que ele viesse a procurar o amigo para se aconselhar com ele.

Na tarde de domingo, Paul ficou fora por algum tempo, e presumi que estivesse na casa daqueles amigos. Telefonei para eles a fim de certificar-me disso, antes de começar a ficar preocupada. Cindi me contou que Phil levara Paul para dar uma volta de carro e que eles ainda não tinham voltado.

Depois de mais duas horas, Paul finalmente voltou para casa. Entrou com passos pesados na cozinha, enquanto eu me virava e o encarava. Nenhum de nós disse uma só palavra. Cada qual sabia o que o outro estava pensando. Paul veio até mim e me puxou para seus braços. Sabia que ele devia estar se sentindo um pouco melhor depois da conversa com Phil, embora nem uma vez tenha mencionado esse fato.

No dia seguinte, telefonei para Trent. Dei-lhe a notícia de que finalmente tomara coragem de contar tudo a Paul e que ele estava encontrando muita dificuldade para lidar com o problema. Também expliquei que Paul concordara em comparecer à próxima consulta comigo. Trent percebeu a ansiedade em minha voz e me disse que poderia nos receber mais tarde, naquele mesmo dia.

Várias horas depois, Paul e eu entramos no consultório de Trent. Percebia nitidamente o nervosimo de Paul, porque sua perna começou a sacudir assim que ele se sentou na cadeira. Ele olhou para mim, e sorri, enquanto colocava a mão em seu joelho, tentando acalmá-lo. Trent, então, entrou no recinto e se apresentou a Paul.

—Você deve ser o Paul — ele começou. — Prazer em conhecê-lo!

Trent conversou um pouco com Paul, procurando deixá-lo mais confortável, antes de tocar, pela primeira vez, no assunto a respeito de meu passado e de minha atual situação.

Quando Paul decidiu falar sobre o problema com Harold, Trent cuidadosamente escolheu suas palavras, enquanto lhe explicava que era normal ele se sentir daquela forma.

— Quando sentir a raiva crescendo dentro de você, pode ser uma boa idéia pegar um de seus tacos de beisebol e bater com ele em uma árvore do quintal para ajudar a liberar algumas emoções — ele sugeriu.

Paul concordou, balançando a cabeça, mas não disse nada. Trent deu-lhe tempo para digerir tudo o que fora dito, e um silêncio reinou no ambiente por alguns minutos. Então, inesperadamente, Paul se virou para mim com um olhar penetrante e exclamou:

— Por que você não conseguiu lutar com Harold e evitar que acontecesse o que aconteceu?

Embora fossem só palavras, parecia que ele tinha acabado de me dar um soco no estômago. Não conseguia acreditar que ele estivesse me culpando pelo estupro. Meu corpo tremia, enquanto meus olhos se enchiam de lágrimas. Concluí que, se ele estava me culpando agora, definitivamente teria feito o mesmo dezesseis anos antes e não levaria adiante o compromisso de se casar comigo. Silenciosamente fiquei tentando imaginar se não teria sido melhor ter lhe revelado o incidente logo depois de acontecido. Assim, não estaria sendo obrigado a lidar com a raiva e a dor de estar casado com uma mulher que fora estuprada.

Percebi que ninguém era capaz de entender a tortura a que fora submetida dentro daquela casa vazia, a menos que tivesse passado por semelhante experiência. Fiquei ali sentada, sem saber o que dizer. Felizmente não precisei dizer nada. Trent respondeu à pergunta de Paul por mim.

— Paul, você não imagina a força de um homem quando sua adrenalina está a toda. Quanto mais adrenalina ele tem, maior sua força também. E, quando os homens estão com raiva ou excitados, a adrenalina deles aumenta. É semelhante ao que ocorre quando se pratica algum esporte competitivo — Trent tentou explicar.

Trent olhou para mim, e eu consegui esboçar um sorriso ante sua referência aos esportes. Ele estava tentando explicar as coisas a Paul de um jeito que pudesse entender. Então, prosseguiu:

— Quando os homens têm um aumento de adrenalina, conseguem subjugar qualquer mulher. Seria impossível para Kathy lutar com ele e impedi-lo. — Olhando para mim, Trent perguntou: — Kathy, você contou a Paul como Harold a estuprou?

— Não, ele não quis ouvir os detalhes... — respondi baixinho.

— Paul, pode ser que o ajude a entender se você souber exatamente o que aconteceu — Trent recomendou.

Paul, que permanecera calado durante a maior parte da consulta, com exceção daquela explosão contra mim, foi logo dizendo:

— Não quero saber os detalhes! Não quero saber o que ele fez com ela!

O rosto de Paul assumiu uma cor bem avermelhada, enquanto se remexia na cadeira. Trent percebeu como aquele assunto era desconfortável para Paul e não o pressionou mais.

Enquanto Trent e Paul continuavam conversando, minha mente divagava. Fiquei imaginando, pelo que parecia ser a milionésima vez, por que Deus permitiu que me acontecesse uma coisa dessas. Talvez quisesse me conscientizar de que coisas terríveis podem acontecer às pessoas más *e* boas. Pensei em compartilhar essa idéia com Paul, para ajudá-lo a compreender. Decidindo prestar atenção à conversa entre Trent e Paul, observei que Trent ainda tentava convencê-lo da falta de controle que eu tivera sobre o incidente.

— Muitos estupradores não deixam vivas suas vítimas. Acredito que Deus protegeu Kathy — Trent declarou.

— Acho que essa é uma perspectiva na qual eu não havia pensado — Paul comentou.

— Paul, é importante que você incentive Kathy a contratar um advogado e se amparar de todos os direitos legais a fim de apresentar queixa-crime contra Harold — Trent continuou.

Eu via que Trent queria fazer com que Paul pensasse de modo racional e me senti grata por isso. Paul ouvia seriamente o conselho de Trent e parecia menos agitado. Esperava mesmo que fosse esse o resultado de levar Paul ao aconselhamento comigo.

Ambos permanecemos em silêncio no carro durante a volta para casa, cada qual absorto nos próprios pensamentos. Quando entramos na garagem de casa, olhei para ele e senti que a raiva tornara a crescer dentro dele. Assim que ele parou o carro, saltei e corri até a casa do vizinho a fim de averiguar se Mathew estava bem. Ele passara o dia ali brincando com Billy, coisa que se tornara regular para ele ultimamente.

Depois de verificar como Mathew estava, voltei para nosso quintal e ouvi um barulho alto. Espantada, dei a volta até o quintal para encontrar Paul batendo sem parar em uma árvore com seu taco de beisebol. Nunca me esquecerei do intenso olhar de fúria em seu rosto, enquanto dava pancadas na árvore com toda a força que podia, até o taco se quebrar ao meio. Jamais o vira com tanta raiva antes e fiquei com medo ao constatar o ódio que ele tinha dentro de si para ser liberado.

Durante as próximas semanas, Paul tornou-se cada vez mais protetor em relação a mim. Mencionei esse fato durante uma das consultas com Trent, e ele me explicou que Paul provavelmente sentia que havia falhado como meu protetor quando fora estuprada. Agora, ele precisava se certificar de que Harold nunca mais me molestaria. Percebi que Paul estava escondendo grande parte dos seus sentimentos. Incomodava-me o fato de ele não compartilhá-los comigo, mas, ao mesmo tempo, fiquei imaginando se ele próprio os compreendia.

Paul não conversava comigo sobre Harold. Era fácil para mim aceitar isso, porque eu não vi Harold nem recebi nenhum telefonema dele desde que revelara meu segredo a Paul. Era meado de julho. Trinta dias haviam se passado desde a última vez que ouvira falar de Harold, e os grampos precisavam ser retirados dos telefones. Orei para que Harold tivesse decidido parar de me perseguir, mas, no fundo, sabia que ele acabaria reaparecendo em cena, uma vez que vinha me provocando em momentos alternados havia já um ano.

Minha intuição estava certa. Harold certamente soubera que os grampos tinham sido retirados, porque imediatamente me telefonou na corretora, poucos dias depois. Seu último comentário foi mais obsceno que os anteriores. Parecia o próprio Satanás. Chuck conseguiu ouvir, do outro lado da mesa, a voz de Harold, enquanto eu segurava o fone afastado do ouvido. Ele arrancou o fone da minha mão e bateu-o com toda a força.

Cada vez que Harold me telefonava, eu me tornava mais e mais aterrorizada. Ele continuava fazendo ameaças de repetir seu ato de dezesseis anos atrás, e fui ficando ainda mais convencida de que, bem possivelmente, era capaz de cumprir seu intento.

Olhei para Chuck e vi que estava pálido. Andava de um lado para o outro com expressão de raiva no rosto, geralmente tão tranqüilo.

— Precisamos chamar a polícia — ele exclamou.

— A polícia não vai fazer nada. O que eu faço? — perguntei, em pânico.

Chuck resolveu telefonar para seu amigo, Jim LaPoura, colocando-o a par do telefonema de Harold. O sr. LaPoura lamentou informar que a polícia não poderia fazer muito àquela altura. Tínhamos de esperar até que acontecesse algo mais substancial, de forma que houvesse evidências suficientes para tomar uma atitude legal. Chuck e eu ficamos sentados no escritório, desapontados.

Frustrada, fiquei imaginando exatamente o que Harold teria de fazer para que a polícia tomasse uma atitude legal. No entanto, achei que, na verdade, não gostaria de saber. Não tinha certeza de que seria capaz de lidar com algo mais aterrorizante que os telefonemas obscenos.

Mais tarde, naquela mesma noite, entrei no maior conflito entre contar ou não a Paul que Harold começara a me perseguir de novo. Era uma das noites em que ele dormiria em um hotel, de maneira que, de qualquer modo, não estaria em casa para que eu pudesse lhe contar alguma coisa. Lembrando-me de toda a raiva que ele demonstrara quando batera na árvore com o taco de beisebol, fiquei assustada demais para colocá-lo a par das últimas notícias. Além do mais, não suportava a idéia de lhe causar mais dor. Não sabia o que fazer.

Em minha próxima consulta com Trent, três dias mais tarde, eu o coloquei a par do último telefonema recebido de Harold. Também confessei que ficara no maior conflito entre falar ou não a Paul a esse respeito.

– Kathy – ele começou –, você precisa contar a Paul. Ele hoje sabe de sua situação, e, de agora em diante, você precisa compartilhar tudo com ele, para que ele possa lhe dar todo o apoio de que necessita. Você precisa dele a seu lado. Como pode esperar que ele lhe dê apoio e compreenda aquilo pelo que está passando se não lhe participa coisas como essa?

– É, acho que você tem razão...

Por fim, Trent disse:

– Kathy, tenho a impressão de que a polícia não vai fazer nada com relação a Harold. Afinal, Harold está acima da polícia, e eles têm isso muito claro em mente. Você terá de ir ainda mais longe, até que alguém concorde em ajudá-la. Sugiro que converse com outro advogado.

O restante do dia, passei preocupada em conversar com Paul. Quando ele voltou do trabalho no Centro de Diversões da Família para casa, decidi acabar com aquela angústia.

Paul entrou na sala de estar, deixou-se cair pesadamente em sua cadeira de balanço e ligou a televisão com o controle-remoto. Eu o segui e sentei-me no sofá.

— Paul, precisamos conversar — disse eu, nervosa.

Ele me olhou com ar cansado e perguntou:

— Precisa ser agora?

— Sim, há uma coisa que preciso lhe contar! — insisti.

Relutante, ele desligou a TV para poder me dar sua total atenção.

— Paul, três dias atrás, Harold me telefonou lá na corretora.

Repeti, então, a Paul a declaração obscena que Harold me fizera.

Paul levantou-se da cadeira de um salto e gritou:

— Já chega! Vou dar um jeito nesse cara!

O rosto de Paul ficou vermelho, e ele gesticulava com os punhos cerrados no ar.

— Não, não, Paul... Acalme-se, por favor! — supliquei.

— Não posso, Kathy — ele retrucou. — E por que você esperou três dias para me contar isso? Por que não me disse logo assim que aconteceu?

— Estava com medo de lhe contar, Paul — admiti.

— Medo de me contar? — ele retrucou. — Mas isso é ridículo!

— Não, não é ridículo, Paul — respondi. — Estava com medo de lhe contar exatamente por causa do modo como você está reagindo agora. E mais, fiquei no maior conflito entre lhe contar ou não... porque não quero vê-lo tão ferido quanto eu — arrematei com as mãos trêmulas e respirando fundo para me acalmar.

— Kathy, você precisa parar de tentar proteger meus sentimentos! — ele disparou.

— Sinto muito, Paul — disse gaguejando, enquanto meus olhos se enchiam de lágrimas. Estava ficando cansada de chorar o tempo todo.

Diante de minhas lágrimas, Paul adotou uma atitude mais branda e sentou-se a meu lado no sofá. Passou o braço em volta de meus ombros e perguntou:

— O que vamos fazer quanto ao Harold, Kathy?

Balancei a cabeça, insegura, e respondi:

— Bem, talvez ele acabe simplesmente me esquecendo.

No mesmo instante em que proferi essas palavras, já não acreditava nelas.

Paul olhou para mim com ar de descrença e comentou:

— Kathy, isso é sério. Você não pode ficar tentando ignorar a situação, na esperança de que ele pare o que está fazendo. Alguma coisa precisa ser feita.

— Sei disso... — murmurei.

Mathew entrou furtiva e nervosamente na sala e ficou olhando para nós. Sentou-se no chão à nossa frente.

— Está tudo bem? — perguntou. — Ouvi gritos.

— Está tudo sob controle, Mat — disse Paul, embora seu tom de voz contradissesse suas palavras.

— Só estamos cansados, e eu estou com uma dor de cabeça horrível — tentei explicar.

— Você tem tido muita dor de cabeça ultimamente, mãe — Mathew retrucou.

Percebi que vinha usando as dores de cabeça como desculpa para meu comportamento havia um ano. Mathew de repente olhou para mim, alarmado, e perguntou:

— Você está doente, mamãe? Pode me dizer.

— Não, eu não estou doente — assegurei-lhe. — Só tenho estado debaixo de muita pressão pelo fato de trabalhar em dois empregos e tenho sentido mesmo muita dor de cabeça. Mas vou ficar bem. Por que você não vai se deitar? Daqui a pouco, passaremos em seu quarto para lhe desejar boa noite.

— Está bem — ele respondeu, hesitante, mas então se levantou e tomou a direção do banheiro.

No dia seguinte, decidi acatar o conselho de Trent e conversar com outro advogado. Como já vinha consultando um advogado cristão, Ted Michaels, sobre a papelada do Centro, resolvi discutir a situação com ele. Imaginei que poderia confiar nele pelo fato de ser cristão.

Quando entrei no edifício em que Ted trabalhava, fiquei inquieta, ao lembrar que seu escritório localizava-se no mesmo prédio em que funcionava o de Harold. Cautelosamente olhei à minha volta, preocupada em não me deparar sem querer com Harold. Por sorte, consegui chegar ao andar do escritório de Ted Michaels sem vê-lo.

— Olá, Kathy! — Ted começou. — Há alguma coisa do Centro para eu ver?

— Na verdade, não. Não foi por esse motivo que vim aqui — respondi calmamente. Ted parecia confuso, enquanto eu continuava: — Estou vivendo um drama terrível e preciso dos conselhos de um advogado.

Prossegui, então, compartilhando sobre meu passado e as atuais circunstâncias envolvendo Harold. Ainda não era fácil compartilhar meu segredo com as pessoas.

— Não me surpreende saber disso do Harold. Já ouvi muitas mulheres do prédio falarem dele e de seu comportamento — ele confessou.

Sua declaração me surpreendeu, e exclamei:

— Está brincando? Você sabe como ele é e nunca fez nada a esse respeito?

— Kathy, Harold não fez nada contra mim pessoalmente, e seria preciso muita coragem para alguém enfrentá-lo — declarou. — Simplesmente não quero me envolver.

— Ou seja, você não vai me ajudar em meu problema? — retruquei, evidentemente aturdida com a atitude desse homem que se professava cristão.

— Já disse, Kathy, não quero me envolver. Quero distância de Harold. Para ser franco com você, não existe um único advogado na cidade capaz de enfrentar outro advogado, principalmente Harold — ele admitiu.

Eu me levantei e o olhei bem nos olhos, enquanto dizia:

— Você deveria testemunhar como um cristão. Como consegue deixar Harold impune das coisas que está fazendo? Você não tem consciência?

— Sinto muito. Mas não posso ajudá-la. No entanto, se você precisar de ajuda com a papelada legal de seu negócio, ainda estou disposto a ajudá-la — ele respondeu casualmente.

Soltando fumaça de tão furiosa, saí feito um furacão de seu escritório sem responder à sua oferta de sempre. Sentia-me extremamente desapontada com a atitude de Ted. Ele jamais saberá como foi negativa a impressão que tive dele naquele dia. Se um cristão não me ajudaria, quem o faria? Começava a perder a esperança.

Meses tinham se passado sem qualquer sucesso no sentido de encontrar alguém que me ajudasse. Harold também decidira voltar a se esconder por algum tempo, embora isso não me impedisse de querer dar um basta a suas palhaçadas. Um dia, no mês de novembro, no Centro de Diversões da Família, um cliente habitual, Daniel Stormer, levou seus dois garotos para brincarem com a máquina de basquetebol. Ele olhou para mim e acenou, cumprimentando-me. Meu assistente me informou que Daniel havia atuado como advogado do governo federal, mas que agora tinha seu próprio escritório. No mesmo instante, pensei em minha situação com Harold e imaginei se Daniel me ajudaria. Concluindo que não tinha nada a perder, decidi telefonar para ele no dia seguinte.

Felizmente consegui marcar uma audiência com Daniel para a sexta-feira, dois dias depois. Aquela sexta-feira também seria o dia em que teria de estar no Holiday Inn. Seria realizada no salão do hotel uma exposição de estandes promocionais de produtos e serviços, o que despertou meu interesse. Daria tudo certo. Minha entrevista estava marcada para as 14h30, duas horas antes do horário que eu deveria chegar ao Holiday Inn. O plano era seguir de carro para o hotel, diretamente, após o encontro com Daniel.

Enquanto me aproximava, toda ansiosa, do escritório de Daniel, os sentimentos de inquietação já familiares que tivera durante todo o tempo em que trabalhara no escritório de Harold se agitaram dentro de mim. Ainda me sentia pouco à vontade com os homens, especialmente aqueles em posição de poder.

Daniel me cumprimentou e indicou-me uma cadeira para que me sentasse. Observei-lhe a aparência, enquanto ficava imaginando se não cometera um erro em estar ali. Sua estatura um pouco acima da média me intimidava. Mas, olhando melhor para seu rosto, com uma barba cheia cobrindo-lhe a maior parte, me acalmei diante de seu sorriso caloroso e agradável.

— Que bom ver você, Kathy! Como está indo o Centro? — perguntou.

Percebi que ele provavelmente imaginou que estivesse ali para discutir questões legais relacionadas com meu negócio, o que tornava mais difícil para mim explicar a situação.

— Meus filhos adoram brincar lá. É a melhor coisa que aconteceu em Quincy nesses últimos tempos — Daniel acrescentou.

— Com o Centro está tudo bem, mas não estou aqui para falar dele — expliquei. As sobrancelhas de Daniel arquearam um pouco, enquanto ele permanecia sentado em silêncio, dando-me a chance de continuar.

— Não sei por onde começar — disse eu —, mas presumo que você conheça Harold Ranetti.

— Sim, o conheço — Daniel admitiu parecendo perplexo com minha pergunta.

— Tem alguma ligação com ele? — investiguei.

— Não, creio que não haja ninguém que tenha alguma ligação com Harold fora do trabalho. Por que está perguntando? — quis saber, curioso.

Ainda me sentia pouco à vontade em revelar meu segredo às pessoas, mas comecei a lhe falar sobre o estupro. Os olhos de Daniel foram se arregalando à medida que me ouvia.

Quando acabei, ele se inclinou para a frente, tirou o lenço do bolso traseiro da calça e enxugou suas lágrimas, empurrando uma caixa de lenços de papel em minha direção. Fiquei surpresa de ver um homem de aparência tão autoritária, por causa de sua estatura, derramar lágrimas.

— Kathy, sinto muito mesmo que você tenha passado por tudo isso — disse sinceramente. — Mas sabia que o crime de estupro prescreve?

— Sim, sei disso. Na verdade, não é esse o motivo por que estou aqui — expliquei. — Depois de topar sem querer com Harold em um elevador há mais de um ano, ele começou a me perseguir. Passou a telefonar para mim sem dizer nada e depois desligar ou para fazer declarações obscenas. Ele também seguiu meu carro.

Daniel deixou escapar:

— Oh, meu Deus!

Daniel admitiu que todos os advogados sabiam que Harold não conseguia manter as mãos longe das mulheres.

— Descobri o que acontecia com Harold quando lhe recomendei uma amiga minha que estava passando por um processo de divórcio — Daniel me contou. — Imaginei que ele seria a melhor pessoa para cuidar do caso dela porque a comissão que ele cobrava era mínima. Depois que ela o conheceu, voltou e me disse que ele a havia assediado dentro do escritório, mas que ela de algum modo conseguira escapar. Nunca soube que Harold tivesse feito algo mais do que isso.

— Jamais me dei conta de que ele ia atrás de outras mulheres até que a polícia me disse que tinha recebido outras reclamações — comentei.

Daniel não respondeu. Em vez disso, apanhou o telefone e discou um número.

— Posso falar com o sr. Holden, por favor? — solicitou à pessoa que o atendeu.

Sabia que Sam Holden era o promotor público distrital. Comecei a me empolgar ao perceber que Daniel iria tentar me ajudar.

O sr. Holden não deve ter atendido o telefone, porque, em seguida, Daniel deixou uma mensagem de voz:

— Sam, quem fala é Daniel Stormer. Tenho uma cliente que precisa de proteção. Quero um agente do Departamento de Investigações Criminais designado para acompanhá-la. Por favor, ligue para mim imediatamente.

Quando desligou, ele olhou para mim e disse:

— Talvez eu não possa cuidar do seu caso completamente. Se não puder, vou conseguir para você um advogado de fora da cidade que possa fazer isso.

— Obrigada, realmente lhe agradeço muito a ajuda — respondi. Finalmente encontrara alguém disposto a ajudar.

— Vou me certificar de que lhe seja designado um agente especial do Departamento de Investigações Criminais — ele explicou.

Daniel e eu conversamos sobre mais detalhes da minha situação, e marquei outra consulta com ele para o dia seguinte. Saí do escritório mais esperançosa. Sentindo que alguma coisa finalmente seria feita com relação a Harold, comecei a concentrar meus pensamentos em preparar meu estande no Holiday Inn. Passei na casa de minha sogra para apanhá-la, pois ela ficara de me ajudar a preparar o estande e a atender aos visitantes.

Uma vez dentro do Holiday Inn, olhando pelo saguão do hotel, mal podia acreditar no grau de interesse que tal evento havia despertado. Havia negócios de exposição e vendas de computadores, máquinas e equipamentos diversos. Pat e eu expusemos alguns folhetos e cupons do Centro de Diversões da Família em nosso estande.

As pessoas afluíam ao saguão do hotel e passavam por todos os estandes. Apareceram muitos interessados no Centro. Aqueles que já o conheciam aproveitaram para pegar cupons para novas visitas. Pat e eu estávamos constantemente ocupadas, conversando com as pessoas sobre o que o Centro tinha a oferecer e outras novidades e atrações que poderíamos implementar.

Enquanto explicava a alguém sobre o campo de minigolfe, aconteceu de eu olhar para um estande próximo e ver Harold me encarando. Quando nossos olhares se encontraram, os lábios dele desabrocharam um sorriso e, maliciosamente, ele piscou para mim. Chocada ao vê-lo, emudeci e deixei cair o folheto que segurava.

— Algum problema? — perguntou a mulher com quem eu conversava.

— Não, me desculpe. Apenas me distraí — respondi prosseguindo em minha explanação, enquanto reparava os olhos de Harold pregados em mim.

Assim que a mulher se afastou do estande, rapidamente perguntei a Pat se ela conseguiria cuidar de tudo enquanto eu desse um telefonema. Ela concordou em me dar cobertura. Corri até o telefone público do *hall* do hotel e encontrei o número de Daniel em minha bolsa. Meus dedos tremiam enquanto eu discava aquele número, e podia sentir o coração disparado.

A secretária de Daniel atendeu o telefone e transferiu a ligação para o escritório dele.

— Olá, Daniel Stormer falando — o ouvi dizer.

— Daniel, é Kathy — disse eu sem fôlego.

— Oi, Kathy. Algum problema? — ele perguntou.

— Sim! Estou no salão de exposições do Holiday Inn e Harold está aqui também. Ele piscou para mim! Não sei o que fazer! — exclamei.

— Kathy, apavorando-se desse jeito, você está deixando Harold vencer. Essa é exatamente a intenção dele. Precisa agir como se ele não a incomodasse. Ele não vai fazer nada em público na frente de uma multidão — ele me assegurou.

— Não sei se consigo fingir que não me incomoda — retruquei.

— Será difícil, mas você precisa mostrar a ele que não vai deixar que a perturbe. Volte para lá e seja forte — disse Daniel firmemente.

— Está bem, vou tentar — respondi, relutante.

— Eu sei que você consegue, Kathy. Vejo você amanhã de tarde em meu escritório, está bem? — ele me lembrou.

— Sim. Obrigada, Daniel — respondi.

Ainda bastante nervosa, voltei para o estande e notei Harold a poucos metros de distância. Meu corpo parecia entorpecido, e minhas mãos tremiam. Prendi a respiração quando ele se aproximou de meu estande e olhou fixamente para mim. Ignorei-o de propósito e comecei a conversar com um casal. Depois de várias tentativas de conseguir minha atenção, Harold finalmente desistiu e saiu do hotel. Deixei escapar um suspiro de alívio quando foi embora.

Mais tarde naquela noite, contei a Paul sobre meu último encontro com Harold e também acerca da minha conversa com Daniel Stormer. Paul ouviu o que eu tinha a dizer, mas quase não fez comentários. Continuou vendo seu jogo na TV depois que acabei de lhe contar tudo. Dava para ver que ele queria ficar sozinho e não ser obrigado a lidar com a situação naquela noite.

No dia seguinte, compareci ao compromisso com Daniel. Ele me informou que tomara providências para que nós dois nos encontrássemos com um detetive do Departamento de Investigações Criminais. Ele se ofereceu para irmos em seu carro até o escritório do detetive. Sentia-me cada vez mais empolgada com a idéia de finalmente mover algum tipo de ação legal contra Harold.

Enquanto caminhávamos em direção ao carro de Daniel, eu me retesei, entrando em pânico diante da realidade de ficar sozinha dentro de um carro com outro homem. Mordi os lábios nervosamente, enquanto olhava de relance para meu carro.

Daniel olhou para mim e comentou:

— Kathy, perdoe-me por ser tão insensível à sua situação. Pelo que vejo, você está com medo de ficar no mesmo carro comigo.

— Ainda não superei minha desconfiança dos homens — admiti.

— Entendo. Seria realmente mais fácil se você fosse comigo, porque esse lugar é escondido e difícil de encontrar. Você não saberia para onde ir se por algum motivo nos perdêssemos um do outro no trânsito. Mas pode me seguir, se preferir.

— Não, está tudo bem. Vou com você — respondi, orando para que eu não estivesse sendo crédula demais.

Conforme Daniel descrevera, o agente do Departamento de Investigações Criminais ficava na periferia da cidade, escondido no fundo de um pequeno complexo de escritórios comerciais. Quando entramos em seu escritório, Daniel me apresentou a um detetive à paisana de pouco menos que 30 anos, Kenny Bennett. Mais uma vez, tive de revelar minha situação a outra pessoa.

Depois que acabei de explicar tudo a Kenny, ele se reclinou em sua cadeira com as mãos por trás da cabeça antes de dizer alguma coisa. O silêncio estava me deixando nervosa, enquanto ficava imaginando o que ele estaria pensando. Olhei para Daniel nervosamente, e ele sorriu para mim, tentando me transmitir confiança.

Por fim, Kenny sentou-se ereto na cadeira, cruzou os braços em cima da mesa e limpou a garganta:

— Kathy, você percebe que será complicado pegar Harold, porque é um advogado. Ele conhece todas as brechas legais.

— Sim, sei disso — repliquei.

— Vamos ter de reunir várias provas e fatos antes que consigamos levá-lo aos tribunais. Isso significará mais encontros com Harold. Acha que consegue lidar com isso? Temos de saber que você está comprometida em conseguir as provas de que precisamos para levá-lo aos tribunais — ele declarou.

Meu corpo estremeceu ante a idéia de ver Harold ou falar com ele de novo. Lutei para conter as lágrimas e procurei ignorar a sensação de náusea.

— Kathy, ou eu ou alguma outra pessoa estará com você o tempo todo, além de vigiarmos sua casa, a corretora e o Centro de Diversões. Você não nos verá, mas estaremos escondidos, sempre de olho em tudo. Seguiremos você bem de perto, para que tenha certeza de que estará segura até que tenhamos alguma prova contra Harold, caso ele tente falar com você ou abordá-la. Está bem assim? — ele perguntou.

— Sim — comecei —, quer dizer que é definitivo, vocês vão me ajudar?

— Vamos ajudá-la desde que esteja disposta a cooperar conosco e a levar esse compromisso até o fim. Sei que vai ser duro para você ver Harold de novo e ter de falar com ele, mas não existe alternativa para conseguirmos as provas de que precisamos — ele reiterou.

— Compreendo. Farei tudo o que estiver ao meu alcance para levá-lo para a cadeia — afirmei com firmeza. A determinação sobrepujava o medo, enquanto a imagem de Harold na cadeia passava pela minha cabeça.

— Isso é muito bom. Agora, vamos reinstalar os grampos nos telefones de sua casa, da corretora e do Centro de Diversões. Se ele telefonar para você, procure fazer com que converse um pouco. Também é uma boa idéia apertar o botão da secretária eletrônica para gravar a conversa — ele sugeriu.

Assenti com a cabeça, tentando imaginar silenciosamente como faria para manter uma conversa com Harold. Mas confiava em que Kenny sabia o que estava fazendo, e fez com que me sentisse melhor saber que alguém sempre estaria por perto de mim, caso Harold aprontasse mais uma das deles.

— Quando tivermos evidência concreta suficiente da perseguição de Harold, levaremos o caso para o promotor de justiça, a fim de registrar uma queixa criminal contra ele — continuou Kenny. Definitivamente gostava do som daquelas palavras.

Encerramos nossa reunião, e agradeci a Kenny repetidas vezes sua disposição em me ajudar. Saí com Daniel do escritório com a esperança de que o detetive conseguisse reunir provas suficientes que incriminassem Harold.

Mais tarde, naquela mesma noite, depois que Mathew foi para a cama, me deixei cair no sofá da sala para conversar com Paul sobre minha reunião com Kenny. Ele parecia mais interessado no que eu tinha para dizer naquela noite.

— Fico contente em saber que alguém estará acompanhando você, caso Harold apronte mais uma das deles — disse Paul.

— Eu sei. Também é assim que me sinto. Isso me deixará mais segura se acontecer de topar com ele, sabendo que, se ele tentar me atacar, alguém estará por perto para impedi-lo — concordei.

Paul me puxou para seus braços.

— Kathy, não sei como você conseguiu lidar com essa situação durante tanto tempo. Sinto-me tão impotente, porque não sei o que fazer nem mesmo se posso fazer alguma coisa para ajudá-la nisso tudo.

Percebi que o problema não era que Paul não quisesse lidar com a situação ou discuti-la comigo; ele simplesmente não sabia *como* fazer isso e de que maneira poderia me ajudar.

— Paul — comecei —, preciso de seu apoio. Só o fato de ter você comigo, alguém com quem voltar para casa e conversar, já me ajuda.

— Alegra-me ouvir isso — ele respondeu.

No dia seguinte, fui até uma sorveteria a poucas quadras da corretora na hora do almoço. Vi Harold entrar, enquanto aguardava na fila. Rapidamente tentei imaginar se Kenny ou algum outro agente estaria por perto. Fiquei paralisada na fila, olhando fixo para a frente, esperando que ele não me visse. Quando chegou minha vez, pedi um *milkshake* e fiz um esforço consciente de não olhar para trás. Pelo canto dos olhos, vi Harold inclinar-se para o lado, tentando obrigar-me a olhar para ele. Fiz o possível para ignorá-lo.

Quando a atendente me entregou meu *milkshake*, percebi que teria de encará-lo, se quisesse sair da sorveteria. Na mesma hora, me enchi de raiva contra Harold. Estava cansada de lidar com suas perseguições e, ao mesmo tempo, determinada a dar o basta àquilo.

Dei meia-volta, ficando face a face com ele. Olhando para ele, declarei com firmeza:

— Se você chegar perto de mim outra vez, vou dar queixa por assédio contra você. Agora vamos, saia da minha frente!

Ele simulou um sorriso inocente enquanto recuava. Todo mundo na sorveteria nos observou, curiosos. Saí pisando duro da sorveteria e entrei em meu carro. Antes de ligar o motor para voltar ao trabalho, agradeci a Deus ter me dado coragem para enfrentar Harold.

Quando chegou o fim de semana, decidi sair e fazer compras no *shopping center*. Precisava de algumas roupas novas para trabalhar. Em uma das lojas de roupas, segurei um vestido na minha frente, enquanto o examinava diante de um espelho. De repente, Harold apareceu por trás de mim. Surpresa, deixei cair o vestido. Quando me virei, ele não estava mais ali. Comecei a pensar se não estaria paranóica. Teria sido apenas mera imaginação minha ou de fato ele estivera ali?

Durante o resto do fim de semana, senti-me deprimida e impotente. De algum modo, Harold sabia onde eu estava o tempo todo. Embora Paul tentasse ser atencioso comigo, sentia uma distância entre nós e não sabia como recuperar nossa intimidade. Quando ele ficava deitado a meu lado na cama, parecia quase com medo de me tocar. Mais ainda, Mat sempre ficava preocupado comigo e, constantemente, me perguntava se eu estava me sentindo bem. Harold conseguira não só me deixar apavorada ante a perspectiva de encarar um novo dia; ele também foi bem-sucedido em ferir minha família.

Acordei na manhã seguinte com flocos de neve flutuando na frente da janela. Custava-me acreditar que já fosse dezembro. Constatando que deveria me preparar para o trabalho, o telefone tocou. Fiquei imaginando quem poderia ser às 7h30 da manhã. Quando atendi, tudo o que ouvi foi uma respiração e, em seguida, o sinal de linha. Imaginei que tivesse sido Harold. Lembrando-me do que Kenny dissera sobre tentar fazer com que Harold conversasse comigo, determinei mentalmente a me esforçar a fazer isso, caso ligasse outra vez.

Paul e Mathew saíram de casa, cada qual em direção à sua escola, e fiquei procurando meus sapatos. O telefone tocou de novo, e atendi, ansiosa. Como da primeira vez, tudo o que ouvi foi a respiração de alguém. Presumindo que fosse Harold, respirei fundo e disse:

— Harold, por favor, não desligue. Quero conversar com você.

Procurei manter a voz firme, de forma que não percebesse o meu medo. Tentar ser agradável com Harold me deixava doente.

Corri até a secretária eletrônica e apertei o botão do gravador. Estava tão nervosa que minhas mãos ficaram frias e úmidas. Quase deixei cair o telefone.

Harold permaneceu em silêncio. Insisti:

— Harold, por que você fica me seguindo o tempo todo?

— Porque sei que você gosta! — o ouvi dizer.

Um arrepio percorreu-me o corpo, e minhas pernas fraquejaram. Precisei sentar junto à mesa da cozinha para evitar que elas tremessem.

— Harold — continuei —, foi você que me ligou instantes atrás e desligou?

— Sim, e estou sentado aqui, inteirinho pelado, enquanto converso com você — respondeu com sua voz irreverente. Enojada, afastei o fone do ouvido e olhei fixo para ele. Minha vontade era batê-lo no gancho, porque presumi que iria vomitar. No entanto, procurando convencer a mim mesma de que precisava fazer com que ele falasse mais, tentei tirar aquela imagem repulsiva da mente e continuei a conversa.

— Harold, preciso saber de uma coisa. Naquele dia, na casa vazia, você já tinha planejado seu ataque contra mim? — consegui perguntar.

— Claro! Eu já tinha examinado a casa. Sabia que teria uma virgem! — ele respondeu, insensível.

Quando ele fez essa declaração, tive a impressão de que não havia mais ar à minha volta para respirar. Fiquei com raiva e precisei me conter para não gritar com ele ao telefone. Conforteí-me sabendo que conseguira gravar aquela declaração.

Antes que tivesse tempo de dizer alguma coisa, Harold continuou:

— Oh, sim, eu planejei tudo. Estava empolgado porque sabia que você também iria se debater! — Lutei para conter as lágrimas, enquanto ele continuava: — Aposto que, depois de todos esses anos, você se tornou mais experiente no sexo. Aposto que é até melhor agora!

Estremeci com o que ouvi e decidi que seria difícil agüentar por mais tempo aquilo. Realmente iria vomitar. Tentando concluir a conversa, disse rapidamente:

— Harold, gostaria muito de conversar com você pessoalmente.

Mal podia acreditar que conseguira fazer com que aquelas palavras saíssem da minha boca.

— É mesmo? — ele perguntou.

— Sim — respondi com um toque de incerteza.

Harold, porém, não percebeu minha hesitação porque a seguir continuou:

— Tudo bem. Estava planejando, de qualquer forma, passar pelo seu Centro de Diversões no domingo à noite, depois que você fechasse — ele me informou. Em seguida, acrescentou: — Já transou alguma vez em cima de uma mesa de bilhar?

Quase caí da cadeira. Ele sabia que era eu que fechava o Centro nas noites de domingo. Fiquei imaginando há quanto tempo vinha me observando. Parecia saber tudo sobre minha rotina diária e onde eu estava a cada minuto do dia.

Harold interrompeu meus pensamentos e disse:

— Vejo você domingo à noite no Centro.

O máximo que consegui responder foi “Está bem”. Em seguida, desliguei, as mãos tremendo muito. Rapidamente apertei o botão de *play* da secretária eletrônica para ter certeza de que ela gravara tudo. Meu estômago embrulhou, enquanto ouvia de novo aquela voz. Só esperava que a conversa que tivemos fosse suficiente para abrir um processo contra ele.

Em vez de ir trabalhar, telefonei para Chuck e conversei com ele sobre o telefonema de Harold. Ele me deu permissão para tirar o dia de folga e ir procurar o detetive. Assim que desliguei, peguei o carro e fui ver Kenny.

Kenny ouviu atentamente a conversa gravada. Suas sobrancelhas arquearam ante a declaração de Harold de que estava nu. Permaneci sentada bem na beirada da cadeira, na esperança de que aquilo fosse prova suficiente contra ele.

Quando acabou a gravação, Kenny olhou para mim e disse:

— Kathy, você conseguiu se controlar muito bem, apesar de algumas declarações bastante rudes que ele fez.

— Custou-me toda a força que eu tinha para evitar que vomitasse — admiti. — Mas e a fita? Serve como prova suficiente contra ele?

— É um bom material, mas infelizmente ainda não é o bastante. Não estou certo de que possamos usar esta fita num tribunal. Além do mais, queremos ter o máximo de evidência possível para ter certeza de que conseguiremos condenar Harold — ele explicou.

Frustrada, questionei:

— Bem, o que mais temos de conseguir?

Kenny olhou para mim intensamente e perguntou:

— Acha que conseguiria conversar com Harold pessoalmente na noite de domingo? Eu ficaria surpreso se ele realmente se arriscar a comparecer a esse encontro, como já lhe disse antecipadamente que o fará. Isso, porém, dá a você tempo de envolver a polícia na história. No entanto, se ele de fato aparecer, seria a oportunidade perfeita para adquirir mais provas.

Ofegante, apoiei a cabeça nas mãos. Ter de fingir ser educada com ele ao telefone já fora bastante difícil. Eu duvidava de que teria a capacidade de fingir pessoalmente. Ele veria minhas mãos trêmulas e meu semblante apavorado. Além disso, não tinha certeza de que conseguiria evitar que meu estômago embrulhasse a ponto de me fugir ao controle, uma vez que tinha vontade de vomitar só de conversar com ele.

— Kathy — Kenny prosseguiu —, sei que estou pedindo muito de você. Também sei que a última coisa que você quer fazer é ficar face a face com Harold e ter de conversar com ele. Mas estará segura. Ficarei escondido no Centro de Diversões para protegê-la, se for preciso, e para testemunhar tudo o que possa acontecer. Minha equipe também estará escondida em algum lugar do lado de fora.

A sensação familiar de náusea voltou, enquanto pensava no que Kenny me pedia que fizesse. Queria sair correndo do seu escritório, ir para casa e me esconder debaixo dos cobertores. No entanto, tinha consciência de que precisava atender a seu pedido, a fim de abrir um processo contra Harold. Sabia também que viveria em constante medo de Harold, se não conseguisse fazer com que fosse condenado. Portanto, concluí que não tinha muita opção. Respirando fundo, minha voz tremeu quando respondi:

— Está bem, acho que vou ter de fazer isso...

Kenny olhou-me atentamente e perguntou:

— Tem certeza de que será capaz de lidar com isso?

— Você vai estar no Centro conosco, escondido em algum lugar? — perguntei, para ter certeza de que o entendera bem.

— Sim. Vou me esconder em algum lugar do Centro, de forma que possa ir até você, se for preciso. Também terei outros agentes escondidos do lado de fora — ele repetiu.

— Dessa forma, acho que consigo — confirmei.

Kenny fez, então, todos os preparativos. Convocou outros agentes para trabalhar naquela noite. Também decidimos ir até o Centro na sexta-feira a fim de procurar bons esconderijos para ele e sua equipe.

Depois que saí do escritório de Kenny, corri para casa a fim de conversar com Paul sobre o telefonema de Harold e a respeito dos planos do encontro com ele no Centro.

— Kathy, acha mesmo que é uma boa idéia encontrar-se com ele pessoalmente? — Paul perguntou, nervoso.

— Bem, a última pessoa que tenho vontade de ver na minha frente é Harold. Mas Kenny e seus agentes estarão escondidos dentro e fora do Centro. Se Harold tentar fazer algo, eles estarão bem ali para me proteger.

Procurrei transmitir segurança a Paul, embora sentisse meu estômago se agitando por causa do medo que tinha por dentro.

— Sim, está bem, eu acho. Mas... se ele chegar a tentar tocar em você, eu...

— Paul, você não pode correr atrás dele. Só vai piorar as coisas — o interrompi.

— Bem, só não quero que ele chegue perto de você — disse Paul baixinho.

— Eu sei, nem eu quero — concordei.

A sexta-feira chegou, e Paul e eu nos encontramos com Kenny do lado de fora do Centro. Kenny inspecionou cada milímetro do Centro, procurando um bom lugar onde pudesse se esconder. Surpreendentemente, não demorou muito a encontrá-lo. O teto do Centro era muito alto, e, quando o escritório fora construído, recebeu um segundo teto, mais baixo, fechando o forro. Tínhamos também adquirido o hábito de estocar caixas extras de suprimentos para a lanchonete ali. Kenny resolveu que ficaria deitado naquele lugar, com algumas caixas na sua frente, de maneira que seria capaz de ouvir o que estaria se passando sem ser visto.

As mesas de bilhar e a lanchonete ficavam localizadas muito perto do escritório, do lado esquerdo, e Kenny me instruiu a fazer com que Harold se sentasse em uma delas de costas para o escritório. Se Harold ficasse de frente para o escritório, haveria a possibilidade de ver Kenny no teto, caso olhasse com muita atenção naquela direção. Kenny também explicou que eu deveria evitar olhar para o teto, para que Harold não viesse a suspeitar de alguma coisa. Meu principal objetivo era tentar fazer com que Harold admitisse que vinha me telefonando e seguindo.

Quando começamos a nos encaminhar para a porta, Paul disse:

— Esperem, e eu, onde vou me esconder?

Kenny olhou para mim e, em seguida, lançou a Paul um olhar bastante sério.

— Paul — ele começou —, não creio que seja uma boa idéia você estar no Centro de Diversões quando Harold se encontrar com Kathy.

Paul foi pego de surpresa pela afirmação de Kenny e perguntou:

— Por quê? Preciso estar aqui, ela é minha esposa!

— Sim, sei disso. Mas receio de que você não seja capaz de controlar sua raiva de Harold e acabar partindo para cima dele, o que lançará por terra nossas chances de conseguir a prova de que precisamos — Kenny explicou cuidadosamente.

Paul olhou para o chão e suspirou.

— Bom, acho que você tem razão. Não sei do que seria capaz de fazer. Desde que Kathy me contou o que aconteceu, venho estudando modos de resolver essa situação por minta conta.

Kenny balançou a cabeça em sinal de que o compreendia e comentou:

— Eu não o culpo. Sentiria a mesma coisa se estivesse em seu lugar.

Sentindo-se mal por Paul não ter um papel ativo em tudo, acrescentei:

— Paul, preciso que você fique com Mathew. Eu me sentiria muito melhor sabendo que ele está em segurança com você. Além do mais, será bom saber que você estará em casa quando eu voltar.

Ele sorriu para mim e colocou a mão em minhas costas, conduzindo-me para fora do Centro.

O domingo, 9 de setembro de 1990, chegou. Durante o dia inteiro trabalhando no Centro de Diversões da Família, a cada minuto que passava meu estômago foi ficando cada vez mais embrulhado. Uma enorme parte de mim esperava que Harold não aparecesse, de maneira a não ser obrigada a vê-lo e tampouco conversar com ele. No entanto, sabia que precisava fazer isso, obter a prova necessária para mover um processo.

Kenny chegou cedo ao Centro, a fim de dispor os membros de sua equipe, cada qual em sua posição. Ele fez um policial estadual uniformizado, dentro de uma viatura, ficar estacionado a poucos quarteirões, caso sua intervenção fosse necessária. Um agente à paisana posicionou seu carro na extremidade do estacionamento. Um segundo agente ficou estacionado perto do fundo do prédio, do lado oposto ao do primeiro agente.

Kenny subiu no teto acima do escritório, onde decidíramos que ele ficaria escondido. Fiquei só observando, enquanto ele cuidadosamente se deitava por trás de uma caixa de guardanapos. Assim que se instalou, falou pelo rádio com os outros dois agentes para confirmar as posições de cada um.

Depois de pensar com muito cuidado, decidi mandar meus funcionários para casa mais cedo, para que não estivessem ali quando Harold chegasse. Correndo de um lado para o outro, tentando limpar a área onde estava, pensei em Paul. Ele provavelmente se sentia impotente, simplesmente sentado em casa, preocupado comigo. Imaginei-o andando de um lado para o outro da sala de estar.

Consultando o relógio na parede, percebi que a hora de encerrar o expediente se aproximava rapidamente. Senti um calafrio ao pensar na possibilidade de Harold chegar a qualquer instante. Correndo os olhos pelo Centro, observei uns poucos adolescentes ainda ali dentro.

Minutos mais tarde, um dos agentes informou a Kenny pelo rádio que Harold acabava de entrar no estacionamento. Os nós em meu estômago apertaram com mais força, enquanto a transpiração me ensopava a blusa. Olhei nervosa para Kenny.

Ele mostrou o rosto por um instante junto ao canto da caixa e disse:

— Kathy, tenho certeza de que você conseguirá.

Sem dúvida alguma, não tinha tanta certeza quanto ele. Respirei fundo duas vezes a fim de parar de tremer, de modo que Harold não percebesse meu medo.

Nesse exato momento, Harold entrou a passos firmes e confiantes no Centro. Sua aparência me surpreendeu. Antes, sempre que o via, ele usava sua roupa de trabalho. No entanto, naquele dia, exibia uma jaqueta fina, de cor azul, um gorro azul-marinho e calça de moleton azul também. Jamais imaginaria tratar-se de um advogado tão importante se não o conhecesse e cruzasse com ele na rua. Observando-o melhor, percebi que ele ganhara bastante peso no decorrer dos anos. Sua jaqueta não conseguia esconder a protuberância de sua região abdominal. Até suas bochechas estavam mais redondas, tornando o rosto mais cheio. A pequena porção de cabelo que mal lhe cobria a cabeça adquirira um leve tom acinzentado. Imaginei que ele deveria estar perto dos 60 anos de idade àquela altura.

Ele perambulou pelo Centro, procurando verificar o ambiente. Observei-o estreitar os olhos, inspecionando os arredores. Mesmo se eu não soubesse que tipo de pessoa ele era, ainda me sentiria duvidosa com relação a ele. Tinha um quê de malícia no olhar, passando a impressão de que estava prestes a aprontar alguma. Em determinado momento, lançou-me um sorriso cínico e piscou, como se compartilhássemos um segredo. Rapidamente desviei o olhar, não querendo estabelecer contato visual com ele. Podia sentir meu estômago se agitando e um nó tomando conta da minha garganta. Baixando os olhos para minhas mãos trêmulas, fiquei imaginando como conseguiria passar por aquilo.

Continuando a arrumar as coisas, furtivamente dava olhadas na direção de Harold. Ele caminhou como quem não quer nada até a máquina de basquetebol e fez alguns arremessos. Em seguida, entrou no banheiro masculino, permaneceu ali por uns segundos, e então saiu. Notou os dois adolescentes deixando o prédio. Com isso, seguiu até o banheiro feminino para certificar-se de que não restava mais ninguém no prédio.

Tomei um rápido gole de meu refrigerante, tentando engolir o enorme nó que se formara em minha garganta. Meus olhos observavam cada movimento de Harold. Lembrei-me da sensação que experimentara dezesseis anos antes, nervosa por estar sozinha com Harold, ao mesmo tempo que ficava de olho nele, por precaução. Era difícil acreditar que me colocara em situação semelhante com ele novamente. Embora sabendo que Kenny estivesse à espreita, escondido, o mesmo medo que sentira dezesseis anos atrás ainda me consumia. No entanto, naquele dia, o medo era por imaginar do que Harold seria capaz.

Prestando mais atenção às ações de Harold, observei quando ele abriu a porta de meu escritório e entrou, como se fosse dono do lugar.

— O que você pensa que está fazendo? — as palavras me escaparam rapidamente.

— Este escritório parece um lugar aconchegante para se conversar — ele observou com aquele sorriso que já se transformara em sua marca registrada. Meu ódio por ele cresceu dentro de mim e senti o rosto pegando fogo. Procurei ter em mente que precisava manter a calma e controlar minhas emoções.

Harold examinou meu corpo dos pés à cabeça e perguntou, todo empolgado:

— Você não vai trancar a porta do Centro?

Olhando para minhas chaves, retruquei:

— Nós não vamos conversar? Não preciso trancar nada até você ir embora.

— Conversamos depois que você trancar — ele exigiu.

Dando de ombros, como que entorpecida, fui até as portas e passei a chave na fechadura. Por sorte, Kenny previra isso e me aconselhara a dar a chave sobressalente ao agente posicionado no estacionamento. Relutante, pus o sinal de "fechado" na porta.

Voltando-me, observei que Harold continuava correndo os olhos pelo Centro. Precisei de toda a força que tinha para não voltar os olhos para o teto. Não achei que Harold suspeitaria de que houvesse alguém ali e não queria chamar-lhe a atenção para aquela área. Harold, então, fez sinal para que eu entrasse no escritório. Lembrando-me do conselho de Kenny para fazer com que Harold se sentasse do lado esquerdo do prédio, com as costas para o escritório, mais que depressa tratei de lhe oferecer um refrigerante e sugeri que nos sentássemos junto a uma das mesas de bilhar.

Harold me acompanhou e, embora colocasse seu copo do lado oposto da mesa em que me encontrava, puxou sua cadeira para junto da minha. Começando a entrar em pânico, percebi que Harold ficaria de frente para o escritório. Fiquei torcendo para que Kenny não fizesse ruído algum que despertasse a atenção de Harold para o teto.

Nesse exato momento, a temperatura caiu, e o sistema de calefação, que ficava bem acima da cabeça de Kenny, foi acionado. Tinha me esquecido do barulho que fazia e receei que Kenny não conseguisse ouvir o que Harold dizia. Pior ainda, como Harold estava de frente para o escritório, Kenny teria de permanecer escondido atrás da caixa e não seria capaz de ver nada do que acontecia.

Alheio à minha apreensão, Harold chegou um pouco mais perto, estendeu a mão e começou a esfregar a parte interna de minha coxa. Eu vestia uma calça *jeans* e uma blusa abotoada até o pescoço. Reagindo rapidamente, dei um tapa violento em sua mão. Em seguida, disse-lhe bem alto:

— Harold, espere só um minuto. Se vamos ser amigos, então precisamos desenvolver confiança mútua. Realmente gostaria de saber por que você fica me telefonando e desligando sem dizer nada. Por que tem me seguido?

O rosto de Harold transparecia puro fingimento quando ele respondeu:

— A única vez que desliguei foi quando outra pessoa atendeu, e, quanto a seguir você, foi só uma coincidência o fato de estarmos no mesmo lugar.

Antes que eu pudesse responder, ele se inclinou para a frente e rapidamente desabotoou o primeiro botão de minha blusa. De um salto fiquei em pé e corri para a mesa de bilhar. Harold foi rápido em me alcançar, agarrando-me por trás com uma das mãos para, com a mão livre, ficar me apalpando a frente. Mesmo com um só braço me segurando, fiquei impressionada com a força que ele ainda tinha. Naquela situação, tive um *flashback* da cena na casa vazia onde Harold também me agarrara por trás. Era o mesmo ato sendo repetido igualzinho. Meus olhos rapidamente se voltaram para cima, na direção do teto, na esperança de ver Kenny saltando e descendo para vir me resgatar.

Harold riu maldosamente, soltando meu cinto, e exclamou:

— Agora vou fazer sexo com você em cima da mesa de bilhar!

Uma forte raiva tomou conta de mim, enquanto me desvencilhava dele e lançava mão de um taco de bilhar. Estava determinada a não me deixar mais ser machucada por Harold da forma como ele o fizera na casa vazia. Eu me tornara mais forte, e o ódio dentro de mim vinha crescendo durante os últimos dezesseis anos. Meus olhos brilhavam de fúria, enquanto eu gritava:

— Para trás ou eu lhe acerto a cabeça com este taco!

Vendo o taco de bilhar em minhas mãos, ele recuou, comentando:

— Você continua tão selvagem hoje como naquela época!

Harold olhou fixamente para mim, como se para questionar se eu usaria ou não o taco de bilhar. Lancei-lhe um olhar fulminante, mostrando-lhe que seria muito bem capaz de até matá-lo com o taco.

Ele recuou um pouco mais e disse:

— Adoro mulher selvagem... Mas, tudo bem, vou esperar outra oportunidade.

Segurando o taco de bilhar com as duas mãos, apontado para ele, continuei a gritar:

— Saia daqui! Saia daqui já!

Um ar de insanidade perpassou-lhe o rosto, e eu tive certeza de que ele me atacaria. Parte de mim queria que ele o fizesse, de maneira que pudesse ser preso por ataque ou tentativa de homicídio.

Em vez disso, ele sorriu para mim e me assegurou:

— É... não aqui. Em outra oportunidade. Minha esposa freqüenta uma faculdade em outro Estado e está sempre fora. Ela está em casa agora por causa do feriado de Natal. Por hoje, vou alugar um vídeo pornô, mas, depois que ela for embora, volto para pegar você.

Harold caminhou em direção à porta, e eu corri na frente dele para destrancá-la. Estava tão transtornada que nem conseguia enxergar direito. Depois que ele foi embora, com a mão ainda na maçaneta da porta, debulhei-me em lágrimas. Quando ele tocara minha perna e me agarrara, senti como se estivesse sendo estuprada novamente.

Kenny desceu do teto e correu até mim. Ajoelhou-se a meu lado e passou o braço ao redor de meus ombros.

— Por que você não o afastou de mim? Por que não me salvou? — eu gritava histericamente.

— Kathy, ele intencionalmente se negou a seguir você e só admitiu ter desligado o telefone quando outra pessoa atendeu. Eu estava com a esperança de que ele dissesse algo mais — declarou.

Continuando a soluçar, exclamei:

— Harold disse que voltaria. Ele vai me encontrar e tentará me atacar outra vez.

— Kathy, você sabe que eu, ou um dos meus outros agentes, estarei seguindo você o tempo todo. Portanto, se ele tentar atacá-la, estaremos por perto para protegê-la — Kenny tentou me convencer. No entanto, nada, naquele momento, seria capaz de me fazer sentir melhor.

Vários minutos depois, um dos agentes entrou no Centro e anunciou:

— Harold de fato foi alugar um filme pornô. Entrei na videolocadora depois que ele saiu e perguntei à moça que tipo de filme Harold Ranetti levara. Ela me informou que a única coisa que ele sempre leva são filmes pornográficos.

Odiava a idéia de voltar para casa e dizer a Paul que os agentes não tinham conseguido nada mais de Harold. Kenny me explicou novamente que ele precisaria de mais material para a instauração de um inquérito. Eu sabia que Paul ficaria tão desapontado quanto eu.

Um dos agentes me acompanhou até em casa, para certificar-se de que eu chegaria bem. Qaundo ia entrando em casa, Paul saiu, ansioso, a meu encontro. Ele deu uma olhada na maquiagem toda borrada de meus olhos e abraçou-me com ternura.

— Bem, Harold apareceu por lá, mas ele na verdade não admitiu nada. Disse que não estava me seguindo intencionalmente. Que foi só uma coincidência — falei, baixinho, enquanto enterrava o rosto entre seu pescoço e ombro.

— Mas todos nós sabemos que isso não é verdade! Não foi só uma coincidência! — Paul retrucou, irado.

— Eu sei — murmurei.

Paul me apertou com mais força e não disse mais nada. Sentindo as batidas aceleradas de seu coração contra meu peito, eu podia perceber que ele estava extremamente tenso e irado. Não queria chateá-lo ainda mais, de forma que resolvi não lhe contar que Harold me havia tocado a perna e me agarrado. Por que aumentaria a dor e o ódio de alguém já tão dominado por tais sentimentos?

Desde que Harold começara a me perseguir e os agentes do Departamento de Investigações Criminais tinham se envolvido na história, Adrian percebera uma diferença em mim. Pelo fato de ela estar enfrentando um câncer e tratamento quimioterápico, jamais lhe contei sobre Harold. Não queria aumentar suas aflições. Mas, ela começara a se preocupar do mesmo jeito comigo e constantemente me perguntava se havia algum problema.

Conversei com Paul que sentia que precisávamos contar tudo a Adrian e Scott, outros amigos íntimos e conhecidos, e à família dele o que estava acontecendo. Sabia que, por causa do envolvimento dos agentes, o público em algum momento descobriria tudo. No entanto, com minha família vivendo a várias cidades de distância, não sentia que precisava lhes contar. Na verdade, esperava que nunca descobrissem nada.

Felizmente, Paul concordou comigo. Com isso, ambos fomos de carro até a casa de Adrian e Scott conversar com eles. Nervosa, entrei na casa deles com medo de que aquilo que estava prestes a contar a Adrian lhe causasse mais dor do que ela já sentia.

— Adrian — comecei —, você vem me perguntando se estou com algum problema, mas não tenho sido sincera com você. Sei que me ama como sua melhor amiga, assim como também amo muito você, e não gostaria que ficasse magoada comigo... além do fato de já estar tendo de lidar com o câncer.

Adrian ficou perplexa com minha confissão, mas me deu alguns tapinhas no braço permitindo-me continuar. Olhando tanto para ela quanto para Scott, lhes contei, então, tudo, do começo ao fim.

Uma lágrima rolou pelo rosto de Adrian.

— Kathy, somos grandes amigas. Não consigo acreditar que você nunca tenha compartilhado isso comigo.

— Adrian, tentei esquecer. Achava que conseguiria sepultar o passado. Além do mais, não queria lhe trazer mais uma preocupação — respondi.

Fungando, Adrian respondeu:

— Seria o mesmo que tentar tratar de meu câncer sozinha. Você tem estado aqui para me ajudar. Estou desapontada por você não me deixar ajudá-la.

— Nem Paul sabia do estupro, senão recentemente. Por fim, fui obrigada a lhe contar, quando Harold começou a me perseguir. Por favor, não leve para o lado pessoal — supliquei.

Adrian pegou um lenço de papel para enxugar o canto dos olhos.

Comecei a chorar junto, inclinei-me para lhe dar um abraço e disse-lhe:

— Sinto muito por não ter lhe contado antes, Adrian. Pode me perdoar?

Ela olhou para mim e disse:

— Claro que perdôo!

Depois de revelar meu segredo a Adrian e a Scott, Paul e eu nos sentimos melhor. Era gratificante saber que tínhamos amigos que apoiavam nossas ações. Mais tarde, naquela semana, em um domingo depois do culto na igreja, fomos visitar a mãe de Paul para lhe explicar a situação. Depois de lhe fazer o relato de tudo o que acontecera comigo dezesseis anos atrás, o queixo dela simplesmente caiu, tão chocada ficou.

Minha sogra demorou alguns minutos para reagir.

— Kathy — disse afinal —, não sei como você agüentou calada, guardando tudo isso consigo mesma durante tanto tempo.

— Bem, não foi fácil — admiti.

Ela não disse muito mais, porque acho que não soube como reagir a notícias tão surpreendentes. Eu realmente começava a me sentir exaurida por ter a mesma conversa, repetidas vezes, sobre as ações de Harold. Começava a ficar cansada de explicar tudo aquilo.

Depois de semanas de preparativos e comprando presentes, a véspera de Natal enfim chegou. Todos os anos, Eve, Paul, Mat e eu participávamos do culto da noite em nossa igreja. Em geral, é um excelente modo de iniciar a celebração do Natal. A igreja é decorada com guirlandas, e o presépio fica exposto em um canto. Vários membros cantam solos ou duetos de canções natalinas ou tocam instrumentos. O pastor prega sobre o nascimento de Jesus, e então todos os presentes acendem velas quando é entoado o hino de encerramento. Sempre é algo pelo qual a família inteira anseia a cada ano.

Naquele ano, porém, faltava-me o espírito festivo. Uma mulher da igreja ocupava o altar, entoando um cântico natalino que, no passado, sempre criara uma sensação calorosa dentro de mim. No entanto, naquele momento, não conseguia concentrar-me no que ela cantava. Embora fisicamente presente, com certeza não era ali que eu estava mental e emocionalmente. Em vez disso, meus pensamentos se ocupavam do último ano e meio, quando Harold começara a me perseguir.

Em retrospectiva, percebi que todo domingo, na igreja, eu simplesmente me deixara levar, mecanicamente, pela ordem do culto. Quando cantava os cânticos, meu coração não estava naquilo. Quando o pastor pregava, normalmente não prestava atenção. Eu me distanciara de Deus. Quando era uma garotinha, costumava orar o tempo todo e ansiava por ir à igreja durante a semana inteira. Deus desempenhava um papel importante em minha vida. Contudo, nos últimos dezesseis anos, eu raramente orava; na verdade, até parecia empurrar Deus para longe, com exceção de quando clamava a ele nos momentos em que me sentia pior.

De repente, Mathew cutucou meu braço, interrompendo-me os pensamentos. Ele tinha uma vela acesa na mão e queria acender a minha com a dele. Meu corpo parecia entorpecido quando percebi que perdera quase todo o culto. Todo mundo na igreja se levantou do assento para entoar o último cântico de Natal do culto, "O primeiro Natal". Juntei-me aos demais, cantando com indiferença.

Quando me levantei na manhã de Natal, comecei a preparar o desjejum tradicional: ovos, *bacon* canadense, biscoitos, bolinhos de nozes e suco de laranja. Mais uma vez, faltava-me a paz e a alegria daquele dia especial. Em vez do costumeiro prazer de tomar um café da manhã de Natal, era apenas mais uma tarefa rotineira para mim.

Mesmo quando chegou a hora de abrir os presentes, eu não me empolguei. Paul e eu simplesmente cumpríamos um ritual, esforçando-nos para levá-lo até o fim apenas por causa de Mathew. Enquanto eu observava Mat abrir seus presentes, tristemente constatava quanto crescera. Ele amadurecera bem diante dos meus olhos, e eu não estava sabendo aproveitar isso. Comecei a me ressentir de Harold por ocupar uma porção tão grande de meu tempo e de minha energia que eu estava até perdendo a fase de crescimento de meu filho.

Empolgado com um presente, Mathew ergueu-o e exclamou:

— Era exatamente o que eu queria!

Esbocei um sorriso e respondi:

— Que bom, fico contente que você tenha gostado.

Mat ficou com uma estranha expressão no rosto diante de minha resposta um tanto insípida, mas não comentou nada. Dava para perceber que ele sentia que faltava alguma coisa naquele Natal. No entanto, apenas disse:

— Mamãe, é sua vez de abrir um presente.

Olhando para todos os pacotes com meu nome ainda fechados junto a meus pés, lembrei-me de que outra tradição nossa de Natal era o revezamento na hora de abrir os presentes, um de cada vez, passando do mais novo para o mais velho. Tentando parecer empolgada, peguei um pacote com uma etiqueta onde se lia: "Para: Mamãe, De: Mat".

Olhei para meu filho e exclamei:

— Este foi você que me deu!

Mat sorriu enquanto me via rasgar o invólucro. Era a estátua de um anjo, mais uma a se somar à minha coleção. O presente atencioso de Mathew me emocionou de verdade, e meus olhos se encheram de lágrimas. De novo, ressenti-me de Harold por me haver feito perder tanto tempo que poderia ter passado em companhia de meu filho.

Tentando conter as lágrimas, comentei o presente:

— Oh, Mat, que presente especial! Muito obrigada.

Notando meu rosto vermelho e os olhos lacrimejantes, Mathew perguntou:

— Você está bem, mamãe?

— Claro. É que seu presente significa muito para mim. Realmente adorei — tranqüilizei-o.

Enxuguei os olhos e tentei exibir um sorriso largo. Só porque Harold arruinara meu Natal, não iria permitir que arruinasse o de Mathew também.

A pausa dos feriados de fim de ano veio e se foi, de modo que logo Mathew e Paul retornaram às aulas. Paul estava no último ano da faculdade e fingia se concentrar em seu trabalho, apesar da distância crescente entre nós. Ele se recusava a discutir seus sentimentos relacionados com meus problemas com Harold, embora eu soubesse que eles o estavam devorando por dentro. Não entendia como ele conseguia sair-se tão bem na faculdade em meio a toda aquela situação.

Era o início de um novo ano, 1991. Harold ainda não tornara a aparecer no cenário, mas eu sabia que isso era só uma questão de tempo. Tentei concentrar minha atenção no Centro de Diversões da Família e a me esforçar mais nesse sentido. Percebera que o negócio começara a sofrer com minha falta de tempo e de energia investidos nele. Essa era outra coisa importante de minha vida em que Harold conseguira interferir.

Voltando minha atenção ao Centro, quase esqueci de um provável retorno de Harold. No entanto, na manhã de 15 de fevereiro, Harold resolveu me telefonar de novo na corretora.

Atendi o telefone, para ouvir uma voz familiar dizer:

— Eu disse a você que voltaria.

Eu me encolhi toda ante o som da sua voz. Por minha reação, Chuck imediatamente entendeu que se tratava de Harold.

Tentando recuperar a compostura, respirei fundo e perguntei:

— O que você quer?

— Pensei em dar um pulo até aí quando Chuck sair para almoçar e dar uma olhada melhor nessa roupa que você está usando — Harold me comunicou.

Meus olhos se arregalaram de medo ante a idéia de ficar a sós com Harold de novo. Felizmente, sabia que Chuck não me deixaria ali sozinha se soubesse que Harold estava indo para lá.

— Não acredito que você teria coragem de vir até o escritório em que trabalho — retruquei.

— Estarei aí — Harold respondeu, desligando antes que eu pudesse tentar fazer com que ele dissesse mais alguma coisa.

Contei a Chuck o que Harold dissera.

— Kathy, Harold só pode estar blefando. Que homem em seu juízo perfeito telefonaria para você e a advertiria de que está vindo? — ele raciocinou.

— Eu sei que não faz o menor sentido — respondi —, mas desde que Harold me contou antes que iria ao Centro e cumpriu a promessa, não tenho razão para duvidar de que possa realmente fazer isso.

— Sim, imagino que você tenha razão — ele concordou. — Nesse caso, diante de tal possibilidade, como uma atitude preventiva de sua parte, acho que deveria ligar para Kenny.

Assenti com a cabeça e disquei o número de Kenny. Coloquei-o a par dos últimos acontecimentos e perguntei como ele achava que eu deveria lidar com aquela situação.

— Não acredito que ele lhe diria se, de fato, pretendesse ir até aí. Acho mesmo que ele está blefando. Contudo, na hipótese de estar falando sério, para estarmos seguros, tranque todo o escritório na hora do almoço, de maneira que Harold não consiga entrar — Kenny sugeriu.

Chuck não conseguia acreditar que Kenny não tiraria vantagem daquilo para tentar conseguir mais provas contra Harold. Até eu me perguntei se Harold pretendia ir mesmo até a corretora, mas alguma coisa me dizia que ele bem poderia aparecer.

— Ele é um homem doente — expliquei a Chuck —, e sei do que é capaz.

— Acha realmente que ele lhe faria algum mal em plena luz do dia? — Chuck quis saber.

— Bem, ele me fez mal da primeira vez em plena luz do dia, então o que faz você pensar que não poderia agir do mesmo modo novamente? — lembrei-o. Chuck limitou-se a balançar a cabeça, aturdido.

— Preciso de mais provas contra Harold, a fim de ter fortes razões para processá-lo. Parece que o Departamento de Investigações Criminais não irá a parte alguma com as evidências de que já dispõe, de forma que eu na verdade espero que Harold apareça — comentei em tom casual.

— Bom, nesse caso, você vai precisar de uma testemunha. Talvez eu me esconda no fundo do escritório, a fim de que possa ouvir o que ele disser — propôs Chuck.

O escritório de Chuck era ligado a uma loja de material fotográfico, tendo no meio apenas um banheiro compartilhado pelas duas empresas. Depois de pensar um pouco, Chuck sugeriu que contássemos a Jonie, a proprietária da loja ao lado, o que estava acontecendo, na hipótese de eu precisar de ajuda quando ele estivesse fora do escritório.

— Simplesmente odeio a idéia de outra pessoa saber do meu passado — disse eu, encabulada.

— Você não tem do que se envergonhar — Chuck afirmou, firmemente. — Você é a vítima inocente, e Harold é quem deveria estar envergonhado.

— Sei disso, mas sempre me sinto suja quando penso nele — confessei.

— Mas você percebe que uma vez que tiver provas suficientes contra Harold e recorrer ao promotor de justiça, sairá tudo nos jornais? As pessoas em Quincy, e em outras cidades da vizinhança, tomarão conhecimento de sua situação — Chuck informou.

Sua declaração provocou um nó em meu estômago, visto que eu não percebera que pessoas fora de Quincy tomariam conhecimento de minha situação com Harold. Imediatamente pensei nos meus pais lendo a meu respeito no jornal.

Entrando em pânico, disse:

— Meus pais não sabem nada sobre isso. Não quero que saibam para poupá-los de maiores sofrimentos. Que devo fazer?

— Você precisa levar tudo isso até o fim, não só por si mesma, mas também por causa de todas as mulheres que Harold já assediou e atacou — Chuck tentou me convencer. — Você sabe que não é a única mulher que ele machucou em todos esses anos. E quanto às mulheres no futuro que ele poderá assediar, depois que se cansar de você? Harold nunca vai deixá-la em paz, a menos que dê um basta a isso. Ele pensa que você é frágil e que consegue sobrepujá-la.

Eu sabia que Chuck tinha razão. Harold vinha me perseguindo havia mais de um ano e se dera ao enorme trabalho de brincar com minha mente e minhas emoções. Eu não tinha dúvida alguma de que ele tentaria repetir seu ato de quase dezessete anos atrás e tinha certeza de que viria até a corretora.

Por fim, dei permissão a Chuck de informar Jonie da situação. No entanto, eu não queria estar por perto quando lhe contasse. Simplesmente não suportaria lidar com o fato de falar de minha vida a mais alguém naquele momento em particular.

Depois que Chuck conversou com Jonie, ela veio até a corretora, preocupada, e disse:

— Kathy, tenho um grande respeito por você. Farei o que for preciso para ajudá-la.

Ainda me sentindo envergonhada com minha situação difícil, respondi com um simples «obrigada, obrigada mesmo».

— Chuck, você deveria se esconder na minha loja — sugeriu Jonie. — Poderíamos ficar os dois vigiando de minha janela que dá justamente para seu escritório. Se Kathy precisar de nós, será fácil chegarmos até ela.

Depois de muito pensar, Chuck concluiu que Harold deveria estar observando o escritório. Se Chuck passasse para a loja de Jonie, Harold saberia que Chuck não saíra.

— Acho que seria melhor eu sair pela porta da frente e tirar meu carro do estacionamento — Chuck dediciu. — Estacionarei a algumas quadras daqui e voltarei a pé. Então entro pela loja de Jonie, de forma que Harold não me veja voltar.

Poucos minutos depois, Chuck deixava o escritório.

Olhando pela janela, apreensiva, vi Paul entrar com o carro no estacionamento. Desconcertada, pensei em voz alta:

— Mas o que Paul está fazendo aqui exatamente agora?

Paul entrou no escritório, com um pequeno sorriso, cumprimentando-me.

— Oi, resolvi dar uma parada aqui, a caminho de casa. Estou voltando do meu trabalho noturno. Queria saber como você está.

Corri para ele, dizendo:

— Paul, Harold está a caminho daqui. Você precisa ir embora!

Paul arregalou os olhos, surpreso, e ficou mudo. Não parecia saber como reagir à minha inesperada explosão.

— Paul, Harold ligou e disse que viria para cá quando Chuck saísse para o almoço. Kenny sabe disso, e Chuck só fingiu sair. Ele vai se esconder na loja de material fotográfico, a fim de não me deixar sozinha. Paul, preciso conseguir mais provas contra Harold, suficientes para mandá-lo para a cadeia! — supliquei.

Era difícil não perceber a expressão ferida nos olhos de Paul, enquanto lhe pedia que fosse embora. Imaginava o sentimento de impotência que deveria ter tomado conta dele naquele instante. Balançando a cabeça e controlando a raiva, Paul saiu, relutante.

Tremendo descontroladamente, corri e sentei de volta à minha mesa. Respirei fundo algumas vezes, tentando me acalmar, de forma que Harold não sentisse meu temor nem minha ansiedade.

Chuck enfiou a cabeça pela porta do banheiro que interligava o escritório à loja vizinha para me dizer que Harold acabava de passar na frente da vitrine de Jonie. Continuando a tremer, abri a gaveta da mesa e apanhei minha espátula. Deixando-a cair no colo, prometi a mim mesma que jamais permitiria a Harold tocar-me outra vez.

Nesse momento, Harold abriu a porta do escritório e entrou como quem não queria nada. Percebi o rápido olhar de relance que ele lançou por todo o escritório, para, em seguida, espionar, curioso, o escritório privado de Chuck.

Com aquele seu sorriso diabólico, observou em voz alta:

— Quer dizer então que esta é a corretora Rates and Investments!

Em seguida ousou se aproximar lentamente da minha mesa. Apertei com força minha espátula.

— Não acredito que você teve coragem de vir a este escritório! — disparei.

Harold soltou um longo e dramático suspiro, inclinou-se por cima da minha mesa, perscrutou-me os olhos e declarou:

— Coragem é o que não me falta!

Apertei com mais força a espátula, enquanto observava Harold passear até a janela para examinar o estacionamento. No momento em que ele fechava a persiana, vi Kenny e outro detetive estacionarem. Deixei escapar um suspiro de alívio. Não tinha a menor dúvida em minha mente do que Harold planejara e me sentia mais segura com Kenny por perto.

Enquanto Harold fechava as persianas, ele me lançou um olhar ameaçador. Mas, antes que pudesse agir, fosse o que fosse que estivesse passando em sua mente, Kenny entrou no escritório fingindo ser um cliente.

— Boa-tarde. Chuck Pendleton está? — Kenny perguntou com um ar simpático no rosto.

— Não, saiu para almoçar, mas deve voltar logo — informei-o.

— Algum problema se eu ficar aqui esperando-o? — Kenny perguntou.

Aliviada por saber que não seria obrigada a lutar contra Harold agora que Kenny chegara, sorri e disse:

— Claro, perfeitamente.

Decepcionado, Harold olhou para mim e disse:

—Vou deixar para terminar em outra hora o que vim fazer.

Em seguida, virou-me as costas, fez um aceno de cabeça para Kenny e saiu.

Kenny esperou até que a porta se fechasse atrás de Harold antes de comentar:

— Harold está ficando audacioso demais. Pensei mesmo que ele estivesse blefando, mas resolvi, por precaução, dar uma olhada para ver como você estava.

Como todas as outras vezes em que eu estivera na presença de Harold, meu corpo parecia entorpecido e sentia dor no estômago. Mal percebi quando Chuck entrou pelo banheiro, vindo da loja, relatando que tanto ele quanto Jonie tinham visto Harold chegar e sair. À medida que ele se aproximava da minha mesa, reparou na espátula em minha mão. Tentou tirá-la de mim, mas eu ainda estava assustada demais para soltá-la.

Kenny então sorriu e disse:

— Kathy, já temos prova suficiente. Vou telefonar para o promotor.

Olhando para eles dois, murmurei:

— Jamais vou permitir que ele toque em mim outra vez.

De repente, dei um pulo ao som da porta da rua se abrindo. Kenny, Chuck e eu viramos a cabeça simultaneamente na direção da porta e vimos Paul entrar. Evidentemente, quando ele saíra antes de Harold chegar, apenas fora estacionar a algumas quadras de distância e esperar. Quando viu Harold ir embora, resolveu voltar ao escritório para verificar como eu estava. Vendo meu jeito de apertar aquela espátula na mão sem largá-la e meu rosto lívido, Paul imediatamente correu em minha direção. Levantou-me da cadeira e me abraçou, enquanto eu lhe ensopava a camisa de lágrimas.

Kenny repetiu a Paul:

— Harold está ficando audacioso demais. Acho que a vida de Kathy corre perigo. Creio que já temos provas suficientes agora para telefonar para o promotor.

Paul ergueu os olhos ante a declaração de Kenny e fez um sinal de assentimento com a cabeça.

— Chuck, posso usar seu telefone para ligar para Sam Holden? — Kenny perguntou.

— Claro — Chuck respondeu e apontou para o telefone.

Todos nós ficamos ouvindo enquanto Kenny explicava rapidamente minha situação a Sam Holden. Fez uma pausa para perguntar a Chuck se ele poderia me dispensar do trabalho a fim de que me levasse ao escritório do promotor naquele exato momento. Satisfeito em ver que alguma coisa finalmente estava sendo feita com relação a Harold, Chuck acenou com a cabeça em sinal afirmativo, ansiosamente.

Paul quis nos acompanhar, mas Kenny explicou que faria melhor impressão se eu cuidasse do caso sozinha. Achava que poderia dar a impressão de que eu e Paul havíamos preparado uma armadilha para Harold de alguma forma, como se Paul não tivesse simplesmente aparecido por ali no momento exato. Kenny não queria que nada atrapalhasse minhas chances de conseguir a condenação de Harold. Sugeriu então que Paul me esperasse no escritório da corretora com Chuck. Olhei para Paul e notei a expressão abatida em seu rosto no momento em que mais uma vez ele era deixado fora da situação. Sorrindo para ele, eu lhe disse que estava tudo bem comigo e que o veria quando retornasse.

Assim que Kenny e eu entramos no prédio da promotoria, ele indicou que me acomodasse em uma cadeira. Precisava esperar do lado de fora do escritório, de modo que Kenny e Sam Holden pudessem conversar em particular primeiro. Sozinha naquela sala, olhei à minha volta para as outras três cadeiras de cor ocre, tentando permanecer calma. No entanto, pensamentos relacionados com meus pais se infiltraram em minha mente, enquanto me preocupava com a probabilidade de precisar lhes contar minha história com Harold.

Felizmente, Kenny saiu do escritório pouco tempo depois, impedindo-me de remoer sobre meus pais naquele instante. Ele fez sinal para que o acompanhasse ao interior do escritório. Fiquei em pé e caminhei a passos incertos em direção a Kenny, nervosa em me avistar com Sam Holden. Kenny, em seguida, me conduziu a um pequeno escritório, onde havia uma mesa de conferências de madeira, situada no meio, com várias cadeiras ocre, de estampa xadrez, e um sofá da mesma cor em volta.

Observando aquela sala, ouvi uma profunda voz masculina às minhas costas. Surpresa, virei-me e vi um homem de meia-idade, magro, de cabelo castanho-escuro, me encarando. Kenny no mesmo instante o apresentou como Sam Holden e virou-se para se retirar do recinto.

Um pouco intimidada pelo sr. Holden e nervosa com o fato de ficar a sós com ele, impensadamente disparei:

— Por favor, será que Kenny poderia permanecer aqui conosco?

Senti-me um pouco constrangida com minha brusca atitude, dando-me conta de ter agido tal como uma menininha temerosa. No entanto, se o sr. Holden me via desse modo, com certeza não o demonstrou. Em vez disso, respondeu:

— Claro, sem nenhum problema.

O sr. Holden em seguida continuou, pedindo-me que começasse desde o início e que lhe dissesse com minhas palavras o que acontecera. A sensação era quase como se eu estivesse em julgamento e que seria julgada por tudo o que dissesse. Além disso, eu tinha a impressão de que todo mundo estava tentando invadir minha privacidade. No entanto, como poderia esperar ajuda se não revelasse meu passado? Assim, comecei dizendo ao sr. Holden sobre como era trabalhar para Harold e o que acontecera na casa vazia. Depois de repetir minha história por aquela que parecia ser a centésima vez, passei a relatar a atual perseguição de Harold.

Observava o sr. Holden fazendo apontamentos de tudo o que eu falava e imaginava, curiosa, sobre que registros seriam aqueles que ele fazia. Quando acabei de fazer meu relato, respirei fundo e esperei um comentário da parte dele.

Depois de fazer rapidamente as últimas anotações, ele ergueu os olhos e disse:

— Sei que você deve estar morrendo de medo.

Balancei a cabeça em sinal de concordância.

— Antes de fazê-la entrar, Kenny me contou que o Departamento de Investigações Criminais teme que Harold esteja disposto a machucá-la física e emocionalmente — ele continuou. — Já recebi outras reclamações de Harold, de outras mulheres, mas elas nunca têm provas suficientes para constituir um processo nem querem que o caso venha a público.

Balancei a cabeça de novo, dando a entender que eu já tinha conhecimento sobre as outras mulheres que Harold assediara.

— Ouvi sua conversa com Harold gravada na fita da secretária eletrônica — ele me comunicou. — Também tenho cópias dos rastreadores de chamadas para sua casa e a corretora onde trabalha. Baseado em suas declarações e nas de Kenny, bem como nas de Chuck Pendleton e de seu marido como testemunhas, acho que temos prova suficiente para levar o caso adiante, abrindo um processo de acusação formal contra Harold.

Olhei para ele, surpresa, ao ouvir aquelas palavras. Pelo que parecera uma eternidade, tinha ouvido repetidas vezes que eu precisaria de mais provas. Agora, finalmente, parecia que dispúnhamos do dossiê completo.

O sr. Holden então continuou explicando-me:

— Você terá de comparecer perante o júri e lhe dizer tudo o que acaba de me contar. Depois terá de enfrentar um julgamento criminal. Tem certeza de que está preparada para isso?

Abaixei o olhar, tentando conter as lágrimas. Para quantas pessoas ainda teria de contar minha situação? Estava muito cansada de repetir a mesma história para as pessoas. Infelizmente, não via um modo de contornar esse fato, se quisesse realmente fazer uma acusação formal contra Harold.

— Bem, receio que Harold continuará a me assediar ou até mesmo tentará me atacar, se eu não fizer alguma coisa a esse respeito. Portanto, acho que terei de fazer tudo o que for preciso para impedi-lo — declarei. Sabia que agora não tinha mais como voltar atrás. Definitivamente teria de contar a meus pais e a Mathew sobre minha situação. Ficava com náusea só de pensar em tal coisa.

O sr. Holden me assegurou de que ele daria início ao processo imediatamente. Explicou que levaria algum tempo porque teriam de ser escolhidos os dezesseis jurados para compor o júri. Além disso, teriam de encontrar uma data disponível no calendário para julgar meu caso. Enquanto isso, ele disse a Kenny que fosse ao escritório de Harold e lhe informasse da ação criminal que estava sendo movida contra ele.

Antes de ir ao escritório de Harold, Kenny me deixou na corretora. Corri para contar a Paul e Chuck, emocionada, que Kenny estava a caminho do escritório de Harold e expliquei a eles como fora a audiência com Sam Holden.

No meio de minha explicação, Kenny e um de seus agentes entraram na corretora, prontos para nos contar a reação de Harold.

— Entramos no escritório de Harold e nos apresentamos como agentes do Departamento de Investigações Criminais. Em seguida, lhe perguntamos se ele conhecia Kathy Littleton — Kenny começou. Seus olhos estavam acesos de entusiasmo, enquanto prosseguia: — Você precisava ter visto o rosto de Harold ficar vermelho quando admitiu que você trabalhou para ele há vários anos. Perguntei-lhe se ele estivera em contato com você desde então, e ele negou tê-la visto desde o tempo em que você foi funcionária de seu escritório.

Kenny fez uma pausa antes de dizer:

— Deu-me grande prazer contar a Harold que eu estivera escondido no Centro de Diversões da Família quando ele foi até lá. Mas precisava ter visto a cara dele quando lhe afirmei que eu era a pessoa que se passara por um cliente quando ele esteve sozinho com você na corretora, poucas horas antes.

Olhei para Paul, que tinha um sorriso malicioso no rosto.

— O que foi que ele disse? — cutuquei.

— Harold ficou tão aborrecido que precisou se sentar. Começou a proferir obscenidades, dizendo: "Essa Kathy é uma maluca" e que você ligara para ele convidando-o a ir até lá. Respondi que o escritório da promotoria emitira uma ordem impedindo-o de se aproximar de você ou de sua família. Em seguida, sugeri que contratasse um advogado!

Paul e eu ficamos aliviados em saber que Harold poderia ser preso caso se aproximasse de mim. Finalmente estávamos fazendo alguma coisa para impedi-lo de me machucar outra vez.

Chuck me liberou pelo resto do expediente, porque eu estava nervosa demais com todos os acontecimentos precedentes daquele dia. Depois de sair da corretora, Paul e eu fomos ao escritório de Daniel Stormer para colocá-lo a par das últimas novidades. Tão aliviado quando Paul e eu, Daniel ansiosamente informou que encontrara um renomado advogado de Springfield disposto a cuidar de meu caso. Ele e seu assistente estariam na cidade na semana seguinte para se encontrarem comigo. Daniel sugeriu que eu tentasse escrever tudo o que achava que poderia ser útil para o advogado me conhecer melhor, inclusive fatos pessoais.

Acatando a sugestão de Daniel, diligentemente datilografei fatos sobre mim mesma durante todo o fim de semana. Achei importante que o advogado soubesse de tudo, desde minha criação protegida na fazenda, passando por meu casamento, até os dias atuais. Debruçada sobre a máquina de escrever, percebi que o momento em que teria de revelar meu segredo a meus pais e a Mathew se aproximava. Preocupava-me a reação de meus pais, ao mesmo tempo que tentava imaginar como explicar isso a Mathew de forma que ele entendesse.

Na noite de domingo, resolvi que seria uma boa oportunidade para conversar com Mathew. Sabia que precisava fazer isso logo, porque ele acabaria ouvindo as pessoas comentarem sobre o assunto. Queria que ele ouvisse de mim em primeiro lugar. Conversei com Paul sobre minha decisão, e ele concordou em que conversaríamos com Mat logo antes de ele ir para a cama.

Quando Mathew se deitou naquela noite, Paul e eu entramos em seu quarto para lhe dar nosso costumeiro boa-noite. Paul permaneceu em pé, enquanto eu me sentava na lateral da cama.

Olhei para Mathew e, devagar, comecei:

— Mathew, lembra-se de quando você era mais novo e eu lia para você livros de contos de fadas?

— Lembro — ele respondeu.

— Aquelas eram histórias que nunca aconteceram na vida real. Mas você sabe que a vida real não é um conto de fadas. Nos contos, as pessoas vivem felizes para sempre. Não é bem assim na realidade. Às vezes, acontecem coisas ruins com pessoas boas. Muitas vezes, as pessoas boas não têm qualquer controle sobre o que as pessoas más fazem com elas — expliquei.

Mathew parecia confuso com minha explicação. Provavelmente tentava imaginar por que eu resolvera lhe falar de contos de fadas e vida real, principalmente logo antes de ele dormir. No entanto, continuei e compartilhei com ele o que me acontecera havia tantos anos e qual era a situação atual. Ele me ouviu em silêncio parecendo entender tudo.

Resolvi confessar-lhe:

— Seu pai não está conseguindo lidar muito bem com os próprios sentimentos. Mathew, peço-lhe que tenha paciência conosco, pois nós dois temos muito ainda a resolver. Nossos nomes podem aparecer nos jornais futuramente e no noticiário da TV. Talvez você ouça as pessoas tocarem no assunto, de forma que, se tiver alguma pergunta, por favor, não tenha receio de fazê-la, está bem?

— Está — ele respondeu e estendeu os braços para me dar um abraço antes de acrescentar: — Eu te amo, mamãe.

Essas palavras significaram o mundo para mim. Fiquei surpresa em ver como ele estava lidando bem com a notícia. Mat parecia muito compreensivo com relação à minha condição, o que só provava quanto ele realmente amadurecera.

Na semana seguinte, Paul e eu fomos ao escritório de Daniel Stormer para a reunião com o advogado Tom Ralston e sua assistente, Lynn Cheswich. Depois de ler tudo o que eu datilografara e de ver a lista de testemunhas, os registros dos rastreadores de telefonemas e de ouvir as fitas, Tom estava confiante de que tínhamos um caso muito claro para mover uma ação. Ele seguiu em frente, descrevendo a diferença entre uma ação civil e uma ação criminal.

— Em uma ação civil, você só está processando o acusado por danos financeiros — ele começou.

Sem deixá-lo terminar, explodi:

— Mas eu não quero o dinheiro sujo daquele homem!

— Kathy, isso fará com que sua ação criminal tenha um aspecto melhor — ele tentou explicar. — Em uma ação criminal, você está processando o acusado por uma injustiça ou prejuízo que ele lhe fez ou causou. Nesse caso, como Harold é um advogado bastante conhecido, haverá muita publicidade, e, se o público ficar sabendo que você também o está processando em uma ação civil, saberá que não está para brincadeira. Além disso, queremos a publicidade porque chamará a atenção de outras mulheres que Harold tem assediado e elas talvez se mostrem favoráveis à sua causa e tentem ajudá-la.

— Entendo — respondi.

— Agora, preciso que vocês dois tenham em mente que procedimentos legais são uma coisa demorada. Precisam estar preparados para uma longa espera. Lynn terá de conversar com todas as testemunhas primeiro. Em seguida, vamos preparar uma queixa para apresentar junto à corte — Tom continuou.

Imediatamente Paul perguntou:

— Quanto isso tudo vai nos custar?

— Trabalho com base em uma porcentagem do que conseguir para vocês na ação civil, mais as despesas para dar entrada no processo, os gastos com transporte, telefone e acareação das testemunhas. Mas não se preocupem com isso por ora — assegurou Phil.

Durante vários meses, passei bastante tempo com Lynn. Precisava me concentrar em cada detalhe minúsculo, no caso de ser alguma coisa que pudesse ser usado no tribunal. Lynn tomou o depoimento dos agentes do Departamento de Investigações Criminais, de Chuck e Phyllis e de alguns conselheiros com quem me tratara no decorrer dos anos, inclusive Trent. Tom e Lynn, então, prepararam a queixa que seria apresentada junto ao tribunal civil. Quiseram esperar até ouvir a decisão do júri antes de apresentar sua queixa.

A queixa era constituída de oito páginas datilografadas de alto a baixo e era muito detalhada. Em resumo, continha fatos descrevendo os acontecimentos ocorridos desde 1974 até os dias atuais. Explicava especificamente como Harold me instruíra a assisti-lo no inventário dos bens de uma casa, a qual pertencia a um de seus clientes, e de que modo, aproveitando-se dessa oportunidade, ele violentamente me estuprara. A seguir, continha informações dos acontecimentos ocorridos quinze anos depois do estupro. Incluía o relato de Harold me agarrando no elevador, dos telefonemas, das vezes em que ele me seguiu, de suas visitas ao Centro de Diversões da Família e à corretora Rates and Investments.

Ver toda essa informação impressa e ainda por cima com o meu nome me aterrorizou. Uma coisa era ter de contar a um punhado de pessoas que precisavam saber de minhas experiências, outra, completamente diferente, era o fato de que agora o público também as conheceria. Eu me sentia suja de novo, sem falar na humilhação pelo fato de muito mais gente saber que eu havia sido estuprada.

Sentada no escritório de Tom, minhas mãos tremiam, enquanto sentia, impotente, meu tempo se escoar. O que estava escrito na petição também estaria nos jornais. Meus pais leriam tudo aquilo. Eu sabia que não podia mais esperar e que precisava contar-lhes logo.

Como se pudesse ler minha mente, Tom lembrou-me:

— Kathy, isso vai estar no noticiário assim que o júri tomar uma decisão. Se você não contou a seus pais, precisa fazê-lo o quanto antes.

— Sei disso — respondi calmamente. — Quanto tempo você acha que tenho antes de precisar fazer isso?

— Provavelmente levará uns três meses até que marquem uma data no tribunal para seu caso, de forma que, em seu lugar, até maio eu trataria de lhes contar tudo.

Decorridos os primeiros dias de maio, finalmente cedi e resolvi que havia chegado a hora de conversar com meus pais. Paul concordou em ir comigo. Pedi que me dessem duas cópias da petição, e, depois de pensar muito no assunto, resolvemos que a melhor maneira de lhes dar ciência de tudo seria deixar que lessem a petição primeiro, tentando, em seguida, acalmá-los. Sabia que seria impossível entrar na casa deles e despejar tudo o que precisava lhes contar. A idéia de magoá-los me embrulhava o estômago.

Foram duas longas e silenciosas horas de viagem até a fazenda de meus pais. Paul sabia que não havia nada que pudesse dizer para fazer com que eu me sentisse melhor, de modo que me deixou a sós com meus pensamentos. Durante a primeira hora de viagem, tudo em que consegui pensar era no quanto a casa de meus pais fora um refúgio seguro. Eu me preocupava com a maneira de lidarem com o fato pavoroso de que a filha deles havia sido estuprada. Fiquei imaginando se não se culpariam, ou então a mim. Afinal de contas, sempre tinham proibido saias curtas e maquiagem — duas coisas que eu adquirira o hábito de usar assim que me mudei da fazenda.

Meus pensamentos, em seguida, mudaram para como eu lhes apresentaria a notícia. Estava mais apreensiva em falar com meu pai do que com minha mãe. Ela choraria, coisa com que eu saberia lidar; no entanto, meu pai nunca demonstrava suas emoções. Seria a morte para mim desconhecer seus pensamentos.

Voltando-me para Paul, finalmente rompi o silêncio, perguntando-lhe:

— Paul, será que você pode se encarregar de meu pai? Posso falar com minha mãe porque sei que ela extravasará seus sentimentos e conversará comigo sobre o assunto. Mas não consigo nem pensar em falar com meu pai. Sei que ele guardará para si mesmo seus pensamentos. Ele sairá de casa sem dizer uma palavra, mantendo-me totalmente alienada de seus sentimentos. Talvez você possa dar uma das petições para meu pai ler, enquanto entrego a outra à minha mãe.

— Kathy, faço qualquer coisa que você quiser — ele respondeu, amoroso. Senti que, para ele, era como se finalmente pudesse fazer alguma coisa em relação a toda aquela situação, em vez de simplesmente ficar sentado observando-me lidar com tudo sozinha.

Recostei a cabeça, enquanto Paul enveredava pela estrada asfaltada que ziguezagueava por acres e mais acres de terra plantada e de árvores até a casa de meus pais. Ao passarmos sobre o riacho que corta a propriedade deles, meu corpo ficou tenso, enquanto me dava conta de quão perto estávamos.

Assim que chegamos, primeiro entabulamos uma conversa ligeira. Sentia-me tensa, e meu estômago dava nós. Queria superar aquele mal-estar, mas a conversa toda me deixava apavorada.

Por fim, meu pai fez menção de sair para cuidar de alguma coisa na fazenda. Paul olhou para mim, e eu fiz que sim com a cabeça. Em seguida se levantou e seguiu meu pai porta afora. Eu o ouvi dizer:

— Bob, será que você tem alguns minutos para ler um documento?

Olhei para minha mãe, respirei bem fundo e disse:

— Mãe, há algo que preciso lhe contar. Gostaria muito que isso não fosse necessário, mas chegamos a um ponto em que não me resta alternativa.

Um ar confuso tomou conta de seu rosto, rapidamente substituído por sinais de preocupação. Nesse momento, desprezei Harold mais do que nunca. Tinha raiva dele pela dor que estava causando a meus familiares. Jamais tive vontade de contar aquilo a meus pais, mas ele estava tornando impossível que eu o evitasse.

Engolindo em seco, perguntei:

— Lembra-se do advogado para quem trabalhei antes de me casar com Paul?

— Sim — disse ela confirmando com um aceno de cabeça.

— Bem, esse advogado vem me perseguindo há mais de um ano, e agora vou processá-lo. Pode ler este documento aqui? — pedi, entregando-lhe a petição.

Fiquei observando minha mãe ler página após página, sentindo-me mais enojada a cada minuto. Tive a impressão de que ela demorou uma eternidade para acabar a leitura. Seu rosto expressava diversas emoções diferentes, e eu não sabia dizer o que passava por sua cabeça.

Por fim, ela ergueu os olhos para mim, com um olhar estranho. Lágrimas começaram a rolar por seu rosto, enquanto exclamava:

— Como pôde guardar isso tudo dentro de você durante todos esses anos sem revelar nada a ninguém?

— Não queria magoar a senhora, nem o papai, nem Paul. Sentia-me muito envergonhada. Jamais teria revelado isso a qualquer pessoa se Harold tivesse me deixado em paz — expliquei-lhe.

Naquele instante, Paul voltou para dentro da casa.

— Bob acaba de ler o mesmo documento que a senhora. Ele decidiu dar uma volta.

Minha mãe começou a soluçar descontrolada e disse:

— Oh, essa história vai matar seu pai!

Sabia que meu pai se afastaria para ficar sozinho, longe de todo mundo. Mas, por fim, voltaria para casa. Fiquei imaginando o que ele me diria. Imaginei que meus pais pudessem estar aborrecidos e se cobrando por não estarem perto para me proteger na época. No entanto, o que mais me preocupava era o fato de que não compreendessem o episódio.

Por fim, meu pai voltou para casa. Acabáramos de sentar para jantar quando ele se juntou a nós, ocupando seu lugar habitual à mesa. Nós quatro comemos em silêncio. O ar estava denso, tal a tensão que impregnava o ambiente.

Até que, afinal, não suportando mais, eu disse:

— Mamãe, papai, realmente sinto muito que vocês tenham sido obrigados a ficar sabendo dessa história. Precisava lhes contar isso, porque a notícia estará em todos os jornais e noticiários daqui a pouco. Não gostaria que tomassem conhecimento disso dessa forma. Será que vão conseguir lidar com isso?

Meu pai permaneceu calado. Agia como se nem tivesse ouvido minha pergunta. Era como se estivesse em um mundo diferente do nosso. Depois que terminou de comer, afastou a cadeira da mesa, levantou-se e foi para a sala de estar. Eu o observei reclinar-se em sua cadeira, pegar um jornal e se fazer de absorto na leitura.

Paul olhou para minha mãe:

— Acredito firmemente que os fazendeiros e suas famílias estão de tal modo abrigados em uma fazenda que não percebem que coisas como assassinato e estupro possam acontecer na vida real.

Foi como se uma luz acendesse dentro de minha mãe, porque ela então exclamou:

— Kathy, ele poderia ter matado você!

— Sim, poderia, mas não o fez — respondi tranqüilamente.

Resolvi tentar explicar a situação para ela introduzindo Deus na conversa.

— Deus me protegeu, mamãe. Ele poupou minha vida para que eu pudesse ajudar outras vítimas, e é por isso que precisei pôr fim a tudo isso.

— Mas por que Deus não impediu que Harold a machucasse? — minha mãe retrucou.

— Deus não faz com que coisas ruins ou más aconteçam, mas quando acontecem, neste mundo cheio de pecado, ele sempre extrai algo de positivo delas — tentei explicar. No entanto, sabia que aquilo era algo contra o qual eu mesma ainda lutava.

Paul preferiu sair da sala, a fim de que minha mãe e eu pudéssemos continuar conversando. Minha mãe tentou me explicar o que meu pai estava pensando.

— Seu pai está achando que a culpa é dele. Ele a incentivou a ir para a faculdade e a fazer um curso de secretariado que a habilitasse a trabalhar para advogados — disse ela.

— Ninguém tem culpa de nada, exceto Harold. Ele é mau. Existem Harolds em todas as cidades. Aprendi uma lição valiosa: nem todo mundo é digno de confiança — declarei, fazendo uma pausa antes de prosseguir. — Quando era criança, não acreditava realmente que existisse uma coisa tão absurda como o estupro. Era algo sobre o que se falava na televisão, mas que simplesmente não acontecia na vida real. Caso acontecesse, eu imaginava, era porque ou a mulher flertara com o cara, ou o encorajara forçando-o a fazer sexo. Acreditava que as mulheres eram sempre as grandes vilãs, as grandes responsáveis por tudo. Sempre presumi que uma mulher, se quisesse, poderia lutar até se libertar, simplesmente dizendo "Não!".

Minha mãe ouviu com atenção, enquanto eu organizava meus pensamentos.

— Só quem esteve na posição de vítima — prossegui — será capaz de compreender o poder e a força que um homem tem quando está prestes a estuprar uma pessoa. São indivíduos doentios que querem exercer poder e controle sobre as mulheres. Em meu caso, Harold está me mostrando que tem poder e que pode escapar das conseqüências de um crime dessa gravidade por ser quem ele é. Eu estava no lugar errado, no momento errado. Deus poupou minha vida por algum motivo. Tenho tentado esconder minha dor e esse lado obscuro de minha existência, mas Deus não quer que eu faça mais isso. Estou certa de que ele deseja me usar como um instrumento dele. Só não sei ainda muito bem em que sentido.

As declarações acerca de Deus que escaparam-me da boca me surpreenderam de verdade. Vinha deixando Deus de lado e duvidando de seu amor todo esse tempo. No entanto, acho que no fundo sempre soube que Deus me amava e que ele não estava me punindo de maneira alguma. Levei todo esse tempo para perceber isso.

— De uma coisa eu sei com certeza, mãe — acrescentei. — O estupro é um fato real e pode sobrevir a qualquer pessoa.

Minha mãe ficou sentada em silêncio, enquanto lágrimas teimavam em escapar-lhe dos olhos. Por fim, perguntou baixinho:

— Por que isso teve de acontecer com você?

Apenas balancei a cabeça. Nem eu sabia como responder àquela pergunta. Depois de várias horas conversando, olhamos para o relógio e nos surpreendemos com o horário bem avançado. Já eram 2 horas da madrugada, e precisávamos ir para a cama.

No dia seguinte, quando Paul e eu estávamos prontos para fazer nossa viagem de volta para casa, fui até meu pai e, timidamente, estendi-lhe os braços, solicitando um abraço. Meu pai, embora relutante, correspondeu a meu gesto.

Murmurei então em seu ouvido:

— Papai, nada disso é culpa sua. Jamais vou querer que o senhor pense dessa forma.

Em vez de me responder, ele olhou para Paul e disse:

— Acho que você e eu deveríamos pegar esse tal de Harold Ranetti numa noite dessas, amarrá-lo bem e castrá-lo.

— Vários amigos meus se ofereceram para fazer exatamente isso, mas Kathy quer deixar que a Justiça se encarregue de tudo — Paul confessou.

Minha mãe envolveu-me em um longo e apertado abraço, enquanto eu assegurava a meus pais:

— Eu os manterei informados do que estiver acontecendo, mas, por favor, não se preocupem com nada.

Dito isso, Paul e eu subimos na *van* e partimos pela estrada de cascalho. Olhei pela janela para meus pai parados na frente da casa, abraçados um ao outro, com um semblante que traduzia um misto de tristeza e impotência. Mais uma vez, Paul e eu viajamos em silêncio, já que não tínhamos muito o que dizer. Fechei os olhos para protegê-los do sol e aproveitei a paz ao menos daquele curto momento.

Quando voltamos para casa, havia uma mensagem de Sam Holden em nossa secretária eletrônica, informando-nos de que fora marcado para eu comparecer perante o júri na quarta-feira, dia 8 de maio. Dentro de três dias apenas.

Voltei-me para Paul:

— Já vi julgamentos na TV, mas como será que funciona na vida real?

Paul limitou-se a balançar a cabeça em ar de dúvida. Eu tinha certeza de que estava tentando imaginar a mesma coisa e, como eu, não conseguia acreditar em que aquilo tudo estivesse de fato acontecendo conosco.

A quarta-feira chegou depressa. Nervosa, fui encontrar Sam Holden em seu escritório no palácio de justiça. O sr. Holden também chamara Kenny para testemunhar. Eu não fazia idéia do que esperar. Confessei ao sr. Holden que não sabia muito bem em que consistia um tribunal do júri.

Ele explicou:

— Dezesseis jurados foram selecionados para o tribunal do júri, conforme lhe disse quando fiquei sabendo de seu caso. Sentados em semicírculo, os jurados ficarão de frente para você. Subirei em uma tribuna e declararei os motivos pelos quais o tribunal do júri foi convocado. Então, cada jurado terá o direito de lhe fazer perguntas. Harold também terá a oportunidade de se defender.

Olhei para ele abruptamente. Não tinha me dado conta, até a explanação do sr. Holden, de que Harold também estaria ali. De repente, experimentei uma sensação de desmaio e olhei em volta, procurando um lugar onde me sentar, ou talvez um banheiro. O sr. Holden imediatamente percebeu meu temor.

— Você não ficará na mesma sala que Harold, e pode ser até que nem chegue a vê-lo. Ainda não se trata de um julgamento — ele me assegurou.

Embora aliviada, ainda pedi licença para ir ao banheiro.

Enquanto me afastava, ouvi o sr. Holden perguntar a Kenny:

— Tem certeza de que Kathy será capaz de agüentar firme sob a pressão do tribunal do júri?

— Sam, investi um bocado de tempo em Kathy. Eu a vejo como uma pessoa muito forte; afinal de contas, ela é a primeira mulher disposta a se levantar contra Harold. Estou convencido piamente de que isso é algo que ela precisa fazer, a fim de conseguir viver em paz — Kenny comentou.

Olhando minha imagem refletida no espelho do banheiro, percebi que Kenny aprendera a me conhecer bastante bem e que tinha razão. Se eu não encarasse meus temores e não tentasse dar o basta àquela situação, desapontaria não só a mim mesma e a minha família, como também todas as mulheres a quem Harold atacara. Respirei fundo e saí do banheiro. Confiante, marchei para junto do sr. Holden e de Kenny e lhes assegurei de que iria até o fim.

— Quais são minhas chances de o tribunal do júri indiciar Harold? — perguntei, curiosa.

O sr. Holden se virou para mim e disse:

— Dos dezesseis jurados, nove deles precisam votar a favor do indiciamento de Harold, o que significa que existe evidência suficiente para apresentar uma ação criminal. É uma questão de acreditarem em você ou em Harold ou de terem provas suficientes contra Harold. Mas tenho de ser sincero. É muito difícil conseguir um indiciamento contra uma figura pública como ele.

Meu coração começou a bater acelerado, enquanto pensava em relatar minha experiência dentro de uma sala cheia de gente. Observando minha aparência, tive a esperança de ao menos estar vestida adequadamente. Fora cuidadosa na escolha do vestido. Era azul-marinho, de gola branca, com barra um pouco abaixo dos joelhos. Achei que parecia adequado para a ocasião e sabia que me fazia parecer jovem para minha idade. Com medo de ficar com as pernas bambas, tamanhas as apreensões daquele dia, optei por sapatos de salto baixo.

Alguém então bateu na porta da sala onde estávamos e anunciou que era hora de comparecer perante o júri. Temerosa, olhei para Kenny, meus olhos suplicando para que me livrasse daquele apuro.

— Kathy, sei que você é capaz de fazer isso — disse Kenny, confiante.

O sr. Holden sorriu para mim quando abriu a porta e me conduziu por um corredor até a sala do tribunal. Orei silenciosamente para que Deus me ajudasse a passar por aquilo.

Enquanto ele abria as portas, entrei sorrateira. O sr. Holden indicou o lugar onde deveria me sentar. Apertei com força meu lenço de papel, enquanto um homem se aproximava de mim com uma Bíblia na mão. Estendendo a Bíblia, ele me instruiu:

— Coloque sua mão direita sobre a Bíblia e erga a esquerda. — Minha mão tremia enquanto a levantava. Ele continuou: — Jura dizer a verdade, somente a verdade e nada mais que a verdade, a fim de que Deus a proteja?

— Juro — respondi, e então me sentei.

Observando os jurados, reparei que eram pessoas comuns, como eu. Segundo as minhas estimativas, tinham entre 30 e 60 anos. Eram oito homens e oito mulheres.

O sr. Holden se aproximou da tribuna e começou a falar.

— Senhoras e senhores do júri, a jovem senhora que vêem sentada à sua frente, cujo nome é Kathy Littleton, foi estuprada pelo réu dezessete anos atrás. Não é esse o motivo que nos traz aqui hoje, mas devo conscientizá-los desse fato a fim de que os senhores compreendam as alegações da senhora Kathy.

Em seguida, prosseguiu:

— Quinze anos depois que o réu, Harold Ranetti, estuprou a senhora Kathy Littleton, ele tomou o mesmo elevador em que ela estava, dentro do prédio do Banco de Illinois. Desde então, Harold ficou obcecado com a senhora Kathy. O senhor Ranetti começou a seguir a senhora Kathy Littleton da casa dela até o local onde ela trabalha, além de fazer ligações obscenas para sua casa e a corretora onde trabalha. Colocamos um rastreador nos aparelhos telefônicos dela e temos diversos telefonemas em que a senhora Kathy Littleton gravou o senhor Ranetti conversando com ela. Temos um agente do Departamento de Investigações Criminais que testemunhou o senhor Ranetti assediando a senhora Kathy Littleton.

Fazendo uma pequena pausa, apresentou a prova concreta.

— Tenho aqui em meu poder uma fita da secretária eletrônica da senhora Kathy Littleton que eu gostaria que os senhores escutassem. Os senhores ouvirão o senhor Ranetti fazendo comentários obscenos para a senhora Littleton.

O sr. Holden, em seguida, pôs para tocar a fica de minha secretária eletrônica. Ouvir de novo as afirmações de Harold fizeram-me estremecer de asco. Olhei de relance para os jurados, enquanto escutavam a voz de Harold. Surpreendentemente, cada jurado tinha uma expressão amedrontada no rosto. Eu imaginara que eles não dariam importância ao fato de Harold ter se comportado de tal modo insultando e humilhando outra pessoa, pelo fato de ser alguém tão importante para a comunidade.

A fita chegou ao fim, e o sr. Holden permitiu aos jurados começarem a me questionar. A primeira pergunta veio de uma senhora de idade.

— Pode descrever como o senhor Ranetti fez sua primeira investida dos tempos recentes? — ela quis saber.

Imagens apavorantes de Harold se remexeram em minha mente, enquanto voltava o pensamento para a primeira vez em que percebera que ele me seguia. Estremeci de aflição ali sentada na cadeira, lembrando-me da manhã em que pisei com toda a força no freio para não bater em um carro que passava pela viela. Ainda muito fresca em minha mente, lentamente comecei a narrar o incidente aos jurados.

— Estava a caminho do escritório da corretora onde trabalho em tempo parcial quando vi o carro de Harold passando por minha rua. Segui em frente, mas notei, pelo espelho retrovisor, que ele vinha atrás de mim. Achei que fosse apenas uma coincidência, até constatar que, ao enveredar por diferentes ruas, ele sempre fazia a mesma coisa. Desviei-me bastante de meu itinerário para tomar todas essas direções diferentes, mas, ainda assim, ele continuou me seguindo — descrevi.

Terminado meu relato, percebi que aquilo não se parecia nada com um julgamento. Ninguém tentava me confundir nem contrariar o que eu dizia. Na verdade, era exatamente o oposto. Os jurados pareciam compassivos em suas indagações.

Um deles, uma mulher mais jovem, perguntou:

— A senhora sente que corre perigo?

O pavor refletido em meus olhos deveria estar evidente quando respondi:

— Sim, porque ele me telefonou e disse que iria onde eu trabalho, esperaria até o fim do expediente e me estupraria de novo. De fato, ele chegou a aparecer por lá, mas consegui me livrar dele com um taco de bilhar. O detetive estava escondido dentro do prédio. Além disso, ele entrou no escritório da corretora onde eu trabalho no horário de almoço de meu chefe. Ele fechou as persianas e se aproximou de minha mesa no exato momento em que o detetive entrou.

Uns dois jurados pareciam ultrajados, e um deles observou:

— E esse homem trabalha para nossa cidade?

Respondi a perguntas por mais de quatro horas antes de ser conduzida para fora da sala, enquanto o júri questionava Kenny. Percorri os corredores tentando ver se avistava Harold em algum lugar. Para meu alívio, não o vi em parte alguma. Deixei-me cair em uma cadeira na saleta em que esperara antes, exausta por ficar tanto tempo falando de Harold. Fiquei imaginando se eu fora bem-sucedida em fazer com que pelo menos nove jurados acreditassem em mim. Parte de meu medo era de que Harold tivesse tanta influência que os jurados ficassem temerosos de votar contra ele.

Depois de esperar sozinha na saleta por algum tempo, Kenny finalmente juntou-se a mim, após testemunhar perante o júri. Ele me informou que agora era a vez de Harold testemunhar. Fiquei imaginando qual seria a versão de Harold da história.

Poucos minutos depois, o sr. Holden entrou na saleta. Surpreendeu-me vê-lo tão cedo. Sabia que não seria possível para Harold testemunhar em tão poucos minutos.

— Harold não apareceu, de forma que ele renunciou ao direito de testemunhar. É difícil acreditar que não tenha usado de um direito que tinha para se defender — anunciou o sr. Holden. — Estou certo de que a ausência dele não causará boa impressão.

Silenciosamente fiquei imaginando se Harold estava tão confiante do próprio poder que não sentia necessidade de aparecer. Não tinha certeza do que isso representaria para meu processo.

O sr. Holden prosseguiu com a explicação:

— O júri se recolheu para deliberar sobre o caso e discutir a natureza do veredicto. — Olhando para Kenny, acrescentou: — Pode demorar um pouco até que cheguem a um consenso. Por que você não leva Kathy para comer alguma coisa?

Embora me sentisse completamente exaurida e fraca, sabia que estava nervosa demais para comer. Porém, antes que pudesse declinar da sugestão, alguém veio até a porta e sussurrou alguma coisa no ouvido do sr. Holden.

Com um olhar chocado no rosto, ele se virou para Kenny e para mim e disse:

— Eles já chegaram ao veredicto. Nunca vi um júri tomar uma decisão tão depressa. Não sei dizer se isso é bom ou ruim.

Olhei para ele de relance, exausta.

O olhar de surpresa foi substituído por um grande sentimento de preocupação enquanto ele declarava:

— Kenny, você e Kathy esperem aqui, enquanto retorno ao tribunal. Volto já com o veredicto.

Dito isso, deu-nos as costas e saiu apressado pelo corredor.

Olhei de relance para Kenny, percebendo que ele parecia preocupado. Ele caminhou até a janela, sem dizer uma palavra. Não sabia o que pensar. Meu estômago se agitou ante a apreensão de Kenny. Meu corpo começou a tremer, enquanto me assaltava uma sensação ruim de que aquilo não terminaria a meu favor. Não saberia dizer com certeza quanto tempo teria de ficar esperando que o sr. Holden voltasse com o veredicto.

Por sorte, ele voltou minutos depois, estampando um enorme sorriso.

— Todos os dezesseis jurados declararam Harold culpado! — exclamou.

Senti uma sensação de alívio percorrer-me o corpo, enquanto ouvia muito vagamente os parabéns de Kenny. Rapidamente enxuguei uma lágrima que correra pelo rosto e senti os lábios se abrirem em um sorriso largo. A primeira emoção positiva que experimentava em muito tempo.

O sr. Holden continuava falando, em tom de explicação:

— A imprensa descobrirá essa história toda assim que entrarmos com o processo, o que acontecerá amanhã logo pela manhã. Tenho certeza de que a notícia chegará aos jornais e estará no noticiário noturno de amanhã. Kathy, essa notícia é quente. A partir de hoje, precisa estar preparada para o assédio dos jornalistas, pedindo-lhe declarações sobre o caso.

Fiquei aliviada em ter boas notícias para contar a Paul. Ele estava esperando com Chuck na corretora, e eu deveria me encontrar com ele lá. Imaginei-o andando de um lado para o outro, ansioso por saber o resultado. Kenny me levou à corretora, e ambos explicamos a eles como todo o dia se desenrolara. Os dois ficaram contentes com as boas notícias.

Também fiz questão de telefonar para meu advogado, Tom, e colocá-lo a par de tudo. Ele me advertiu, assim como fizera o sr. Holden, no sentido de que a imprensa com certeza não me daria paz, mas que eu deveria responder que não tinha nada a declarar.

No dia seguinte, a imprensa de fato me telefonou no trabalho para perguntar se eu tinha algo a dizer, mas, conforme fora instruída, disse "não". A mãe de Paul também me telefonou no trabalho para contar que havia saído uma longa matéria sobre a acusação formal no jornal.

Chuck pegou o jornal e lemos a manchete em letras garrafais: "Júri incrimina advogado". Em seguida, dizia: "O advogado Harold Ranetti, que também serve como advogado da cidade, foi indiciado por um júri por quatro acusações de contravenção por assédio ao telefone".

Custava-me acreditar em como o relato era extenso. Relacionava meu nome, endereço e as datas dos quatro telefonemas rastreados, dos quais eu dispunha de prova. Harold, claro, negava ter feito as ligações telefônicas e, todo confiante, alardeava que seria inocentado. A matéria apenas mencionava os telefonemas de assédio, e eu fiquei aliviada pelo fato de ainda não ser do conhecimento público toda a minha história. No entanto, sabia que era só uma questão de tempo antes que tudo viesse à tona.

Voltando de carro para casa, orei a Deus. Sabia que a matéria no jornal era apenas o começo da longa estrada que tinha pela frente. Pedi em minhas orações que Deus me ajudasse a permanecer firme durante todo o restante do processo.

Paul acabara de levar o jornal para casa quando entrei. Fiquei imaginando como ele lidaria com tudo o que constava naquele artigo.

Quando me viu, disse:

— A notícia do indiciamento está no jornal!

— Sim, eu sei — respondi, observando-o ler silenciosamente o artigo.

Quando chegou à parte da matéria que declarava que Harold afirmava jamais ter telefonado para mim, Paul retrucou:

— Esse cara é um mentiroso deslavado! Temos provas de que ele ligou para você!

Seu rosto ficou vermelho feito um pimentão da raiva que crescia dentro dele. Fui até ele e o abracei, assegurando-lhe de que faríamos o possível para conseguir com que Harold fosse condenado.

Depois do jantar, Paul, Mathew e eu fomos para a sala de estar ver o noticiário na televisão. Tinha certeza de que minha ação contra Harold seria comentada. Enquanto assistíamos ao noticiário das 18 horas, percebemos que Harold e eu éramos o assunto principal. Mais tarde, no noticiário das 22 horas, fomos citados de novo. Paul e eu tentamos permanecer calmos por causa de Mat. Não queríamos tornar mais difícil do que já estava sendo para ele lidar com toda a situação.

Quando chegou a hora de desejar boa noite a Mathew, depois de orarmos juntos, Paul desceu a escadaria. No entanto, em vez de segui-lo, eu me sentei na cama de Mathew e olhei para ele.

— Mat, sinto muito que você tenha sido obrigado a ouvir todas essas coisas ruins a meu respeito — comentei calmamente.

— Tudo bem. Não se preocupe, mamãe. Vai dar tudo certo — ele tentou me confortar. Eu o abracei, disse que o amava muito e pensei de novo, no momento em que apaguei a luz do seu quarto, em quanto ele havia amadurecido.

Mais para o final da semana, Adrian ligou me dando seu apoio. Ela sentia que eu tomara a atitude correta ao tornar públicas as ações de Harold e me incentivou a ser forte. Pensei no quanto ela era forte, tendo de lidar com seu câncer. Fiquei imaginando por que aprouvera a Deus que uma mulher tão piedosa tivesse de enfrentar uma doença terrível como aquela. Mas Adrian nunca culpou o Senhor. Na verdade, fazia exatamente o contrário. Regozijava-se a cada dia pelo fato de ser capaz de se sentir bem. Adrian foi a pessoa que me inspirou e me incentivou a permanecer forte.

Depois de conversar com Adrian pelo telefone, a campainha soou. Paul e eu abrimos a porta e nos deparamos com Keri, uma mulher da nossa igreja, parada na varanda, meio sem jeito. Curiosos, nós a convidamos a entrar, e, sem perder muito tempo, imediatamente começou a nos contar que sabia que eu falava a verdade sobre Harold. Ela explicou que também tivera um incidente com ele. Disse que uma vez o procurara em busca de aconselhamento legal, quando se viu molestada por ele. Incomodada com o comportamento dele, tentou ir embora, mas ele rapidamente se levantou da mesa e a perseguiu pelo interior do escritório. Felizmente ela conseguiu escapar, mas percebeu o que poderia ter acontecido se ele tivesse logrado êxito em seu intento.

Sentindo-se mal em consideração a Keri, mas ao mesmo tempo entusiasmado por encontrar mais provas contra Harold, Paul imediatamente perguntou:

— Você seria capaz de relatar a nosso advogado o que Harold lhe fez?

— Oh, sinto muito, mas não posso. Eu nunca contei a meu marido acerca de Harold porque ele me mataria — ela respondeu mais que depressa.

— Keri, nós precisamos de seu testemunho. Por favor, não quer pensar melhor no assunto? — supliquei.

Ela olhou para o chão e disse:

— Sinto muito, não quero me envolver.

Paul ficou com raiva e explodiu:

— Então por que se deu ao trabalho de vir a nossa casa, se não quer se envolver?

— Quis dar meu apoio... — ela retrucou na defensiva.

— Isso seria muito bom se pudesse nos ajudar, mas você não quer fazê-lo — Paul disparou.

Kari limitou-se a declarar:

— Sinto muito, Paul. Acredite em mim.

Em seguida, se levantou e foi embora.

Poucos minutos depois, alguém bateu à nossa porta. Paul e eu trocamos um olhar exasperado, enquanto ele se levantava para abrir a porta e se deparar com nosso pastor aguardando do lado de fora. Ele dera uma passada por ali, para ver como estávamos lidando com toda a situação. Ainda com a raiva efervescente por causa da visita de Keri, Paul automaticamente desabafou suas frustrações com o pastor. O pastor tentou consolá-lo e a mim, dizendo-nos que deveríamos colocar tudo nas mãos de Deus. Ele sentia que se não fosse para Keri nos ajudar, Deus enviaria outras testemunhas em seu lugar. O que ele disse fez sentido, mas ainda era difícil de aceitar.

Paul e eu procuramos ter as palavras do nosso pastor sempre em mente enquanto seguimos com nosso dia. Como de costume, antes de irmos deitar, assistimos ao noticiário das 22 horas horas. Foi uma repetição das notícias que víramos antes; dessa vez, mostraram uma imagem de Harold com uma expressão irada no rosto. Ficamos ambos satisfeitos em ver Harold infeliz. Depois que acabou o segmento sobre o meu caso, Paul e eu desligamos a televisão e nos preparamos para deitar.

No exato momento em que apagamos a luz para dormir, inesperadamente o telefone tocou. Tentando imaginar quem poderia ser assim tão tarde, virei para o lado e atendi, apenas para ouvir, do outro lado da linha, Harold ameaçando me matar. Quase deixei cair o fone, atônita com a crueldade de suas palavras. Paul acendeu a luz, enquanto me ouvia ofegar por causa da surpresa e via meu corpo tremendo e meus olhos cheios de lágrimas. Ele tirou o fone da minha mão e ficou ouvindo. Mas tudo o que conseguiu ouvir foi o ruído de linha disponível, de forma que colocou o fone no gancho e olhou para mim.

— Paul, Harold me fez uma ameaça de morte — eu lhe contei, tremendo descontroladamente.

A princípio, Paul ficou apenas me olhando, sem palavras. Ele nunca testemunhara nenhuma das vezes em que Harold me ligara, porque ele sempre esperava até Paul sair de casa. Dessa vez, era evidente que Harold estava furioso e queria que nós dois ficássemos sabendo de suas intenções.

Paul sentiu-se ultrajado. Com raiva, exclamou:

— Vou chamar a polícia!

Sem esperar minha resposta, pulou da cama e pegou o telefone.

Surpreendentemente, não muito tempo depois, um policial apareceu em nossa casa para tomar minha declaração. Quando eu lhe disse que era a voz de Harold ao telefone, o policial perguntou:

— Mas a senhora tem certeza absoluta de que era Harold?

— Era a voz dele — asseverei com firmeza.

O policial insistiu:

— Pode ter parecido a voz de Harold, mas a senhora tem certeza absoluta de que de fato era Harold quem estava falando?

— Quem mais poderia me fazer uma ameaça dessas? — retruquei imediatamente, aborrecida por ele duvidar da minha afirmação.

O policial, erguendo a voz, mais que depressa revidou:

— Ah, a senhora está apenas presumindo que foi Harold!

Minhas emoções, misturadas à raiva, ao medo e à frustração, transbordaram quando eu afinal, soluçando, exclamei:

— Tenho certeza de que era Harold!

O policial nos comunicou que ele iria conversar com Harold e que o faria saber que eu apresentara queixa contra ele. Quando o policial foi embora, já passava da meia-noite.

Paul deve ter lido minha mente porque disse:

— Vou comprar duas portas novas de madeira maciça para a casa e instalar travas de segurança reforçadas nelas. Também acho que nós dois deveríamos tirar licença para porte de armas e comprar um revólver.

Enquanto Paul e eu tomávamos café com Mat, na manhã seguinte, decidimos que seria melhor lhe contar a verdade sobre o que estava acontecendo e o informamos do telefonema de Harold na noite anterior. Achamos importante que ele soubesse que Harold era uma pessoa doente, capaz de tentar machucá-lo. Também o advertimos a não entrar no carro de ninguém e que, caso notasse que um carro o estivesse seguindo, precisaria ser cuidadoso.

Era horrível ter de colocar tanto medo em nosso filho, que ainda nem havia completado 13 anos. Mas nos preocupávamos com sua segurança e achávamos que ele deveria saber como proceder caso Harold tentasse lhe fazer algum mal. Como Mat tinha uma rota preestabelecida para entrega de jornais nas manhãs de sábado e domingo, Paul lhe arranjou um apito estridente para ele usar, na hipótese de alguém tentar machucá-lo.

Várias semanas se passaram sem grandes menções a meu processo contra Harold. Na tentativa de desviar os pensamentos de Harold, planejei a festa de formatura de Paul no Centro de Diversões da Família, que deveria acontecer no final do próximo mês de junho.

Quando o dia de sua formatura finalmente chegou, observei, toda orgulhosa, Paul atravessar o palco, durante a cerimônia, para receber o diploma, usando a beca e o chapéu azul-escuros. Tinham sido longos quatro anos de faculdade para ele, mas, enfim, conseguira sair vitorioso, graduando-se com louvor.

Meus pais, minha avó, meu irmão e sua família compareceram à festa de formatura. A família inteira de Paul veio, e todos os nossos amigos estavam ali. Fechamos o Centro para o público e deixamos todo mundo brincar à vontade nas máquinas de videogame e no campo de minigolfe. Abrindo seus presentes, Paul parecia extremamente feliz, e, por um breve instante, quase esqueci a situação com Harold.

Nesse meio-tempo, a equipe do promotor de justiça estivera trabalhando a fim de marcar uma data para o julgamento do processo criminal. A equipe estava tendo sérias dificuldades em encontrar um juiz na cidade disposto a cuidar do processo. Harold contratara três advogados para defendê-lo, o que me fazia pensar que ele deveria estar pelo menos um pouco apreensivo quanto ao resultado de minha ação, afinal. Os advogados dele insistiam na indicação de outro promotor. Achavam que Harold não receberia um julgamento justo da parte dos promotores e juízes de Quincy.

Naquela mesma semana, abri o jornal e me deparei com a manchete "Juiz se desqualifica para julgar o caso". O artigo declarava que, em uma audiência no dia anterior, os advogados de Harold haviam requerido a indicação de um promotor especial. O promotor local me telefonara antes, naquele mesmo dia, e me informara desse pedido antes que a notícia se tornasse pública. Fiquei curiosa em saber quem seria indicado para cuidar de meu caso.

Resolvi telefonar para meu advogado, Tom, a fim de conversar com ele sobre a notícia. Descobri que ele não ficara surpreso.

— Kathy, quero dar início à sua ação civil — Tom me comunicou. — Vou pedir uma soma bem grande em dólares do município e de Harold em seu benefício, mas basicamente o número serve para impressionar a imprensa. Quero chamar a atenção das pessoas, na esperança de acabar atraindo outras vítimas.

Depois que Tom deu início à ação civil, outro artigo apareceu no jornal, mais ou menos no final da primeira semana de julho. A manchete dizia: "Casal processa município e Ranetti em 6 milhões de dólares". Observei que o artigo incluía minha história inteira com Harold. Agora, toda a comunidade conhecia minha vida pessoal. Sentia-me como se todos me encarassem. Além do artigo no jornal, um bloco inteiro sobre minha ação civil apareceu no noticiário das 18 horas e também no das 22 horas.

Mais para o final da semana, comecei a receber correspondência de pessoas desconhecidas, informando-me que sabiam que eu dizia a verdade. Todas elas escreveram que estariam orando por mim, incentivaram-me a não desistir e me desejaram sorte.

Ainda mais promissor, certa noite uma mulher me telefonou para confessar que Harold a atacara havia muitos anos. Ela se ofereceu para testemunhar a meu favor, caso eu achasse que isso seria de alguma ajuda. Grata por sua disposição em ajudar, anotei seu nome e o número de telefone e lhe disse que discutiria o assunto com meu advogado.

No dia seguinte, telefonei, ansiosa, para meu advogado e lhe contei sobre o telefonema.

Entusiasmado, Tom disse:

— Você não vai acreditar! Recebi vários telefonemas e cartas de outras mulheres, e todas querem ajudar. Uma delas foi atacada por Harold recentemente.

Até que enfim tinha boas notícias para compartilhar com Paul. Talvez aquele processo fosse um sucesso, afinal.

A semana, para mim, demorou a passar. Felizmente chegara o fim de semana. No domingo, bem cedinho, Mat saiu de bicicleta para começar a entregar os jornais. Paul e eu nos demoramos um pouco à mesa do café, tentando aproveitar a paz da manhã, quando a porta de repente se escancarou e Mat entrou correndo.

Com uma expressão alarmada no rosto, ele gritou:

— Papai! Um velho num carro branco estava me seguindo. Pedalei mais depressa minha bicicleta, mas o homem continuou dirigindo devagar atrás de mim e me seguiu até em casa!

Arfante, Mat lutava desesperadamente para recuperar o fôlego, enquanto tentava explicar o que acabara de lhe acontecer. Fui me sentindo cada vez pior à medida que o ouvia, sabendo que o carro de Harold era branco. Passei o braço em volta de Mat e lhe assegurei de que daria tudo certo, ao mesmo tempo que aprovava sua rápida decisão de correr para casa. Paul imediatamente olhou pela janela, mas não viu ninguém do lado de fora.

— Mat, de agora em diante, nos fins de semana, eu levo você de carro para distribuir os jornais. Durante a semana, peça a um amigo para acompanhá-lo e procure entregar tudo o mais cedo possível — Paul instruiu.

Depois que passou o fim de semana, Tom me telefonou e aconselhou-me a me encontrar com uma das mulheres, Nancy, que havia decidido sair do seu anonimato, disposta a me ajudar. Resolvi convidá-la para vir a minha casa. Assim que nos sentamos no sofá da sala, Nancy começou a me confidenciar sobre sua experiência com Harold.

— Trabalhei para Harold no final de 1989 e início de 1990. Sei que você diz a verdade porque também tive problema com ele — ela começou. Depois de respirar fundo, prosseguiu: — Harold me assediou tanto que eu sofria de sérias dores de cabeça, provocadas pela tensão. Ele me perseguia dentro de seu escritório, me acuava no corredor, passava as mãos em minha blusa ou em minha calça, e então colocava dinheiro em meu sutiã, como se estivesse me pagando por deixá-lo me apalpar.

Ela fez uma pausa e baixou o olhar. Era visível sua tentativa em procurar conter as lágrimas. Permaneci em silêncio, permitindo-lhe reordenar os pensamentos e continuar falando.

Voltando a me encarar, ela disse:

— Kathy, eu precisava muito daquele emprego. Meu marido e eu estávamos tendo muita dificuldade para pagar as contas. A princípio, eu não contava a meu marido o que Harold estava fazendo comigo, até que não agüentei mais. Quando contei, ele me fez pedir demissão. Meu marido tem uma grande raiva dentro dele e, quando viu o noticiário, nós dois concordamos em ajudar você a pôr Harold atrás das grades.

— Nancy, mas e quanto a você? E quanto a toda a raiva que tem represada?— perguntei-lhe suavemente.

Ela abaixou os olhos de novo por alguns segundos. Quando ergueu a cabeça, vi que uma lágrima escapara e descia pelo seu rosto.

— Espero que, se você conseguir colocá-lo na prisão por um longo tempo, então eu consiga encontrar alguma paz ou satisfação — Nancy respondeu.

Sabia exatamente como ela se sentia e, depois de dar-lhe um abraço de gratidão, disse:

— Obrigada por ter trazido isso a público. Tenho recebido outros telefonemas de mulheres a quem Harold assediou, e, se todas nós nos unirmos, talvez tenhamos uma chance de vencer este caso. Você deveria ficar em contato com Tom, meu advogado na ação civil, para se manter sempre a par do que está acontecendo.

— Pode ter certeza de que é isso o que vou fazer — ela me assegurou.

— Por ora, preciso ir até o fim com a ação criminal primeiro. O tribunal está procurando um juiz e um procurador para mim, de outra cidade, que recebam minha ação criminal — comuniquei-lhe.

Nancy balançou a cabeça:

— Isso tudo é tão confuso. Você tem duas ações em andamento?

Expliquei a Nancy a diferença entre ação criminal e ação civil e por que meu advogado achara que eu deveria entrar com as duas. Sabia que o procedimento completo era complicado e fiz o possível para esclarecer o assunto para ela.

— Que coisa! Realmente você tem muito o que fazer para pegá-lo, Kathy — ela respondeu.

— Sei disso, mas não podemos desistir — declarei com firmeza.

Depois que Nancy foi embora, compartilhei com Paul minha conversa com ela. Começava a sentir a esperança de conseguir impedir que Harold fizesse mal a outras mulheres.

Poucos dias apenas depois da conversa com Nancy, em 17 de julho, Tom entrou com uma ação em nome dela. Um artigo do jornal afirmava: "Segunda ação judicial acusando Harold Ranetti de assédio sexual, físico e verbal deu entrada hoje.

Harold Ranetti também foi citado em uma ação que deu entrada no mês passado por Paul e Kathy Littleton". Fiquei imaginando se Harold se surpreenderia com a atitude de Nancy.

Quase duas semanas depois, em 30 de julho, outro artigo informava que eu estava entrando com uma ação contra o município de Quincy por Harold me assediar em horário de serviço, no período em que a cidade lhe pagava para atuar como um de seus advogados. Cada vez que um artigo era publicado no jornal, ele repetia todas as alegações que Nancy e eu tínhamos contra Harold. Nancy e eu nos mantínhamos em permanente contato telefônico, uma incentivando a outra a não desistir.

Quando não estava me ajudando com a ação, Paul tentava procurar um emprego de professor nas escolas próximas. Ele imaginava que toda essa publicidade por causa de meu processo poderia prejudicá-lo a encontrar trabalho. Além disso, a irmã de Harold era professora pública. Quando Paul se candidatou a uma das diversas vagas em Quincy, ele nem sequer foi chamado para uma entrevista. Eu começava a me sentir realmente mal por causa de Paul. Ele se esforçara tanto para concluir a faculdade com a intenção de dar aulas em nossa cidade.

Paul e eu finalmente concordamos em que ele deveria se candidatar em outras cidades, e nós nos mudaríamos se fosse necessário. Ele começou a enviar seu currículo para as pequenas cidades vizinhas a Quincy. Ambos viajamos juntos até essas cidades para conhecê-las. Eu, na verdade, comecei a ansiar por viver em uma cidade onde não haveria a possibilidade de me deparar com Harold.

Um dia, em agosto, inesperadamente, Paul anunciou que gostaria de sair com Mat e comigo de férias. Queria que deixássemos para trás nossas vidas caóticas por algum tempo, para que relaxássemos e nos divertíssemos, para variar um pouco. Não tiramos férias durante todo o tempo que Paul cursara a faculdade. A notícia, portanto, nos deixou muito entusiasmados.

Depois de consultar vários folhetos de viagem, resolvemos ir de carro até Wisconsin Dells. No caminho, paramos e fizemos piquenique em um parque, numa das cidadezinhas para as quais Paul enviara seu currículo. Embora tivesse apenas metade do tamanho de Quincy, ainda assim contava com todas as facilidades de uma cidade maior.

Chegando ao hotel em Wisconsin Dells, planejamos as atividades para nossas férias. Havia uma série de lojas em ambos os lados da rua principal da cidade. Enquanto entrávamos e saíamos preguiçosamente de cada uma delas, eu me senti à vontade, sabendo que poderia me divertir sem me preocupar com a possibilidade de topar com Harold por acaso ou de ver outra matéria sobre meu caso em um jornal. Além das compras, também levamos Mat para algumas pistas de minigolfe e para um parque aquático. Era a primeira vez em anos que nós três nos sentíamos relaxados e aproveitávamos a delícia da companhia uns dos outros.

Voltando para casa, paramos no correio para pegar nossa correspondência que ficara ali acumulada enquanto estivemos fora. Paul entrou para tratar disso e, quando saiu, tinha o rosto iluminado de alegria.

— Kathy! Chegou uma correspondência de uma escola que fica a poucos quilômetros daqui, para a qual me candidatei há várias semanas — ele disse.

— Bem, então abra! — exclamei.

Mais que depressa, Paul rasgou o envelope, correu os olhos pela carta e disse:

— Estão me convidando para uma entrevista. Você acha que o diretor tem acompanhado o noticiário?

Dei de ombros, sem ter certeza de nada.

Paul então confirmou:

— Seja como for, acho que eu deveria correr o risco e ser sincero e direto com eles.

Quando chegamos a casa, Paul imediatamente telefonou para a escola e marcou a data da entrevista mais para o final da semana.

O tempo todo que ele ficou fora para a entrevista, orei pedindo que lhe concedessem a vaga. Sabia que era algo que queria muito, e ele merecia ser feliz.

Por fim, ouvi a porta de um carro bater. Paul entrou correndo em casa, um enorme sorriso no rosto. Imediatamente me deu um apertado abraço, enquanto me falava da entrevista.

— Fui a última pessoa a ser entrevistada — começou a explicar. — Gostaram do fato de eu ser mais velho e de ter alguma experiência, graças ao trabalho com crianças na Escola Bíblica Dominical e a minhas atividades esportivas com jovens. Precisam de um professor para lecionar para uma classe intermediária "a perigo" e me ofereceram o emprego.

— O que é isso? — perguntei por curiosidade.

— É uma classe de alunos que estão correndo o risco de saírem da escola — ele respondeu. Em seguida, continuou: — Eu expliquei sobre nossa vida pessoal, e eles disseram que tinham conhecimento das notícias e que apreciavam minha honestidade. Mas o melhor de tudo é que eles também precisam de um técnico assistente para o time de beisebol do colegial e também me ofereceram essa vaga!

Eu mal podia acreditar na chance que estava sendo oferecida a Paul. Não só conseguira um cargo de professor como também de técnico assistente de beisebol. Era seu esporte favorito, e ele sempre sonhara em ser técnico. Além disso, a escola ficava em uma cidadezinha de aproximadamente mil pessoas e a apenas vinte minutos de carro de Quincy, de maneira que não precisaríamos nos mudar. Por mais que tivesse me entusiasmado ante a perspectiva de viver em outra cidade, de certa forma era um alívio não ter de passar pelo longo processo de fazer uma mudança.

No entanto, as boas notícias de Paul não conseguiram manter nossas mentes afastadas de minha situação por muito tempo. Meu advogado, Tom, permanecia em contato constante conosco. Ele sempre nos preparava para o que sairia no jornal, em relação à ação civil. Naquele momento, os advogados de Harold estavam brigando no tribunal para fazer com que o processo criminal fosse transferido para outra jurisdição. Outro artigo foi publicado informando os leitores: "Audiência com Ranetti postergada". Nesse ponto, eu ainda não sabia onde seria o julgamento ou quem era o promotor encarregado do meu caso. Irritada, fiquei imaginando por que a pessoa "acusada" tinha todos aqueles privilégios. Não parecia justo.

Mais tarde, naquele mesmo dia, Tom telefonou para nos comunicar que o juiz rejeitara nosso pedido de ação contra o município. Ele explicou que não poderíamos mais apelar à corte federal contra a cidade. No entanto, ainda poderíamos entrar com a ação em nível estadual. Não ficamos surpresos quando um artigo foi publicado no jornal cerca de uma semana mais tarde, afirmando: "Município não pode ser considerado responsável por ações de seu advogado. O juiz federal rejeitou a ação de Littleton contra o município. A ação acusava Ranetti de assédio sexual e verbal e alegava que Ranetti agira, ao que tudo indicava, como advogado contratado pela municipalidade".

Paul e eu reconhecemos que havíamos perdido a ação contra a cidade de Quincy, mas sabíamos que ainda tínhamos um longo caminho a percorrer. Todas as obrigações impostas pela lei para meu processo estavam demorando para ser resolvidas, mas tínhamos de prosseguir com nossas atividades diárias. Paul já começara a dar aulas. Enquanto isso, eu continuava administrando o Centro de Diversões, trabalhando na corretora e ajudando Mat com suas tarefas.

Todos os preparativos para as ações tinham começado a cobrar um preço do Centro de Diversões. Os garotos tinham se cansado das máquinas de vídeo e queriam novidades. No entanto, o aluguel e os serviços públicos eram muito caros por causa do tamanho do prédio, e não tínhamos condições financeiras de comprar mais máquinas. Com tudo o que estava acontecendo em meu processo, eu não podia mais investir muito tempo para administrar o negócio com sucesso. Tampouco tinha tempo para pensar em modos de ganhar mais dinheiro para comprar novos jogos e máquinas. Por mais que eu adorasse ter meu próprio negócio, não conseguia mais lidar com a pressão financeira.

Depois de pensar muito, Paul e eu resolvemos vender o Centro de Diversões da Família. Senti-me um pouco desanimada com a necessidade de abrir mão do negócio. Ele levantara minha autoestima e minha autoconfiança de ser boa em alguma coisa. Parte de mim achava que, não fosse toda aquela provação com Harold, eu teria sido capaz de fazer do Centro de Diversões um sucesso muito maior. Fiquei imaginando se teríamos mesmo de vendê-lo caso Harold não tivesse desorganizado tanto nossas vidas.

Fora isso, percebi que administrar o Centro estava atrapalhando nosso tempo com Mat. E mais, o câncer de Adrian estava piorando, e eu queria passar mais tempo com ela. Tentei me convencer de que nossa decisão de vender o Centro teria suas compensações e coloquei um anúncio de venda no jornal.

Concentrando minha atenção de novo nas ações contra Harold, tentei imaginar se os tribunais algum dia encontrariam um juiz e um promotor especial. Poucos dias depois, em 5 de setembro, o jornal publicou outro artigo infomando que o caso fora adiado de novo. Acontece que o tribunal indicara o juiz Tom Robins, do condado de Scott, para cuidar de minha ação criminal, porém ainda não encontrara um promotor especial. O juiz chegara a entrar em contato com a promotoria de Illinois, mas eles se recusaram a aceitar o caso.

Na semana seguinte, quase duvidei de que algum dia um promotor especial seria indicado para o caso. Não entendia por que estava demorando tanto para encontrar um. Por fim, cerca de dez dias depois que o artigo foi publicado no jornal, recebi um telefonema de Sam Holden na corretora. Felizmente ele tinha boas notícias. A corte, afinal, indicara um promotor especial de um condado vizinho para me representar em minha ação criminal. O sr. Holden me informou que o nome dele era David Stephel e que ele marcaria um horário para nos encontrarmos.

Quando abri o jornal no dia seguinte, tudo o que o sr. Holden me dissera estava resumido em um artigo. O artigo também incluía a data do julgamento, 7 de outubro. Eu mal podia acreditar no quanto meu caso dominava o noticiário ultimamente. Havia um artigo sobre o caso sempre que alguma coisa nova acontecia.

Poucos dias depois, o sr. Holden telefonou para me pedir que comparecesse a seu escritório com David Stephel. Quando entrei na mesma sala pequena com a mesa de conferências e as cadeiras de estofado xadrez onde me encontrara com o sr. Holden pela primeira vez, fiquei nervosa com o fato de conhecer o sr. Stephel. Não gostava de pensar em falar, pessoalmente, com mais um estranho sobre minhas experiências. Parte de mim ainda sentia vergonha de que as pessoas soubessem o que me acontecera. Além disso, ainda temia que as pessoas me culpassem pelas ações movidas contra Harold.

Antes que tivesse a chance de me sentar, o sr. Holden convidou o sr. Stephel a entrar na sala. Era um homem atarracado, de cabelo preto. Apertou minha mão com firmeza, enquanto o sr. Holden saía do recinto e fechava a porta.

— Por favor, sente-se — instruiu o sr. Stephel. — Só preciso de alguns minutos para dar uma olhada em algumas observações em seu processo.

Assenti com a cabeça e fiquei sentada calada, enquanto ele folheava as páginas do arquivo.

Quando tornou a olhar para mim, notei sua expressão de preocupação ao fazer o seguinte comentário:

— Você passou realmente maus pedaços com tudo isso.

Abaixei o olhar para a mesa, pensando que o sr. Stephel ainda não conhecia nem metade da história.

— Kathy, como seu marido está lidando com tudo isso? — perguntou.

Sua pergunta me pegou desprevenida. Eu não esperava que ele quisesse saber sobre Paul. Pensando em toda a raiva que Paul carregava dentro dele, senti meus olhos se encherem de lágrimas.

— Sr. Stephel, nunca tive a intenção de que Paul descobrisse isso por não querer magoá-lo. Mas Harold se recusava a me deixar em paz — respondi.

O sr. Stephel me estendeu um lenço de papel.

— Antes de mais nada, me chame de David. Estou aqui para ajudá-la. Agora, onde Paul trabalha?

— Ele leciona em uma cidade ao norte daqui e é técnico de beisebol — respondi, um pouco confusa com as perguntas dele.

— Gostaria de conversar com Paul sobre o caso. Pode me dar as indicações de como chegar à escola onde ele trabalha? — David pediu. Em seguida, continuou: — Já estive na pele de Paul. Sei como ele se sente.

Fiz uma expressão de dúvida ao ouvir tal declaração.

— Poucos anos atrás, alguém atacou minha filha no *campus* da faculdade onde ela estuda. Conheço a raiva que Paul está sentindo — ele explicou, entristecido.

Olhei para ele, chocada. Ele sabia realmente como Paul se sentia. Naquele momento, não o via como um advogado fazendo seu trabalho. Ele era um homem atencioso que realmente compreendia, até certo ponto, o drama que vivíamos e queria nos ajudar.

David e eu conversamos durante mais de uma hora, a fim de que ele ficasse o mais possível familiarizado com o caso. Ele explicou que tinha muita coisa para ler em pouquíssimo tempo. Meu processo inteiro, que já devia ter uns 8 centímetros de espessura na época, acabara de cair em suas mãos, e ele dispunha de apenas duas semanas para ler tudo antes do julgamento. Ele confessou que seria impossível fazer isso em tão pouco tempo, mas que se esforçaria ao máximo.

Depois de nosso encontro, David saiu em direção à escola para se encontrar com Paul. Sabia que Paul ficaria surpreso por David querer analisar o caso com ele. Conversar com David lhe permitiria lidar com a situação um pouco melhor, essa era minha esperança.

Quando Paul voltou para casa naquela noite, automaticamente começou a conversar comigo sobre David. Dava para ver que a conversa de David com Paul tivera resultados positivos.

— É até difícil acreditar como David foi atencioso. Estou tão impressionado com o fato de ele ter se dado ao trabalho de pegar seu carro e ir até a escola apenas para conversar comigo. Ele me levou para o campo de futebol, e nós conversamos enquanto caminhávamos. Ele é a primeira pessoa que realmente pareceu compreender meus sentimentos ou se importar com eles — Paul me disse.

Abracei Paul e agradeci a Deus ter enviado David para cuidar de minha ação criminal.

Durante as próximas duas semanas, David leu o máximo que pôde de meu processo. Nós nos encontramos diversas vezes para conversar sobre dúvidas que ele tinha a respeito de informações encontradas ou sobre questionamentos acerca do procedimento legal da ação criminal.

Fiquei confusa com um artigo do jornal que declarava: "Ranetti quer ser julgado por juiz em caso de assédio". O artigo continuava dizendo que Harold optara por ter um juiz, em vez de um júri, para cuidar de seu caso.

Sem compreender o que isso significava, questionei David a esse respeito. Ele explicou que Harold tinha o direito de escolher se queria um julgamento com um júri decidindo o veredicto ou um juiz. Harold resolvera optar por um juiz.

O tempo todo eu simplesmente presumira que haveria um júri. Estava contando com o fato de que os jurados condenariam Harold culpado porque seriam capazes de ver que eu estava dizendo a verdade. David também me explicou que a decisão apenas por um juiz seria desvantajosa para mim. Um juiz decidiria estritamente com base nos autos do processo, enquanto um júri, geralmente, com base tanto em emoções quanto nos autos.

Eu não entendia por que o acusado recebia todos os direitos. Onde estavam os meus?

David tinha ainda mais algumas notícias ruins para mim. Ele me informou que, em uma ação criminal, a conversa gravada de Harold falando comigo ao telefone não seria aceita no tribunal, porque ele não sabia que estava sendo gravado. Devastadoramente, grande parte de minhas provas era baseada naquela conversa gravada.

Estava consciente de que, para que pudesse ser bem-sucedida em uma ação civil, pesaria a meu favor a condenação de Harold na ação criminal. Na ação civil, tudo o que eu poderia conseguir seria dinheiro, mas o que eu queria mesmo era ver Harold atrás das grades, onde não conseguiria machucar mais nenhuma mulher. Também esperava que lhe cassassem a licença, de forma que, quando saísse da prisão, não pudesse mais exercer a advocacia.

Quando compartilhei meus sentimentos com David, ele achou que haveria melhor chance de condenação do réu se o juiz mudasse a acusação de assédio sexual para a de conduta desregrada. Como já era de esperar, uma matéria foi publicada no jornal explicando essa mudança. A matéria também dizia que os advogados de Harold haviam planejado entrar com uma petição para o indeferimento da acusação de conduta desregrada, porque era inconstitucional. Seus advogados afirmavam que conduta desregrada acontece quando uma pessoa "pratica qualquer ato de maneira desarrazoada, tal como alarmar ou inquietar outrem ou causar uma perturbação da ordem pública", o que não era cabível, segundo eles, no caso em pauta.

Quando David me encontrou no palácio de justiça para me passar os detalhes de última hora antes do julgamento, furiosamente lhe entreguei o jornal.

— Será que o advogado de Harold pensa que, todas as vezes que ele falou comigo pelo telefone, eu gostei? Eles não têm idéia do que ele me dizia? Harold com toda a certeza me alarmou e perturbou, e suas ações me causaram um grande transtorno! — retruquei.

David percebeu minha raiva e comentou:

— É bom que esteja com raiva. Apegue-se com firmeza a essa raiva para que Harold veja que você não está brincando.

A última afirmação de David chamou-me a atenção. De repente, me dei conta de que Harold estaria no tribunal, olhando fixo para mim e exibindo-me seu sorriso maligno. Seria forçada, mais uma vez, a reviver meu passado com ele. Com a sensação de que me fora roubado todo o ar, procurei à minha volta um lugar onde sentar.

Lendo minha mente, David segurou-me pelo braço e me conduziu até uma cadeira. Incapaz de conter as lágrimas, solucei ante a idéia de ter que ver Harold novamente.

David me estendeu um lenço de papel e disse suavemente:

— Kathy, você foi ferida há muito tempo. Tentou cuidar da dor sozinha e colocou um *band-aid* sobre a ferida. Procurou se convencer de que ela não era tão feia quanto parecia e tentou esquecer tudo. No fim, o ferimento jamais cicatrizou; jamais parou de sofrer porque, a todo momento, a casca da ferida era removida. Nunca procurou o Médico Todo-poderoso.

Ergui os olhos, surpresa.

Ele continuava:

— Você nunca deixou Deus sarar sua ferida. Ela está infeccionada como um machucado em seu corpo, e o único meio de curá-la é deixar que Deus cuide dela. Ele levará embora a dor.

Tornei a olhar para baixo, ainda chorando.

— Estenda a mão para o ponto mais profundo do sofrimento, apresente a Deus sua ferida aberta, para que ele possa curá-la — disse David. — Entregue toda a sua dor a Deus.

Em meu coração, tudo o que conseguia sentir era mágoa e raiva. Não me agradava o que estava sentindo. Em seguida, David começou a orar em voz alta a Deus comigo. Pela primeira vez, permiti que o Senhor levasse minha dor embora e lhe pedi que assumisse o total controle de minha vida. Também roguei a ele que tirasse meu ódio de Harold e que o substituísse pelo perdão.

Foi como se a dor que eu mantivera represada por tanto tempo fluísse para fora com minhas lágrimas. Senti um peso enorme ser tirado de meus ombros e constatei que minha raiva desaparecera. Experimentava sensações estranhas e pouco familiares de paz e alegria, sentimentos que pareciam pouco adequados à minha condição. No entanto, recebi bem essas emoções positivas sem fazer perguntas. Pela primeira vez desde que Harold me estuprara, senti que Deus me amava verdadeiramente e que ele estava no controle de toda a situação.

Quando ergui os olhos para David, ele disse:

— Kathy, você está com um semblante sereno. Parece absolutamente tranqüila. É assim que se sente?

— Sim, me sinto exatamente assim — reconheci. — Estou certa de que Deus respondeu a nossas orações e me permitiu sentir em paz com a situação. Não havia me sentido assim até então. Estou muito grata por Deus ter enviado um advogado cristão para me ajudar. Qualquer que seja o resultado de meu processo, sei que Deus me ajudará a lidar com ele.

Em seguida, David e eu continuamos nossa discussão sobre o julgamento. Ele tentou explicar como os advogados se comportam em um tribunal. Prendem-se a pequenos detalhes, distorcem as palavras e tentam confundir a testemunha. Ele me advertiu a prestar atenção a como os advogados de Harold enunciariam as questões.

Depois de várias horas de conversa, terminamos, enfim, nossos preparativos para o julgamento, o qual começaria na segunda-feira. Era sexta-feira, de forma que eu só tinha o final de semana para refrescar a mente e descansar um pouco antes do início do julgamento.

Quando cheguei a casa depois de um dia inteiro conversando com David, fiquei contente em encontrar Paul e Mat à minha espera. Depois de entrar e de me acomodar, dei demorados abraços em ambos.

— Kathy, há algo diferente em você — Paul mencionou. — Parece feliz. Aconteceu alguma coisa?

Contei a Paul que David era cristão e expliquei que juntos oráramos a Deus pedindo-lhe que levasse embora minha dor. Compartilhei com Paul o que David dissera, explicando que eu precisava perdoar Harold a fim de encontrar paz com Deus. Emocionada, admiti que minha raiva de Harold desaparecera e que Deus assumira o controle da situação.

— Paul, nunca perdoara Harold — confessei. — Não achava que fosse possível, mas agora o fiz e me sinto outra pessoa. Não tenho mais toda aquela amargura e raiva dentro de mim. — Fiz uma pausa antes de prosseguir: — Nunca percebi que minha raiva estava bloqueando o amor de Deus e me impedindo de sentir o amor de Deus por mim. Paul, você também precisa perdoar Harold. Peça a Deus que cure sua dor, e você também experimentará paz.

Paul respondeu:

— A dor ainda é nova demais no meu caso. Não serei capaz nem mesmo de pensar em perdoá-lo enquanto não pagar pelos crimes que cometeu!

Compreendi a raiva de Paul e mantive a esperança de que, um dia, ele fosse capaz de encontrar a paz de novo como eu. Não queria que ninguém sentisse o que senti durante tantos anos. Naquela noite, deitada na cama, pedi a Deus que ajudasse Paul a encontrar a paz. Por fim, consegui adormecer sem me preocupar com a possibilidade de ter outro pesadelo nem de acordar banhada em lágrimas.

Durante o fim de semana, tentei me manter ocupada em vez de ficar apenas me preocupando com o julgamento na segunda-feira. Embora tivesse perdoado Harold, ainda achava que ele precisava ser punido por seu comportamento para com as mulheres. Tinha certeza de que Harold seria declarado culpado, de forma que resolvi planejar uma comemoração. Toda a nossa família e amigos foram convidados para participar de uma reunião informal em nossa casa depois do julgamento. Consegui me manter ocupada preparando macarrão com frango e tortas para servir a todos.

Enquanto abria a massa das tortas, pensei no quanto meus pais queriam estar presentes no julgamento. Quando descobriram a data em que seria realizado, disseram-me que estariam lá. Imediatamente percebi que não seria uma boa idéia meus pais comparecerem ao tribunal. Sabia como se sentiriam sentados no mesmo ambiente que Harold e eu não gostaria que eles ouvissem todos os detalhes do que ele me fizera. Além disso, temia não ser capaz de me concentrar com meus pais presentes. Procurei lhes explicar tudo isso. Além do mais, disse que preferiria que esperassem em casa, com Mat, até que voltássemos do tribunal. A princípio, minha mãe ficou magoada por eu não querer que ela se fizesse presente. No entanto, quando percebeu que a presença deles afetaria minha concentração, compreendeu e concordou em ficar em minha casa com Mat.

A manhã de segunda-feira chegou até que bem depressa. David disse a Paul e a mim que chegássemos ao palácio de justiça um pouco mais cedo. Quando entramos no tribunal, David começou a explicar onde cada um se sentaria durante o julgamento.

— Você será a primeira pessoa a ser chamada e deverá ser ouvida durante várias horas — David explicou. Em seguida, continuou: — Meu assistente e eu estaremos sentados na extremidade da mesma mesa comprida que Harold e seus advogados ocuparão. Em geral, o proponente da ação e o réu se sentam à mesma mesa, mas eu consegui uma permissão especial para que você fique sentada com Paul.

Sem responder, comecei a me sentir mal ante a idéia de ficar no mesmo lugar com Harold.

— David, acho que não consigo — confessei.

Imediatamente David respondeu:

— Sim, consegue, Kathy. Vou orar com você agora mesmo.

David orou pedindo a Deus que me desse força para suportar o julgamento e que substituísse meus temores por determinação.

Senti-me reconfortada ao saber que muita gente estava me oferecendo seu apoio. Adrian ligara para me dizer que estaria orando por mim o dia inteiro. A família de Paul também me assegurara que se lembraria de mim em suas orações. Eu sabia que meus pais estavam orando por mim enquanto aguardavam em minha casa. Chuck e Phyllis e o amigo de Paul, Phil, estavam sentados no tribunal para nos prestar solidariedade.

Passeando o olhar pelo tribunal, observei que Kenny Bennett e o delegado de polícia estavam ali para servirem de testemunhas. E, claro, os meios de comunicação com certeza também se faziam presentes.

Enquanto Paul e eu nos acomodávamos em nossos assentos, lembrei que David me dissera que deveria evitar olhar para Harold, a menos que fosse instruída a fazê-lo. Paul colocou a mão sobre a minha, enquanto Harold e seus advogados entravam no tribunal. Sabia que a aparência de Harold não mudara muito da época em que Paul o conhecera, 17 anos atrás, exceto pelo fato de que ele engordara e ficara mais calvo. Senti a mão de Paul apertar a minha com mais força quando ele viu Harold. Era grande a raiva que Paul armazenara dentro dele.

Pouco depois, o juiz entrou a passos firmes no tribunal e o oficial gritou:

— Todos de pé!

Em seguida, ouvi meu nome sendo chamado, de forma que, nervosa, dirigi-me à frente. Coloquei a mão em cima da Bíblia e prestei o juramento. David se levantou e ficou bem à minha frente.

— Por favor, diga seu nome completo para toda a corte ouvir — David orientou.

— Kathy Littleton — respondi depressa.

— A senhora conhece Harold Ranetti? — ele me perguntou.

— Sim.

— O sr. Ranetti está presente na corte agora?

— Sim.

— Pode apontar para o sr. Ranetti, Kathy? — David perguntou.

Observei que todos, inclusive o juiz, olhavam fixo para mim. Quando voltei minha cabeça na direção de Harold, ele me brindou com um sorriso galanteador e uma piscadela.

Pega de surpresa, gritei:

— Sim, é o homem que acaba de piscar para mim! — Apontei para ele e gritei de novo: — Ele acaba de piscar para mim!

O juiz bateu o martelo, olhou para Harold e declarou com firmeza:

— Não permitirei esse tipo de comportamento em meu tribunal. Não vi o que o senhor fez e acho bom se dar por satisfeito pelo fato de eu não ter visto.

A atitude de Harold me enfureceu tanto que fiquei determinada a permanecer firme só para lhe mostrar que não tinha mais medo dele. Quando olhei para David, vi um sorriso astuto em seu rosto. No mesmo instante, lembrei-me de sua oração e percebi que Deus permitira que Harold me deixasse zangada, a fim de que eu pudesse suportar todo o julgamento. Presumi que David também percebera isso.

Depois que a revolta com a façanha de Harold esmoreceu, David continuou me fazendo mais perguntas. Quando terminou, ele declarou ao juiz:

— Meritíssimo, Kathy tem motivos para temer telefonemas de Harold. Harold lhe causou um grande mal em 1974 e voltou a lhe fazer ameaças.

Era a vez de os advogados de Harold argüírem uma testemunha. Chamaram o delegado de polícia para que fosse à frente.

Um dos advogados de Harold começou com a seguinte afirmação:

— A primeira vez que o chefe de Kathy o chamou, o senhor enviou uma policial à corretora Rates and Investments. Procede?

— Sim — foi a resposta.

Em seguida, o advogado leu o relatório que a policial preenchera. Ele frisou o fato de que, quando a policial me perguntou quem dera os telefonemas obscenos, eu dissera não ter certeza. Lembro de ter dito isso porque, na época, ainda não havia revelado nada a Paul. Queria que ele conhecesse de antemão todos os fatos. Quando Chuck ocupou o banco de testemunha, ele afirmou esse fato.

Quando voltei a testemunhar, o advogado de Harold me pressionou, dizendo:

— Você mentiu para seu marido e sua família em 1974. Você mentiu para a policial com relação ao fato de saber ou não quem lhe telefonara. A mim me parece que você tem o hábito de mentir!

Fiquei aborrecida de verdade por ele distorcer tudo, fazendo com que eu ficasse parecendo a culpada em toda aquela história. Não parecia justo. Minha cabeça começou a latejar de frustração.

Além do mais, como David não recebera permissão para usar a conversa gravada que tive com Harold, apresentou apenas os telefonemas rastreados pela companhia telefônica. Embora os telefonemas tivessem sido feitos do escritório e da casa de Harold, o advogado de Harold argumentou que as chamadas poderiam ter sido feitas por qualquer pessoa que usasse seu telefone. Isso não provava necessariamente que fora ele quem dera os telefonemas.

Depois que o advogado de Harold terminou de me questionar, David pôde chamar outra testemunha. Ele optou por Kenny. David argüiu Kenny sobre a noite em que ele ficou escondido no Centro de Diversões enquanto Harold aparecera por lá.

Quando foi perguntado a Kenny o que viu, ele reconheceu:

— Precisava manter a cabeça abaixada, de forma que Harold não pudesse me ver.

O advogado de Harold teve a oportunidade de acarear Kenny depois que David terminou. Ele perguntou a Kenny se ouvira Harold admitir que me telefonara ou assediara.

— Não, mas ele… — Kenny começou, porém foi interrompido pelo próprio advogado, que ordenou:

— Diga apenas sim ou não!

Lamentando muito, Kenny respondeu:

— Não.

O advogado de Harold argumentou, em seguida, que Harold tinha o direito de visitar o Centro de Diversões da Família. Quando lhe foi dada a oportunidade de falar, David insistiu que eu tinha o direito de me sentir ameaçada por Harold. Afirmou perante a corte que até ele se sentia pouco à vontade repetindo as palavras que Harold me dissera pelo telefone.

Depois que o advogado de Harold terminou de questionar Kenny, Harold foi chamado a testemunhar. David permaneceu na frente dele e começou a interrogá-lo sobre seu envolvimento comigo.

— Senhor Ranetti, conhece Kathy Littleton? — David indagou.

Com alguma apreensão, Harold respondeu:

— Eu a contratei como minha funcionária e trabalhou para mim por pouco tempo.

— Sim, e por que ela foi demitida? — David inquiriu.

— Kathy, na verdade, não tinha qualquer experiência, e acabamos descobrindo que ela não era capaz de dar conta do trabalho — Harold respondeu com indiferença. As palavras saíam fáceis de sua boca.

David ergueu o tom de voz para perguntar:

— Não tinha experiência em que, senhor Ranetti?

O rosto de Harold ficou vermelho-escuro. Olhei para Paul e constatei que ele estava se divertindo com o desconforto de Harold.

— Na rotina de um escritório de advocacia — Harold tratou de responder rapidamente.

David acrescentou:

— O senhor não está se referindo à falta de experiência em sexo? Não é verdade que o senhor estuprou Kathy Littleton antes de demiti-la?

O advogado se pôs de pé de um salto e gritou:

— Protesto!

O juiz comunicou a David que Harold não estava sendo julgado por estupro, o qual, se acontecera, já havia prescrito. David explicou ao juiz que ele estava tentando demonstrar por que eu tinha medo de Harold. O juiz, então, disse a David que prosseguisse com as perguntas.

— O senhor esteve em contato com Kathy Littleton depois que ela trabalhou em seu escritório? — David perguntou a Harold.

— A única vez que vi Kathy foi quando visitei o Centro de Diversões da Família e não sabia que ela estaria lá — a voz de Harold tremeu levemente ao responder a David. — Não sabia que o negócio era de propriedade dela. Só fui conhecer o lugar.

Senti minha raiva aumentando, enquanto ouvia Harold contar mentira após mentira. Olhei para Paul de novo e vi o olhar fulminante em seu rosto.

Apertei-lhe a mão, enquanto o ouvia sussurrar:

— Ele está mentindo.

Quando David acabou de interrogar Harold, chamou Kenny outra vez para discutir a noite em que Harold fora ao Centro.

— Por que escondeu-se no Centro de Diversões da Família naquela noite de 9 de dezembro de 1990? — David quis saber.

— Harold avisou Kathy que estava indo para o Centro de Diversões — disse Kenny.

David continuou e quis saber:

— Como sabia que ela estava dizendo a verdade?

— Kathy gravara em uma fita a conversa que tivera com Harold por telefone — explicou Kenny.

O advogado de Harod objetou imediatamente, afirmando:

— Nenhuma gravação em fita é admissível perante a corte.

O juiz concordou e ordenou que aquela declaração fosse apagada dos registros. Eu me encolhi toda ante o fato de que a conversa gravada não poderia sequer ser objeto de discussão no tribunal. Como conseguiria ganhar a causa, se minha prova principal não poderia ser usada como apoio para o meu caso?

Depois de quase quatro horas interrogando testemunhas, a corte entrou em recesso. Para mim, a pausa foi muito bem-vinda, e levantei do assento para ir conversar com David.

Quando ele me viu indo em sua direção, informou-me:

— Kathy, vou permitir que Paul testemunhe.

Silenciosamente fiquei imaginando por que ele queria que Paul testemunhasse. Devo ter expressado no rosto minha confusão, porque David prosseguiu, explicando-se:

— Paul precisa sentir que tentou ajudar você — disse ele. — Precisa compartilhar de sua dor.

Eu sabia que David sentia a dor de Paul e fiquei grata por seu esforço em incluir Paul no julgamento. Dando uma olhada na direção de Paul, observei que ele estava absorto em uma conversa com Phil. Fiquei contente por Phil estar ali para dar seu apoio a Paul.

David e eu continuamos conversando, enquanto esperávamos o juiz voltar para dar prosseguimento à sessão.

— Kathy, como vai lidar com a situação, caso o juiz decida que Harold é inocente? — David me perguntou.

Fiquei olhando para ele sem expressão alguma no rosto. Sabia que não estava apta a responder àquela indagação. O tempo todo, me sentira confiante de que dispúnhamos de provas suficientes para que Harold fosse condenado, mas de repente reconheci que não nos fora permitido usar a maior parte delas. Sem dar uma resposta a David, fui me sentar e meditar em sua pergunta.

Pensei em quão injusto era o sistema legal. Parecia que a pessoa culpada ou acusada tinha todos os direitos. Harold era um advogado famoso em Quincy. No entanto, apesar do poder e do dinheiro que Harold possuía, ele não tinha Deus. Eu sabia que, no final, Harold teria de prestar contas a Deus de todos os seus atos pecaminosos.

Afinal, o recesso acabou, e o juiz retornou a seu assento.

— Todos de pé! — gritou o oficial.

Era a vez de David convocar uma testemunha. Ele se levantou e chamou Paul. Olhando rapidamente para Paul, percebi que sua raiva estava prestes a explodir. Seu rosto ficou vermelho quando se levantou e passou adiante. Apesar de toda a raiva evidente, ele estava muito bonito em seu terno azul-marinho. Reconheci como eu era feliz por ter um marido fiel, que continuava a meu lado.

Assim que Paul se sentou, David lhe pediu que dissesse seu nome e grau de parentesco comigo. O rosto de Paul ficou ainda mais vermelho ao informar à corte que era meu marido. David, então, prosseguiu fazendo-lhe perguntas relacionadas com o caso.

— Conhece o réu, Harold Ranetti? — David indagou.

Eu sabia que a pergunta de David faria Paul explodir. Imediatamente orei a Deus para que poupasse Paul de um ataque cardíaco, de tanta raiva que estava abrigando em seu interior.

Os olhos de Paul soltavam faíscas de ódio, enquanto apontava para Harold e gritava:

— Sim, é o homem que estuprou minha mulher!

O advogado de Harold protestou rapidamente e, por alguns segundos, reinou silêncio no ambiente. Por fim, relutantemente, o juiz mandou que a declaração de Paul fosse apagada dos registros. Dava para perceber que o juiz sentia compaixão de Paul, mas tinha de se ater à lei. O juiz, então, permitiu que David continuasse questionando Paul.

— O sr. Ranetti testemunhou que, depois da demissão de Kathy, então sua noiva, e de seu casamento com ela, ele não mais a avistou nem conversou com ela até a noite de 9 de dezembro de 1990, no Centro de Diversões da Família — David começou. — Isso procede?

— Não, não é verdade... Ele é um mentiroso! — Paul retrucou.

De novo o advogado de Harold protestou contra a declaração de Paul. O juiz pediu a Paul que se acalmasse e, em seguida, mandou David continuar.

— Bem, sr. Littleton, quando o senhor e sua esposa viram Harold? — David perguntou.

Em tom de voz levemente mais calmo, Paul explicou:

— Vendi minha motocicleta pouco depois que nos casamos. Harold veio a nossa casa fingindo estar interessado na moto. — Então, perdendo o controle da própria raiva outra vez, Paul acrescentou em voz bem alta: — O que ele queria, na verdade, era constatar se Kathy me contara o que ele lhe fizera, coisa que ela não tinha feito!

David concluiu que já fizera perguntas suficientes a Paul. Só queria que sentisse que contribuíra para meu caso. Os advogados de Harold acharam melhor seguir em frente e dispensaram Paul.

Considerando a informação que Paul acabara de fornecer, David tornou a chamar Harold para testemunhar e lhe indagou sobre a visita a minha casa depois de meu casamento. Harold afirmou que havia se esquecido disso.

— E quanto ao incidente no elevador, envolvendo Kathy, há mais de dois anos? — David acrescentou.

— Não me lembro disso também — Harold respondeu automaticamente.

David balançou a cabeça, enquanto afirmava:

— Está me parecendo que o senhor não tem uma memória muito boa.

O advogado de Harold objetou, dizendo:

— A questão é irrelevante diante das acusações.

David insistiu com suas perguntas, dirigindo-se a Harold:

— O senhor se lembra de ter dado um telefonema obsceno para o local de trabalho de Kathy?

— Não — Harold respondeu sem hesitação.

David lembrou-o:

— Senhor Ranetti, o senhor está sob juramento.

— Eu nunca telefonei para Kathy em circunstância alguma — Harold mentiu, sentado ali com um sorriso presunçoso no rosto.

Harold parecia o próprio Satanás em seu assento, sorrindo de orelha a orelha. De repente, me ocorreu que, se Harold era de fato membro de uma seita satânica, então fazer um juramento a Deus não significaria nada para ele.

Por fim, depois de mais várias horas, outro recesso foi determinado pelo juiz, a fim de que ele pudesse tomar uma decisão quanto ao veredicto. David fez seu encerramento, reafirmando por que eu entrara com um processo contra Harold.

— A acusação contra Ranetti representa um caso clássico de conduta desregrada porque os telefonemas que ele supostamente deu para Kathy Littleton eram evidentes ameaças — David começou. — O que torna os telefonemas algo ameaçador é que ela já tinha medo de Harold Ranetti antes que eles ocorressem.

Kathy Littleton tem o direito de ficar livre de telefonemas de assédio.

Assim que David acabou de falar, o recesso começou, e o juiz deixou a sala. Colocando-me em seu lugar, sabia que tinha de tomar sua decisão baseado em provas, e a maioria das que eu havia apresentando fora desqualificada. Paul e eu ficamos sentados um ao lado do outro, em silêncio, esperando o retorno do juiz.

Depois de mais ou menos vinte minutos, o juiz tornou a entrar na corte e retomou o julgamento. Começou revelando a natureza do veredicto para os presentes.

— Eu sinceramente acredito que a senhora Littleton esteja dizendo a verdade — começou. Eu prendi a respiração, enquanto ele prosseguia: — Mas tenho de fundamentar a maior parte de minha decisão no testemunho dos dois policiais de Quincy, que disseram que Littleton não foi capaz de identificar com certeza quem lhe telefonara.

Senti meus ombros afundarem, tal a frustração. Se eu tivesse previsto que minha relutância em contar aos policiais sobre Harold, antes de revelar minha história a Paul, fosse voltar como uma bofetada contra mim, teria sido franca com eles. Com certeza aprendi com as repercussões daquele erro.

Meio entorpecida, fiquei ouvindo o juiz continuar:

— Não há evidências suficientes que comprovem que Harold Ranetti seja culpado. Portanto, declaro o réu não culpado. Peço à corte que entenda que esse veredicto é diferente de dizer que ele é "inocente". Não creio que o senhor Ranetti seja inocente.

A declaração final do juiz me deixou com raiva. Que diferença fazia declarar que Harold era "não culpado" ou "inocente"? Ele continuava podendo sair livre dali. Eu não pude deixar de imaginar se o veredicto do juiz teria sido diferente se Harold fosse uma pessoa comum.

Paul passou o braço em volta de mim e me apertou junto a ele. Eu lhe assegurei que ficaria bem. Enquanto o abraçava, vi a imprensa se aproximar de Harold para lhe pedir uma declaração.

Ninguém da mídia veio até mim. De novo, pensei no quanto era injusto que a pessoa "acusada" recebesse todos os privilégios e atenções.

De repente, pensei em meus pais à minha espera em casa. Sabia que ficariam magoados com o resultado do julgamento. Por sorte, David aproximou-se de mim e de Paul e se ofereceu para levar a notícia a meus pais.

— Sim, David, eu ficaria muito grata se você fizesse isso — respondi. — Tenho comida pronta em casa e tortas e convidei nossos amigos e familiares para jantar. Você é bem-vindo lá, e eu definitivamente gostaria muito se pudesse conversar com meus pais. Obrigada.

Virando-me para Paul, eu disse:

— Vamos embora para casa.

Paul e eu demos a David alguns minutos a sós com meus pais antes de entrarmos em casa. Quando finalmente o fizemos, encontramos minha mãe chorando junto à mesa da cozinha, com a cabeça enterrada nos braços. David tentava confortá-la. Mat também estava na cozinha, de forma que imaginei que ele já sabia do resultado. Antes que eu pudesse reagir, a campainha da porta soou. Nosso pastor chegara para nos oferecer seu apoio. Minutos depois, mais pessoas chegaram. Phil apareceu, bem como Chuck e Phyllis logo atrás dele. Até Daniel Stormer, Sam Holden e Kenny Bennett passaram por ali.

Fui para a cozinha trabalhar e encher as tigelas de sopa. Ouvi David conversar com mamãe sobre como eu finalmente permitira que Deus assumisse o controle de minha vida.

— Marge, olhe para Kathy enchendo as tigelas de sopa — pediu David à minha mãe, apontando para mim. — Ela está com um aspecto calmo e sereno. Ela vai ficar bem.

Deixando de lado a concha da sopa, aproximei-me de minha mãe e envolvi-a em um abraço forte. Podia sentir-lhe o rosto banhado em lágrimas.

— Mamãe, Deus é testemunha de todas as nossas lágrimas e ele tem chorado conosco — eu lhe disse. — Deus está no controle e nos ama. Eu estou ótima, mamãe.

— Marge — David recomeçou —, você e Bob precisam deixar Deus curar-lhes a dor também.

Como Paul, eu sabia que meus pais levariam mais tempo para se sentirem em paz com a situação.

Depois de ficarem algum tempo conosco, nossos amigos e familiares começaram a ir embora. Meus pais foram os últimos a partir. Parados à porta, quando nos despedíamos, meu pai estendeu os braços em minha direção e me deu um abraço. Era a primeira vez, tanto quanto me lembrava, que ele tomava a iniciativa de me abraçar. Vi uma lágrima escorrer pelo rosto de minha mãe. Enquanto a abraçava, experimentei uma sensação incrivelmente amorosa.

Depois que meus pais foram embora, Paul passou o braço ao meu redor e perguntou:

— Como você está de verdade?

— Devo ser a pessoa mais abençoada do mundo. Veja só quantas pessoas se preocupam comigo! — respondi.

Enquanto Paul e eu nos aconchegávamos no sofá, por um breve momento senti uma pontada de tristeza por Harold. Não havia como Harold experimentar o amor que eu tinha ao meu redor. Silenciosamente fiquei imaginando se seria esse o motivo pelo qual os estupradores praticavam atos tão violentos. Será que não tinham pessoas amorosas e atenciosas em suas vidas? Não teriam eles próprios sido molestados ou estuprados? Essas eram perguntas para as quais eu esperava um dia encontrar respostas. Mas, no momento, me deliciava no fato de que eu tinha uma família amorosa e amigos atenciosos em minha vida.

Em 8 de outubro, apareceu um relato do julgamento no jornal. A manchete afirmava: "Juiz inocenta Ranetti de conduta desregrada". No início daquela manhã, um jornalista me ligara em busca de uma declaração minha.

Eu o informei:

— Meu processo criminal pode ter acabado, mas a verdade completa virá a público no processo civil, com o qual pretendo entrar muito em breve.

Naquela noite, Paul e eu ligamos a televisão no noticiário das 18 horas, que exibiu uma entrevista com Harold. Foi lhe dada a chance de fazer vários tipos de declarações contra mim. Fiquei imaginando por que eu não recebia igual oportunidade.

Quando questionei Tom, meu advogado no processo civil, ele respondeu:

— Ranetti é uma pessoa influente, de muito poder. A mídia não está interessada no que você tem a dizer.

Só por que eu não era bastante conhecida na comunidade, não significava que não devesse procurar me defender. Estava começando a perceber que o sistema legal e a mídia não tratavam com isenção as pessoas comuns. Gostaria de ter tirado vantagem do telefonema do jornalista e feito uma declaração mais longa. Depois de pensar mais no assunto, resolvi escrever um artigo para o jornal informando os leitores sobre minha opinião acerca do julgamento. Fiz com que Chuck e Tom o lessem antes de enviá-lo à redação do jornal. Chuck achou que eu me expressara bem, e Tom me assegurou de que o artigo não causaria nenhum problema à minha ação civil.

Durante o intervalo do almoço, passei pelo escritório do jornal e entreguei o artigo. O editor leu cuidadosamente o que eu datilografara.

— Sinto muito, mas não podemos publicar isso — disse ele com toda a calma.

Surpresa com sua resposta, perguntei:

— Por que não?

— Seu artigo não é uma reportagem contendo notícia — ele respondeu com pouco caso. — É uma opinião pessoal baseada em seus sentimentos. Não podemos publicar nada que possa servir de motivo para o sr. Ranetti processar o jornal.

— O jornal está deixando o poder de Harold controlar o que ele publica! — gritei, enfurecida.

— Sim, é verdade — ele concordou. — Senhora Littleton, acho a senhora muito corajosa para se levantar contra Harold Ranetti e tenho certeza de que está dizendo a verdade, mas a senhora está dando murros contra um muro de pedra. A senhora não pode lutar contra alguém com o tipo de poder que Harold tem.

Sem responder, dei-lhe as costas e saí feito um furacão do escritório do jornal. Voltei para o trabalho e contei a Chuck o que acontecera. Então, liguei para Tom e compartilhei com ele minhas frustrações.

— Kathy, quero entrar com sua ação civil o mais cedo possível, de forma que as pessoas saibam que você não vai desistir, e espero que mais mulheres se manifestem para testemunhar a seu favor — Tom me informou.

Umas duas semanas depois, no dia 24 de outubro, minha ação civil foi publicada no jornal. Não demorou muito, a ação de Nancy também foi protocolada na justiça. Nancy parecia disposta a ir até o fim comigo. Eu sabia que a ação civil seria diferente da ação criminal. Pelo menos, na ação civil, eu seria capaz de usar a conversa gravada em fita.

Também me foi explicado que, embora Harold não tivesse de passar algum tempo na prisão, se ele fosse considerado culpado na ação civil, eu possivelmente conseguiria que ele fosse impedido de exercer a advocacia. Achei que se conseguisse, ao menos, tirar-lhe a licença, talvez pudesse poupar outras mulheres de serem assediadas por ele. Era melhor do que nada.

Durante o período que se seguiu ao julgamento e os preparativos para a ação civil, ainda continuamos tocando o Centro de Diversões da Família até que surgisse um comprador. Para nossa felicidade, bastaram duas semanas depois do julgamento para que alguém demonstrasse interesse em comprar o Centro. Dan, um conhecido do trabalho na corretora, também queria ter um negócio voltado para o bem-estar da família. Ele tinha planos de transferir o Centro de Diversões para um local menor, próximo do colégio, e mudar o nome também. Em segredo, fiquei aliviada por Dan planejar a mudança de nome. Agora, o Centro de Diversões da Família seria sempre algo que pertencera somente a nós.

Paul, Mat e eu deixamos o Centro de Diversões da Família pela última vez. Nós nos demoramos um pouco no estacionamento bastante iluminado, olhando para o prédio. Eu sabia que Paul e Mat provavelmente estavam pensando o mesmo que eu. Todos nós lembrávamos todas as vezes em que organizáramos eventos especiais ali dentro e quando convidávamos nossos amigos e outras famílias para festas.

O Centro fora uma parte importante de nossas vidas, e nós três tínhamos investido muita energia para transformá-lo em um sucesso. Todos tínhamos feito muitos sacrifícios para fazê-lo dar certo, mas a verdade era que desfrutáramos de cada minuto também. Parte de mim ainda ficava imaginando se nós ainda estaríamos administrando aquele negócio se Harold não tivesse voltado a entrar na minha vida. Mas não me faria bem algum ficar pensando nisso.

Naquela noite, antes de Mat ir para a cama, ele nos perguntou:

— O que vamos fazer agora?

Presumi que estivesse se referindo ao fato de que teríamos mais tempo disponível, agora que não tínhamos mais o Centro de Diversões.

— Vamos desfrutar de mais tempo juntos em casa, e, assim que passar essa fase da ação civil, nossas vidas voltarão ao normal — respondi.

Mat sorriu e virou-se para ir para seu quarto, parecendo satisfeito com minha resposta.

No entanto, minhas próprias palavras ecoavam dentro da minha cabeça, enquanto permanecia deitada na cama, tentando dormir. Fiquei imaginando como seria uma vida normal e ser uma pessoa realizada. Ansiava por algo assim havia tanto tempo e ainda ficava tentando imaginar se ela seria mesmo possível. Quando criança, achava que isso ocorreria quando eu fosse para a faculdade e me tornasse independente. Quando conheci Paul, achei que isso aconteceria quando nos casássemos. Então, o estupro se intrometeu em minha vida, que nunca mais foi normal, nem de leve. No entanto, mesmo depois dessa experiência, eu ainda achava que encontraria alegria e paz depois de ter um filho, ou quando fosse dona do meu próprio negócio. No entanto, ainda me sentia vazia por dentro. Descobrira que o presente nunca era bom o bastante; eu sempre achava que o futuro continha todas as satisfações capazes de tornar a vida de alguém completa.

Na manhã de domingo, Paul não sentia a menor vontade de ir à Escola Bíblica Dominical, porque o tema em discussão na época o estava deixando frustrado ultimamente. Por exemplo, várias semanas antes, o título do estudo era: "Como encontrar Deus nos momentos difíceis". Paul ficara irritado quando um membro da igreja dissera: "Basta orar!". Paul achava que outros não compreendiam o que estávamos passando e que às vezes orar não parecia suficiente. Também não se sentia confortável em expressar seus sentimentos na classe por causa da possibilidade de outras pessoas acusarem-no de não ser cristão. Até eu me sentia um pouco aborrecida com alguns de nossos irmãos em Cristo que acreditavam que, se você é um bom cristão, Deus não deixará que nada de ruim lhe aconteça. Descobri que isso simplesmente não é verdade.

Como compreendia os motivos dos sentimentos de Paul, concordei em não ir à Escola Bíblica Dominical, mas insisti em que deveríamos participar, pelo menos, do culto. Nos últimos tempos, vinha deixando minha mente divagar durante o sermão, mas realmente queria começar a ter o firme propósito de ouvir o que o pastor tinha a compartilhar em sua pregação.

Naquele domingo em particular, a frase com que o pastor iniciou sua mensagem chamou minha atenção logo de cara. Ele começou dizendo: "Cristianismo não é sinônimo de ausência de problemas. Reparem nos evangelhos. Nosso Senhor passou por momentos de tristeza. Derramou lágrimas sofridas por Jerusalém e quando da morte de seu amigo Lázaro. Sofreu grande angústia no jardim de Getsêmane. Não aceitou a cruz com um coração leve! É quando se busca a Deus deliberamente na escuridão, quando não se está sentindo a presença dele, que se experimenta a fé mais profunda".

As palavras do pastor me causaram impacto, ao perceber que nunca pensara em Deus como alguém que se entristecesse. De repente, comecei a entender, de maneira muito melhor, o significado da vida cristã. O fato de ser cristã não implicava que eu deveria me resignar com os problemas existentes em minha vida. Eu era livre para expressar toda raiva, mágoa e frustração que sentisse. "Não espere que, enquanto cristão, sua vida esteja livre de problemas ou que você sempre será capaz de lidar com eles de forma tranqüila", continuou o pastor. "É fácil se concentrar apenas nas glórias da Páscoa. Mas você precisa se lembrar de que primeiro vem a Sexta-feira da Paixão. Você precisa se deter ao pé da cruz, a caminho do túmulo vazio, porque sem a cruz o túmulo não faz sentido. Não existem atalhos."

Era como se o pastor falasse diretamente a mim. Suas palavras ecoaram em meu coração várias vezes. Sempre pensara no Domingo de Páscoa como o dia em que Jesus vencera a morte, ressuscitando, mas agora estava claro para mim: sem a cruz, não haveria ressurreição, e, considerada à parte da crucificação, a ressurreição é desprovida de qualquer significado. Lembrando alguns dos versículos bíblicos que lera dezenas de vezes, percebi que Jesus na verdade confessara sua tristeza aos discípulos. Em uma passagem específica, Mateus 26.38, ele diz: "A minha alma está profundamente triste, numa tristeza mortal. Fiquem aqui e vigiem comigo". Se Jesus se sentira desse modo, então, presumi, por que eu não poderia experimentar tal sentimento, sem culpa, do mesmo modo que ele? Sentimentos de raiva e de tristeza não são permanentes e nada têm a ver com fé.

O pastor terminou o sermão dizendo: "O amor é um dom de Deus. Precisa aceitar o amor de Deus antes de poder recebê-lo. Se o tomar por certo, ele jamais crescerá".

Eu aceitei o amor de Deus naquele dia e fiquei feliz por Paul e eu termos decidido ir ao culto da igreja. Precisava ouvir a mensagem do pastor, a fim de seguir em frente com minha vida.

Os meses que conduziram ao julgamento da ação civil se arrastaram interminavelmente. Paul e eu não conseguíamos acreditar em como estava demorando para prepará-la.Tom e Lynn nos telefonavam periodicamente para me dizer que outra mulher vie-ra a público a meu favor para contar o que Harold lhe fizera. Tom também denunciara Harold à ARDC [Attorney Registration & Commission Disciplinary][1]. Tom nos assegurou de que a ARDC cassaria a licença de Harold.

A essa altura, Tom recebera tantas cartas e telefonemas de outras mulheres a quem Harold assediara ou atacara que perdera a conta. Em uma das viagens ao escritório de Tom, Lynn dei-

[1]Agência da Suprema Corte de Illinois, responsável por manter registros atualizados de inscrição de advogados, cuidar de problemas disciplinares, investigando denúncias de comportamento impróprio por parte dos militantes nessa carreira e tomando as medidas legais para coibir o exercício profissional por parte daqueles que constituem uma ameaça ao público ou à integridade do ofício. (N. do E.)

xou Paul e eu lermos algumas cartas. Paul admitiu que ele quase vomitou lendo algumas delas.

Enquanto eu lia as cartas, observei os pontos em comum entre minha experiência e os incidentes das outras mulheres com Harold. Não havia testemunhas em nenhum dos casos. Todas as mulheres eram tímidas, superprotegidas, solteiras ou divorciadas. Nenhuma dispunha de dinheiro suficiente para lutar contra ele. Eram vítimas indefesas.

Quando nos encontramos com Tom, ele nos comunicou:

— Os preparativos para o julgamento civil estão andando bem. — Olhando diretamente para mim, acrescentou: — Preciso que você assine alguns formulários, de forma a me permitir ter acesso a seus registros médicos, inclusive com o psicólogo que a atendeu.

— Por que preciso assinar um punhado de formulários para você conseguir todos esses registros? — perguntei. Nunca ouvira falar em fazer isso antes e estava realmente confusa.

— Kathy, ninguém pode obter informações legalmente de quaisquer de seus registros, a menos que você o permita — Tom explicou. — Precisamos de seus registros médicos e psicológicos para provar que Harold lhe causou problemas mentais e de saúde. Será para o seu bem.

Acabei consentindo e assinando os documentos. Depois de pronta toda a papelada, Tom me disse:

— Lynn tomará o depoimento de todas as mulheres que mandaram cartas ou telefonaram. As coisas devem ir muito mais rápido agora.

Os preparativos para a ação civil e para a venda do Centro de Diversões tinham consumido tanto nosso tempo que Paul e eu mal nos demos conta da rapidez com que o Natal se aproximava. O feriado passou em meio a tanta confusão que cheguei a me questionar se ele de fato já havia chegado. Uma coisa que percebi foi que Paul e eu tínhamos mais tempo para passarmos com Mat durante o período do feriado e nos sentimos gratos por isso.

O mês de janeiro chegou, abrindo o ano de 1992. Fiquei imaginando como seria o novo ano. Outro pesadelo como o anterior? Dois anos e meio haviam se passado desde o incidente com Harold no elevador. Ele não tentara mais entrar em contato comigo desde o julgamento criminal. Fiquei imaginando se estaria preocupado com a ação civil contra ele. Também estava curiosa por saber se ele tinha consciência de quantas mulheres estariam dispostas a testemunhar contra ele.

Mais um mês se passou sem grandes novidades sobre o julgamento. Paul e eu aguardávamos ansiosos. Só no início de fevereiro, Lynn finalmente me telefonou com alguma novidade.

— Kathy, recebemos os registros de seu conselheiro de vários anos atrás — disse ela. Ela fez uma pausa antes de continuar: — Há algumas coisas incômodas nos registros de seu aconselhamento que podem nos trazer alguns problemas sérios. Vou lhe mandar algumas cópias pelo correio para você ler e depois discutiremos o próximo passo.

Não conseguia pensar em nada que houvesse em meus registros capaz de comprometer o processo. No entanto, Lynn parecera bastante contrariada ao telefone, de maneira que eu sabia que deveria haver algum problema. Tentei me lembrar do psicólogo e dos poucos conselheiros com quem me consultara ao longo da vida. O primeiro com quem eu conversara fora o dr. Stein, quando Mat era apenas um bebê. No entanto, eu não lhe contei sobre Harold, de modo que não achava que pudesse haver alguma coisa prejudicial naqueles registros. Então, logo depois de contar sobre Harold a Chuck e Phyllis, me consultei com uma psicóloga, Cindi, por mais ou menos duas sessões, na clínica de aconselhamento do hospital. Fora tão curto o período que eu quase esquecera que conversara com ela. Pensando melhor sobre Cindi, lembrei-me de que ela não permaneceu na clínica por muito tempo. Fiquei imaginando se ela fora demitida ou se encontrara um emprego melhor em algum outro lugar.

De qualquer forma, além desses dois, o único psicólogo com quem me tratara fora Trent. E demorei quase um ano para conhecê-lo. Mas não conseguia pensar em nada que eu pudesse ter dito que causasse problemas para a ação civil. Não era capaz de imaginar o motivo que deixara Lynn aborrecida.

Felizmente não precisei ficar muito tempo tentando adivinhar o que seria porque a cópia dos registros chegaram na correspondência do dia seguinte. Imediatamente rasguei o envelope e comecei a ler. Primeiro, examinei os registros do dr. Stein. Encontrei alguns detalhes dos quais não lembrava de ter lhe falado, mas nada que não fosse verdade ou que pudesse ser prejudicial a meu caso.

Em seguida, li as observações de Cindi. Nas duas páginas iniciais, vi diversos detalhes menores que eram incorretos, mas ainda nada que pudesse afetar meu caso. Quando passei para a página seguinte, notei duas afirmações falsas que quase me deixaram doente. Cindi escrevera que eu havia «fantasiado» com um colega de trabalho chamado Mark. Mas a pior parte era que ela anotara que Mark e eu tínhamos tido um caso. Dizia ali que eu fora a um piquenique com ele em que, no entanto, não acontecera nada de sexual. Minhas mãos tremiam, e os documentos escorregaram-me dos dedos para o chão. Como Cindi fora capaz de entender tão errado o que eu dissera?

Procurei pensar nas poucas conversas que tivemos. Lembrei-me de ter lhe contado sobre o estupro, o incidente do elevador e de ter admitido que eu tinha pavor de Harold. Cindi me perguntara se eu tinha medo de todos os homens, e eu confessei-lhe essa minha insegurança. Ela prosseguiu me indagando se eu tinha algum amigo do sexo masculino. Respondi-lhe que em determinada época fora amiga de Mark, que também era um colega de trabalho. Por algum motivo, ela me perguntou se eu alguma vez tivera fantasias envolvendo Mark. Lembrei de ter admitido que eu imaginara Mark e eu em um piquenique, conversando durante horas, porque ele sempre tinha um bom papo. No entanto, sabia que fizera questão de frisar que nunca imaginara nada sexual.

A raiva tomou conta de mim enquanto eu percebia que Cindi anotara tudo como se de fato eu tivesse ido a um piquenique com Mark. E de onde ela tirara a palavra "caso"? Suas anotações eram completamente falsas!

Pensando melhor no assunto, preocupei-me com o que Paul poderia pensar. Sem hesitação, peguei o telefone e disquei o número de Lynn. Imediatamente lhe expliquei o que eu de fato dissera a Cindi e que ela escrevera tudo errado.

— Bem — ela começou —, eu liguei para a clínica de aconselhamento. Cindi não deixou nenhum endereço para contato, e eles não têm a menor idéia do paradeiro dela.

Não conseguia acreditar que aquilo estivesse acontecendo comigo. Mais ainda, sentia que Lynn tinha dúvidas quanto a meu comportamento.

— Lynn, jamais trairia Paul — insisti. — Você tem de acreditar em mim!

— O advogado de Harold pegaria uma informação como essa e faria a festa — Lynn admitiu, pesarosa. — Eles usarão isso contra você para dar a impressão de que é do tipo que trai o marido e mente para ele. Isso não é nada bom.

Embora Cindi escrevesse o que eu dissera incorretamente, ainda não compreendia qual o grande problema naquilo tudo. Mesmo se eu tivesse ido a um piquenique com Mark, coisa que não fizera, as anotações diziam que eu não fizera sexo com ele. Simplesmente não conseguia enxergar como essa única anotação incorreta poderia pôr todo o processo a perder.

— Talvez você devesse ligar para Mark — Lynn sugeriu. — Conte a ele a atual situação e que ele provavelmente será chamado a testemunhar.

— Está bem — concordei. — Tenho certeza de que Mark dirá a verdade e esclarecerá toda essa confusão.

No dia seguinte, fui trabalhar e mostrei os registros de aconselhamento de Cindi a Chuck. Quase às lágrimas, compartilhei com ele minhas frustrações e preocupações.

— Chuck, estou cheia disso tudo — comecei. — Estou preocupada com o que Paul irá pensar.

— Kathy, eu sei que você jamais teria um caso — Chuck respondeu.

Grata pela confiança de Chuck, continuei:

— Bom, preciso conversar com Mark sobre tudo isso.

— Por que não o convida para vir até aqui na corretora? Assim não precisariam se encontrar em público, onde as pessoas poderiam vê-los — Chuck sugeriu. — Basta lhe explicar a situação e pedir que ele a ajude.

Estava um pouco nervosa com a idéia de telefonar para ele, já que não nos falávamos havia anos. Nossa amizade praticamente acabara depois que eu o apresentei a JoEllen. Odiava a idéia de envolver Mark em meus problemas, mas sabia que não me restava alternativa.

Liguei para o número da empresa onde Mark e eu trabalháramos juntos, na esperança de que ainda trabalhasse ali. Felizmente ele ainda trabalhava e estava disponível para conversar comigo.

— Oi, Mark, quem fala é Kathy Littleton — disse eu, nervosa.

— Oi — ele respondeu, não parecendo surpreso com minha ligação. Achei isso um pouco estranho.

— Mark, sinto muito incomodá-lo no trabalho, mas preciso conversar com você — continuei. — Será que poderia dar um pulo à corretora onde trabalho, a Rates and Investments?

— Sim, li sobre seu caso no jornal — Mark respondeu. — Como você tem passado?

— Bem, poderia estar melhor — confessei. — Então, você pode dar um pulo até aqui hoje à noite, depois que sair do trabalho?

Ele ansiosamente respondeu:

— Claro!

— Que bom. Então até logo! — confirmei. Achei realmente muito estranho que Mark não me perguntasse por que eu precisava tanto conversar com ele.

Quase no fim do expediente, Chuck anunciou que iria embora mais cedo, de forma que eu e Mark pudéssemos ter uma conversa em particular. Eu lhe agradeci sinceramente por ser tão compreensivo.

Pouco depois que Chuck saiu, Mark entrou sorrateiro e todo nervoso no escritório, olhando à sua volta, cheio de curiosidade. Usava sua roupa de trabalho e não estava com um aspecto tão diferente assim da última vez em que o vira muitos anos antes.

— Oi, Mark. Não quer se sentar? — perguntei e apontei para uma cadeira na frente da minha mesa.

Prossegui, então, comentando com ele sobre os registros dos aconselhamentos e li as anotações de Cindi para ele. Mark ficou me observando intensamente enquanto eu falava.

— Na verdade, preciso muito que você testemunhe a meu favor, dizendo que nunca fizemos sexo nem tivemos nenhum tipo de relacionamento amoroso — implorei.

Os lábios dele se entreabriram, em um sorriso malicioso, enquanto respondia:

— Quanto vale para você eu prestar um falso testemunho?

Boquiaberta com sua pergunta, respondi:

— Tudo o que eu necessito que faça é dizer a verdade. Isso não é falso testemunho!

— Você sabe que nós fizemos sexo! — Mark retrucou com aquele mesmo olhar malicioso que eu vira no rosto de Harold. — No dia em que fui à sua casa, quando minha avó estava hospitalizada. Nós fizemos amor no seu sofá, não se lembra?

— Não! — exclamei, impulsivamente. — Não é verdade! Eu empurrei você e o fiz sair da minha casa!

— Não é o que eu me lembro! — Mark revidou na mesma hora. — Você deve ter bloqueado o que de fato aconteceu. Não acredito que não se lembre. Não posso mentir sobre nosso caso, porque contei tudo a JoEllen antes de nos casarmos.

Meu corpo estremeceu, e minha cabeça começou a latejar. Eu podia sentir meu rosto ficando vermelho de raiva e de frustração.

Segurei a cabeça entre as mãos, confusa e sem saber o que pensar. Seria possível que eu realmente tivesse tido um caso com Mark e o tivesse bloqueado? Livrei-me depressa dessa idéia ridícula, convencida de que era impossível. Então tentei imaginar por que Mark estaria mentindo para mim.

— Como pode fazer isso comigo? — perguntei baixinho.

— Tudo o que estou fazendo é contando a verdade — Mark respondeu. — Se você quiser que eu minta, então terá de pagar por isso. Pense bem no assunto e depois me diga o que quer que eu faça.

Após dizer essas palavras, Mark se levantou e saiu do escritório.

Atônita, fiquei de olhos grudados, sem expressão, na porta da corretora, imaginando o que teria acontecido com Mark. Ele não era a mesma pessoa que eu conhecera anos antes. Um arrepio percorreu-me a espinha, enquanto tentava imaginar se ele estava dizendo a verdade. Minha cabeça doía com todos os pensamentos que passavam por ela. Sabia que era possível uma pessoa bloquear acontecimentos dolorosos, mas eu me lembrava de cada detalhe do dia em que Mark fora até minha casa. Nós não tínhamos feito sexo nem tido nenhum tipo de jogo sexual. De fato, ele tentara me agarrar e beijar, mas imediatamente eu conseguira me desvencilhar dele antes que alguma coisa acontecesse e lhe pedi que fosse embora. Estava realmente confusa. Não conseguia entender por que Mark mentira para mim. Preparando-me para ir embora do trabalho, fiquei imaginando o que deveria fazer em seguida.

No dia seguinte, conversei com Chuck sobre minha conversa com Mark. Perguntei-lhe se achava possível que eu tivesse bloqueado o "caso" da minha mente. Chuck admitiu a possibilidade de pessoas bloquearem acontecimentos dolorosos. No entanto, também disse que conhecia as regras morais que regiam minha vida, meu comportamento e que eu jamais trairia Paul. Portanto, não concordava com tal hipótese.

Mais tarde, telefonei para Lynn, a fim de informá-la de minha discussão com Mark. Lynn sugeriu que talvez Harold tivesse entrado em contato com Mark primeiro, subornando-o. Ela disse que averiguaria essa possibilidade e que voltaria a se comunicar comigo. Também recomendou que, por enquanto, não fizesse nenhuma menção do assunto com Paul.

Vários dias se passaram, e eu continuava preocupada com meu atual problema. Temia compartilhar o assunto com Paul e ele nunca mais confiar em mim. Jamais lhe contara sobre Mark ir a nossa casa anos antes e ter investido contra mim, porque temia que Paul o procurasse para tomar satisfação. Mas do jeito como as coisas estavam indo ultimamente, provavelmente teria de contar a Paul sobre Mark. Sabia que ele pensaria que eu guardara segredos dele durante nosso casamento inteiro. Evidentemente ficaria imaginando quantos outros segredos eu ainda teria.

Por fim, Lynn me telefonou com os resultados da pesquisa sobre Mark. Acontecera o seguinte: Mark se vira em situação financeira bastante difícil, em conseqüência do divórcio da ex-mulher. Contraíra dívidas em abundância com custas processuais tentando conseguir a custódia dos filhos. Somando-se a isso, ele comprara uma casa e acabara atolado em dívidas.

Lynn também me informou que ela telefonara para Mark e o questionara sobre sua amizade comigo. Deu para ela perceber que Mark estava mentindo, mas ele foi inflexível em afirmar que declararia que tínhamos tido um caso se fosse obrigado a fazê-lo em juízo. Lynn encerrou a conversa me contando que Tom gostaria de se reunir comigo e com Paul assim que fosse possível. Eu não tinha outra opção senão contar a Paul sobre Mark.

No entanto, antes de conversar com Paul, resolvi marcar um horário com meu psicólogo, Trent, a quem não via havia mais ou menos um ano. Queria explicar-lhe a situação primeiramente. Imaginei que, depois que contasse a Paul sobre Mark, ele e eu poderíamos marcar um horário com Trent, a fim de que ele pudesse ajudar Paul a lidar com o problema de modo mais eficaz. Durante minha consulta com Trent, eu o avisei de que teria de contar a Paul sobre Mark durante o fim de semana e que, provavelmente, marcaríamos outro horário para vê-lo.

No final de semana inteiro, temi conversar com Paul e fiquei evitando fazê-lo. No entanto, por fim, resolvi contar-lhe o novo incidente depois de voltarmos da igreja, no domingo. Durante o almoço, não falei nada; apenas me servi, imaginando como abordar o assunto. Para minha felicidade, Paul percebeu meu silêncio e questionou-me a esse respeito.

— Você está tão calada, Kathy — comentou. — Tem alguma coisa incomodando você?

Balancei a cabeça afirmativamente e peguei meus registros de aconselhamento que estavam na outra extremidade da mesa. Resolvi deixar Paul lê-los primeiro; depois lhe explicaria o resto. Ele tirou os papéis de minha mão e analisou as anotações.

Quando chegou à parte que falava de Mark, seu rosto ficou vermelho, e ele perguntou, solene:

— Isso é verdade?

— Não — respondi prontamente. Em seguida, expliquei o que de fato acontecera e que Cindi anotara errado.

— Bem, por que Cindi mentiria a respeito disso? — ele perguntou, incrédulo.

— Cindi tinha acabado de sair da faculdade, não tinha muita experiência — tentei explicar. — Ela anotava tudo depois que eu saía. Deve ter se confundido.

— Bem, então Mark terá de consertar isso! — Paul gritou, seus olhos se enchendo de lágrimas. Eu só o vira assim em uma única ocasião, quando ele estava testemunhando durante a ação criminal. No entanto, dessa vez, sua raiva estava direcionada a mim, e isso me deixou preocupada. Temerosa, expliquei-lhe que Mark afirmara que ele e eu havíamos tido relações sexuais.

Ele me segurou pelos ombros, olhou bem dentro dos meus olhos e perguntou:

— Você teve relação sexual com Mark?

Se Paul duvidava de minha honestidade, então sua confiança em mim já começara a diminuir. Comecei a chorar. As idéias giravam dentro da minha cabeça, e eu mal conseguia pensar direito. Ouvi a mim mesma responder:

— Não sei.

Eu sabia em meu coração que não mantivera relação sexual nem tivera nenhum tipo de caso amoroso com Mark. No entanto, entre a insistência de Mark de que nós tínhamos tido um caso e a dúvida de Paul a meu respeito, não sabia mais o que pensar. Tudo estava fugindo aos limites da racionalidade, e eu me vi em um estado de atordoamento e confusão.

Furioso com minha resposta, Paul se levantou e explodiu:

— Se você não tem certeza, então deve ter feito sexo com ele!

Em seguida, Paul saiu feito um furacão de casa, batendo a porta com toda a força atrás de si.

Gritei a plenos pulmões, enquanto enterrava a cabeça nos braços, sentada à mesa da cozinha. Não conseguia compreender por que dissera a Paul que não sabia se Mark e eu mantivéramos relações sexuais. Sabia que isso não acontecera. Lembrava-me nitidamente do incidente com ele em minha casa e do desfecho que tivera, quando o mandei embora. Nada acontecera entre nós. Mas eu ainda estava intrigada com o motivo que levara Mark a mentir a esse respeito; nós éramos tão bons amigos.

Entristecida, não culpava Paul por seus sentimentos. Ele permaneceu fora por algum tempo. Quando afinal voltou para casa, entrou, ignorou-me e foi direto para a sala de estar, ver televisão. Eu o deixei sozinho e comecei a preparar o jantar.

Pouco depois que Paul entrou em casa, Mat também chegou da casa de um amigo, onde passara o dia inteiro. Assim que terminei o jantar, arrumei a mesa e anunciei que a comida estava servida.

— Estou sem fome — Paul anunciou bruscamente.

Mat ouviu o que ele disse e perguntou:

— Qual o problema com o papai?

— Bem — comecei —, acho que ele não está se sentindo bem.

Paul continuou me ignorando o resto da noite. Quando Mat finalmente foi para a cama, tentei conversar com Paul, mas ele agiu como se não quisesse me ouvir. Repeti diversas vezes que nada acontecera entre Mark e mim. Ele simplesmente me ignorou. Desistindo, fui para a cama. Virando de um lado para o outro, fiquei o tempo todo observando o relógio. Enfim, quando o relógio assinalou 3 horas da madrugada, sem que Paul tivesse ido se deitar, levantei-me e desci. Encontrei Paul sentado no escuro, balançando na cadeira de balanço.

Ajoelhando-me na frente dele, perguntei:

— Será que nós dois poderíamos marcar uma consulta com Trent para conversar sobre tudo isso?

Ele não respondeu. Manteve-se balançando em sua cadeira, com os olhos fixos no espaço vazio.

— Paul, vou marcar uma consulta para amanhã à noite, depois do trabalho — disse eu. — Você pode escolher: ou me encontra lá, ou nem aparece por lá.

Observando-o, percebi que ele chorava. Eu tinha vontade de abraçá-lo bem forte. Mas sabia que ele simplesmente me empurraria para longe. Pela milionésima vez, fiquei imaginando por que Mark mentira para mim. Relutante, voltei para o quarto. No entanto, estava preocupada com Paul e aborrecida demais para conciliar o sono. Nem Paul nem eu dormimos aquela noite.

No dia seguinte, depois do trabalho, muito nervosa, fui até o consultório de Trent. Fiquei imaginando se Paul apareceria ou não. Expliquei a Trent o que acontecera quando eu contara a Paul sobre Mark. No meio da explicação, Paul entrou pisando duro.

Visivelmente irado, Paul olhou para mim e esbravejou:

— Por que você sempre opta por me deixar de fora de sua vida? Por que sempre tentou lidar com as coisas sozinha?

Fiquei ali sentada, atônita, sem saber o que lhe responder. Não fazia diferença, porque, de qualquer forma, ele não me deu a chance de fazer isso.

— Você me trata feito uma criança, tentando me proteger — ele continuou. — Acha que está sozinha, nem que seja por um minuto? Age como se seu sofrimento fosse um privilégio só seu! Bem, está enganada! Estou sofrendo também!

Suas declarações cheias de furor me fizeram recomeçar a chorar. Nunca quisera magoar Paul, mas fora exatamente o que havia acabado de fazer.

Trent assumiu o comando da conversa e perguntou:

— Paul, você ainda ama Kathy?

Paul olhou para mim e disse:

— Sim.

— Paul, sempre amei você! — exclamei.

— Os problemas de vocês podem ser trabalhados — Trent assegurou. — No entanto, vai demorar algum tempo. Estão dispostos a investir em seu casamento?

Ambos balançamos a cabeça em sinal afirmativo. Nosso casamento era importante demais para simplesmente ser descartado.

Depois de terminada a consulta, Paul e eu saímos, cada qual para seu carro. Ele me acompanhou até meu carro e puxou-me para junto de si. Eu comecei a chorar em seu ombro.

— Nós vamos vencer essa juntos — Paul me assegurou.

Na noite seguinte, quando Paul chegou do trabalho, ele chamou:

— Kathy!

Entrando na sala para cumprimentá-lo, respondi:

— Sim!

— Por favor, telefone para Mark — disse ele. — Quero que Mark escreva tudo o que ele afirmou ter acontecido. Todos os detalhes! Solicite-lhe que hoje mesmo o faça e me mande pelo correio.

Não achei que fosse uma idéia muito boa, mas Paul não me dava outra opção. Portanto, procurei o telefone de Mark na minha agenda e tirei o fone do gancho.

— Alô, Mark? — perguntei.

— Sim! — ele respondeu.

— É Kathy — identifiquei-me. — Paul está aqui bem a meu lado e se encontra furioso com você. Ele quer cada detalhe que você acredita ter acontecido entre nós descrito em um papel e enviado a ele pelo correio.

— Bem, não tenho certeza de que me lembre de cada detalhe — ele respondeu, inseguro.

— Mark — comecei —, se você sabe o que é bom para você, é melhor lembrar de tudo e mandar para nós pelo correio o quanto antes.

Mais tarde, naquele dia, Lynn telefonou querendo marcar um horário para mim e Paul conversarmos com Tom. Nós o agendamos mais para o fim da semana.

Durante a viagem de uma hora até Springfield, Paul e eu discutimos o problema sobre Mark com um pouco mais de profundidade.

— Quero que você repasse tudo o que foi dito quando telefonou para Mark e lhe peça que compareça à corretora — ele mandou. Em seguida, acrescentou: — E também quero que repita toda a conversa que teve com Mark na corretora.

Relatei a Paul cada detalhe de minhas conversas com Mark. Paul me interrompeu quando mencionei que ele fizera o comentário "Quanto vale para você eu prestar falso testemunho?".

— Kathy — Paul declarou —, isso soa como se ele estivesse tentando chantageá-la.

— Julguei que Mark estivesse brincando — retruquei. — Simplesmente não achei que ele fosse fazer algo desse tipo. Ele não era mais o Mark que eu conheci. Parecia muito nervoso e jamais me olhava nos olhos.

Por fim, chegamos ao escritório de Tom. Paul e eu fomos orientados a nos sentarmos junto à mesa de conferências. Tom e Lynn sentaram-se diante de mim e Paul, com meu processo inteiro na frente deles. Olhando para Tom, percebi que ele parecia bastante tenso e preocupado.

Paul começou contando a Tom e Lynn sobre a conversa que eu tivera com Mark e que ele achava que Mark estivesse tentando me chantagear.

— Bem, também conversei com Mark e concordo que ele está mentindo — Tom reconheceu. — Mas o problema é que

Mark continua dizendo que testemunhará que ele e Kathy tiveram um caso amoroso.

Observei as expressões no rosto tanto de Tom quanto de Lynn e estava tendo dificuldade para imaginar o que passava pela cabeça deles. Achavam que tinham errado no juízo que faziam de mim? Fiquei pensando se realmente acreditavam que Mark estivesse mentindo.

Descansei a cabeça na mão, irritada pelo fato de um descuido de uma psicóloga pôr tudo a perder para mim. O acontecimento tomara proporções absurdas. Tinha certeza de que Tom e Lynn suspeitavam de mim. Mas me cansara de tentar dar explicações às pessoas. Sabia que caberia a mim dar explicações sobre Mark, mas, em vez disso, deixei Paul tomar a iniciativa. Estava mentalmente tão cansada que não me sentia disposta a discutir uma vez mais a situação.

Ouvindo a conversa entre Paul e Tom, ouvi Tom dizer:

— Os advogados de Harold olharão para os registros dos aconselhamentos de Kathy de anos atrás e dirão que ela teve problemas antes de Harold começar a assediá-la. Trarão à tona a parte sobre Mark e colocarão dúvidas na cabeça dos membros do júri sobre se Kathy está de fato dizendo a verdade.

Tom fez uma pausa, olhou para o processo e então continuou:

— Entreguei à ARDC todas as cartas das outras mulheres que Harold assediou. Estou confiante de que ele terá o registro profissional cassado.

Podia sentir um "mas" prestes a vir e fiquei imaginando onde Tom estaria querendo chegar. Esperava que não estivesse pensando em desistir da ação civil.

— Kathy ainda pode ser capaz de ganhar a ação, mas o júri poderá lhe conceder apenas cinco mil dólares, muito menos do que prevíramos originalmente — disse Tom. Então acrescentou: — Ela já me deve mais de dez mil. Kathy, você enfrentará o diabo no tribunal, e, na verdade, odeio pensar em ver isso acontecer.

Não podia acreditar no que estava ouvindo. Soava como se Tom estivesse sugerindo que desistíssemos da ação.

— Veja — Tom olhou para mim e continuou —, se você desistir da ação agora, não lhe cobrarei nenhum honorário. Por que você não deixa a ARDC cuidar de Harold? Vocês dois precisam dar seqüência a suas vidas.

Podia sentir as lágrimas quentes escorrendo pelo rosto e não sabia o que fazer ante a repentina reviravolta nos acontecimentos. Fiquei imaginando se Tom estava desistindo de mim ou se ele só estava com medo de perdermos a ação. Deixando minha mente divagar, cheguei a pensar na possibilidade de Harold ter comprado Tom. Além do mais, a conta de dez mil dólares me deixara confusa. No começo, entendera que Tom receberia uma porcentagem do que eu recebesse de Harold. Como isso se transformara em uma dívida de dez mil dólares?

Tom e Lynn saíram da sala, de forma que Paul e eu pudéssemos conversar sobre o que gostaríamos de fazer. Olhei para Paul, mas não disse nada. Durante os últimos dois anos, eu me apegara ao sonho de impedir que Harold continuasse a assediar outras mulheres. Meu sonho começara a se desfazer, e eu começava a sentir que perdera todo o meu tempo movendo aquela ação.

Paul interrompeu meus pensamentos ao dizer:

— Só quero seguir em frente com nossa vida. Não desejo ver você sofrer ainda mais, Kathy.

Paul colocou a mão em cima da minha.

Por dentro, eu me debatia entre a vontade de ajudar outras mulheres e também o desejo de seguir em frente, deixando o passado para trás. Sabia que submetera minha família a um grande sofrimento, e seria muito bom se pudéssemos tentar viver uma vida normal.

Paul ficou observando a expressão em meu rosto. Como se lesse meus pensamentos, ele me lembrou:

— Pense em Mat e em sua família. Você quer que a questão com Mark venha a público e transforme nossa vida em um caos ainda maior?

Olhei para Paul e entendi o que ele estava dizendo. Ele queria que eu parasse de me dedicar àquela ação civil, porque temia o que as pessoas poderiam pensar da situação com Mark. Ele provavelmente estava com medo de que as pessoas acreditassem em Mark. Fiquei imaginando até se ele não acreditaria em Mark.

Queria ir até o fim, mas uma parte enorme de mim se cansara de tentar vencer aquela que começara a parecer uma batalha perdida. Poucos minutos mais tarde, Tom e Lynn voltaram à sala. Tom depositou uma pilha de documentos à minha frente.

— O primeiro formulário é uma ordem vitalícia de proteção que declara que Harold será preso caso ele fique a menos de um quilômetro e meio de você ou de sua família — Tom me comunicou. — O segundo formulário precisa ser preenchido, de forma que nem você nem Paul possam acionar Harold por nada que ele tenha feito no passado e que Harold tampouco possa acionar qualquer um de vocês por alguma coisa que tenham feito no passado. O último formulário tem a ver com a dispensa de meus honorários.

Olhando para aqueles papéis, tentei decidir o que fazer. Não tinha certeza de já estar pronta para desistir.

— Kathy — ouvi Paul dizer —, se você assinar os papéis, Harold não poderá chegar perto de nós. Não teremos de nos preocupar com Harold tentando nos processar e não perderemos dinheiro algum.

Tudo isso era muito bom, mas eu sentia como se não estivesse, depois de tanta luta, conseguindo atingir o meu objetivo original.

Tom colocou uma caneta em minha mão e apontou para a linha onde eu precisava assinar. Olhei para Paul e vi seus olhos súplices. Tom lembrou-me de que a ARDC provavelmente se incumbiria de Harold.

Sentia que não havia muito mais que pudesse fazer e sabia que Deus me ajudaria pelo resto de minha vida. Assim, assinei os documentos. Olhei, então, para Tom e Lynn. Eles exibiam igual sorriso no rosto. A expressão deles me lembrou o modo de Harold e Mark olharem para mim. Meus ombros afundaram, enquanto me sentia derrotada mais uma vez.

Tom apertou nossas mãos e declarou:

— A ARDC provavelmente entrará em contato com vocês. Poderá desejar que testemunhem para eles, mas isso seria bem mais para a frente. Kathy, você tomou a atitude mais acertada.

Não compartilhava da confiança de Tom quanto à minha decisão. No entanto, expressei-lhe minha gratidão por todo o tempo que dedicara a meu caso, e, em seguida, Paul e eu deixamos seu escritório.

Assim que me vi do lado de fora, deixei-me cair nos braços de Paul, soluçando descontroladamente. Ele me apertou com força, deixando-me extravasar no choro toda a dor contida dentro de mim.

Entre um soluço e outro, choraminguei:

— E como ficam todas aquelas mulheres que queriam me ajudar? Eu as desapontei.

— Kathy, você fez tudo o que pôde — disse Paul, todo atencioso. Em seguida, ele me dirigiu até a *van*, de forma que pudéssemos iniciar nossa viagem de volta para casa.

Enquanto dirigia, Paul mencionou que achava que seria uma boa idéia encontrar uma casa na cidade onde ele lecionava, de modo que pudéssemos recomeçar nossas vidas. Fiquei imaginando se Paul estava tentando se convencer de que poderíamos deixar o passado para trás simplesmente mudando-nos dali. Parte de mim ainda questionava se Paul acreditava em que não houvera nada entre Mark e mim. No entanto, não queria correr o risco de lhe perguntar e de provocar uma briga. Assim, preferi permanecer calada. Além do mais, gostava da idéia de me mudar e de tentar recomeçar nossas vidas, de modo que concordei com que deveríamos procurar outro lugar onde morar.

Durante o resto da viagem para casa, só ouvi parcialmente Paul conversando comigo. Minha cabeça estava absorta na decepção de não ter levado adiante a ação civil. Graças a Mark, abandonei o processo. Harold se safara com seu comportamento pervertido e violento e ainda continuaria a assediar ou atacar mulheres. Sentia como se tivesse gasto dois anos lutando por nada.

Chegando a casa, de volta de Springfield, cumpri a rotina de preparar o jantar, mas minha mente estava em outra parte. Tentei conversar com Mat sobre seu dia para manter minha mente distante da decepção de minha causa contra Harold, porém os pensamentos devastadores continuaram me aborrecendo. O resto da noite se arrastou. Por fim, pouco depois que Mat foi para a cama, Paul e eu decidimos que nosso dia já tinha sido suficientemente longo.

Deitados na cama, alguma coisa me fez pensar no sermão que ouvira meses antes. O pastor pregara: "É preciso se colocar ao pé da cruz antes de poder ir até o túmulo". Eu me sentia incrivelmente só e comecei a orar a Deus rogando-lhe seu amor. Enquanto orava, lembrei-me de um cântico que entoávamos com freqüência na igreja:

O Santo Coração foi partido, enviado da parte do Pai.
O Filho de Deus abandonado, o santo sacrifício.

O Cordeiro Santo foi ferido, abandonado e sozinho.
Ele levou sobre si a aflição; levou como se sua fosse.
E, quando meu coração está partido, dilacerado pelo pecado e orgulho,
O Filho de Deus, agora ressurreto, me atrairá para seu lado.
Por mim ele foi abandonado, por mim ele morreu sozinho.
Meu pecado para sempre carregado, para que eu pudesse ser dele.

Eu sabia que Deus sentia minha dor. Estivera ali o tempo todo e ainda estava no comando. Comecei a traçar um paralelo entre minha vida, o sermão do pastor e a letra do cântico. Estava ao pé da cruz, lidando com toda a dor que sentia por causa do resultado a que chegara minha situação. Enquanto orava a Deus, pedi a ele que me «conduzisse até o túmulo». Sabia que precisava ser fraca antes de poder ser forte.

No dia seguinte, depois que Paul saiu para o trabalho, decidi ir de carro até nossa igreja. Realmente me senti grata por todo o apoio que nosso pastor nos dera durante os últimos dois anos e queria explicar-lhe por que eu desistira da ação civil.

Quando entrei no escritório pastoral, a secretária olhou para mim e imediatamente perguntou:

— Ei, Kathy, você não trabalhava com Mark Kester?

— Sim, por quê? — perguntei, estranhando sua curiosidade.

— Bem, você ficou sabendo o que aconteceu com ele? — ela incitou.

— Não — respondi, ainda mais desnorteada pela segunda pergunta. — O quê?

— Ele tentou o suicídio, esfaqueando o estômago — ela contou.

Atônita com a informação, automaticamente perguntei:

— Sabe por que ele fez isso?

— Ouvi dizer que está tendo problemas com a ex-mulher e também sérias dificuldades financeiras — ela respondeu.

— Sabe como ele está passando agora? — indaguei, curiosa.

— Bem — ela respondeu —, ouvi dizer que ele terá de permanecer no hospital até que seu estado de saúde possa ser considerado estável. Depois disso, o transferirão para a ala psiquiátrica, para tentar ajudá-lo.

Eu não percebera que Mark estava passando por problemas assim tão graves. Harold deve ter lhe oferecido dinheiro para mentir em seu favor ou talvez Mark tivesse idealizado essa proposta sozinho. O que quer que tivesse acontecido, imaginei que Mark não fora capaz de lidar com o sentimento de culpa que viera coroar todos os outros problemas que ele já vinha enfrentando. Deveria estar tendo maiores problemas financeiros do que eu imaginava, se estava disposto a arruinar o casamento de outra pessoa. Repreendi a mim mesma pelo simples fato de chegar a considerar a possibilidade de ter tido um caso amoroso com Mark. Paul sempre me dissera que eu acreditava em tudo o que me diziam. A mentira de Mark, na verdade, me ajudara a ver uma de minhas fraquezas. Por conseguinte, prometi a mim mesma que tentaria não ser mais tão crédula.

Depois de conversar com o pastor, corri de volta para casa, no intuito de telefonar a Paul. Queria que ele soubesse da tentativa de suicídio de Mark. A atitude de Mark definitivamente o desacreditaria como testemunha. Achei que talvez Tom quisesse rasgar os documentos que eu assinara e continuar com a ação.

Para meu desconsolo, Tom disse:

— Kathy, você assinou os documentos e agora precisa seguir com sua vida.

Fiquei imaginando o que, de fato, mudara na cabeça de Tom. Isso era algo que eu jamais conseguiria descobrir por mim mesma.

Em vez de ficar meditando no assunto, resolvi fazer uma visita a Adrian. Agora que meu caso estava encerrado, tinha mais tempo para passar com ela. Sabia que ela estava se preparando para fazer uma viagem para a Clínica Mayo e queria vê-la antes de partir.

Expliquei a Adrian o motivo de termos desistido da ação civil. Embora ela própria estivesse sofrendo bastante, compartilhou de meu desapontamento. Eu lhe assegurei de que agora teria mais tempo para ficar com ela.

Mais tarde, naquela noite, me surpreendi orando por Adrian. Pedi a Deus que a curasse do câncer e que levasse embora seu sofrimento. Preocupada com a possibilidade de Deus deixar Adrian morrer daquela enfermidade, supliquei-lhe que não a afastasse de mim. Nunca tivera uma amiga como Adrian e não queria ficar sem ela.

No fim de semana, com Adrian já na Clínica Mayo, dei um pulo à casa dela para fazer uma faxina. Quando voltou da clínica, ela expressou sua gratidão por minha ajuda, mas infelizmente me informou que o médico dissera que não havia mais nada que pudesse fazer em favor dela. Dava para perceber que Adrian se esforçava para não ficar deprimida com isso. Ela me disse que se regozijava a cada dia pelo fato de Deus ter lhe permitido viver.

Algumas semanas depois, no começo de maio, abri as persianas para ver o sol claro brilhando pelas janelas. Estávamos bem no meio da primavera e já dava para contemplar algumas das minhas flores em botão. Minutos mais tarde, o telefonou tocou. Era o marido de Adrian, Scott. Ele estava preocupado com Adrian porque ela estava entrando em depressão. Ele não sabia o que fazer com ela. Disse-lhe que iria imediatamente até lá.

Quando entrei na casa deles, encontrei Adrian sentada no sofá com uma expressão sombria no rosto. O cabelo dela desaparecera, e ela usava um turbante na cabeça. Não gostava de perucas. Eu disse a Adrian que lá fora estava quente e que gostaria de levá-la para beber alguma coisa. Foi preciso certa dose de persuasão para tirá-la de casa, porque não se achava capaz de entrar no carro. Mas lhe assegurei de que Scott e eu daríamos um jeito.

Resolvi levá-la de carro a vários parques espalhados pela cidade antes de parar naquele junto ao rio. Cuidadosamente ajudei Adrian a descer do carro e a acompanhei até a extremidade do parque de onde se avista o rio. Adrian observou com calma as ondulações na superfície do rio provocadas por uns poucos barcos a motor correndo ao longe, na área da baía. Ela parecia envolvida na mais completa paz consigo mesma.

Após vários minutos sentada ali, Adrian me contou que aquela vista era como a imagem que ela fazia do céu. Concordei com ela. Por fim, Adrian começou a tremer, e lhe perguntei se desejava ir embora para casa.

— Sim, estou desejosa de ir para o lar celestial e me encontrar com Deus — ela respondeu.

— Adrian, Deus ainda não está com sua casa pronta — respondi mais que depressa. Não suportava a idéia de Adrian morrer em breve. — E se eu levar você de volta para sua casa aqui?

Ela sorriu para mim e concordou com um movimento de cabeça. Quando a levei para sua casa, ela me agradeceu diversas vezes pelo passeio naquela tarde. Aquele foi o último dia que Adrian conseguiu passar algum tempo ao ar livre.

Poucos dias depois, Adrian foi internada no hospital. Ela não conseguia mais manter nenhum tipo de alimento no estômago, e eu sabia que seu sofrimento era grande. No entanto, Adrian nunca reclamava de sua doença. Todos os dias, eu ia visitá-la e constatava lentamente o declínio de suas forças diante de meus olhos. Entristecida, percebi que ela só estava esperando que Deus a levasse para junto dele.

Era a época do ano em que nossa igreja promovia o jantar anual das senhoras. Todos os anos, escolhíamos uma mulher extraordinária que, no conceito de todas, merecia receber o título de "mulher do ano" e a premiávamos com uma placa e um colar. Nesse ano, todo mundo votou unanimemente em Adrian. Terminado o jantar, levei a placa e o colar para Adrian no hospital. Disse-lhe que era uma honra para mim entregar aqueles presentes.

Adrian permaneceu no hospital o verão inteiro e até meados do inverno. A cada dia, ficava mais debilitada e, gradualmente, foi perdendo a voz. Um dia, perto do final de outubro, Scott e eu estávamos no hospital fazendo-lhe uma visita. Ela parecia tão frágil e pálida deitada em seu leito que quase ficamos com medo de tocá-la.

Com voz pouco audível, Adrian perguntou a Scott:

— Você pode ir buscar um cafezinho enquanto converso com Kathy um pouco?

Scott assentiu com a cabeça e levantou-se para sair do quarto. Eu me inclinei na direção de Adrian para ouvir o que ela tinha a dizer.

Ela segurou-me a mão e disse:

— Kathy, você tem sido uma boa amiga. Lembra-se do dia em que me levou ao parque junto ao rio?

— Sim, claro — respondi, balançando a cabeça.

— Posso ver um rio como aquele no céu — ela sussurrou.

Surpresa com sua resposta, perguntei:

— Adrian, você consegue vê-lo neste exato momento?

— Sim e quero ir para casa — ela sussurrou.

— Adrian — comecei, prestes a me pôr a chorar —, tudo bem, não posso impedi-la de ir.

— Kathy, você explica a Scott? — ela perguntou, olhando-me nos olhos. Percebi que precisava saber que também para seu marido estaria tudo bem se ela partisse. Corri para o corredor a fim de buscar Scott.

Quando Scott e eu retornamos ao quarto, eu lhe expliquei que Adrian precisava ouvir que ele ficaria bem com a partida dela para a casa do Pai celestial. Scott olhou para Adrian e viu-lhe os olhos súplices. Eu observei os olhos de Scott se encherem de lágrimas, enquanto segurava a mão de Adrian. Resolvi sair para o corredor, de forma que pudessem conversar em particular.

Adrian queria morrer em sua cama, em sua casa. Parecia que ela queria ter a chance de despedir-se de todo mundo. Scott comunicou às enfermeiras a decisão dela, e o hospital providenciou uma ambulância para sua remoção.

Uns dois dias depois, fiz minha visita costumeira à casa de Adrian. Quando Scott abriu a porta, vi uma expressão abatida em seu rosto. Espiando o interior da casa, observei vários membros da família de Adrian chorando e se abraçando. Adrian finalmente havia partido para estar com seu Deus. Imaginei-a sentada junto ao rio no céu, sem sentir dor nenhuma.

Depois de ficar algum tempo com Scott e a família de Adrian, voltei para casa lutando contra as lágrimas. Sentia-me vazia e sabia que sentiria muito a falta de minha melhor amiga. Quando cheguei a casa, desabei no sofá e fiquei pensando nela. Era difícil para mim aceitar que tivesse mesmo partido.

Sem me mexer da posição em que estava no sofá pelo resto da tarde, meditei no que acabava de acontecer naquele dia. Quando Paul voltou do trabalho para casa, encontrou-me sentada no sofá com uma expressão melancólica no rosto e imediatamente perguntou:

— Foi a Adrian, não foi?

Eu estivera olhando fixo para a parede a tarde inteira, mas, ao som de sua voz, desviei o olhar para ele. Olhando firmemente para ele por alguns minutos, desatei-me em lágrimas. Paul sentou-se a meu lado e passou o braço em volta de meus ombros. Virei-me na direção dele e comecei a ensopar-lhe a camisa de lágrimas. Ele ficou ouvindo enquanto eu lhe falava, pesarosa, de todo o tempo que Adrian e eu compartilháramos.

Dois dias depois, em seu culto fúnebre, fiquei sentada, muito firme, escutando as homenagens prestadas a Adrian. O pastor lera um versículo da Bíblia relevante para a ocasião, 2 Coríntios 6.10, que diz: "... entristecidos, mas sempre alegres...". Por estranho que pareça, a idéia de sentir dor e alegria ao mesmo tempo fazia sentido para mim. Eu tinha infinita alegria em ter conhecido Adrian. Embora fosse, sem dúvida, muito doloroso para mim privar-me de sua companhia, tinha a alegria de saber que Adrian agora estava com Deus, livre de todo sofrimento.

Poucas semanas depois do sepultamento de Adrian, o diretor da escola onde Paul ensinava nos informou que estava vendendo sua casa. Ele queria saber se Paul e eu estávamos interessados em comprá-la. Imaginando que não teríamos nada a perder, fomos até a cidadezinha dar uma olhada. Assim que pusemos os olhos na casa, imediatamente nos apaixonamos por ela. Felizmente, o preço estava dentro de nossas possibilidades.

Paul e eu seguimos em frente e pusemos nossa casa à venda também, sem a intermediação de um corretor. Para nossa grande surpresa, conseguimos vendê-la com relativa rapidez. Minha avó veio a Quincy especialmente para me ajudar com a mudança, e nos divertimos muito lembrando do passado.

O Natal daquele ano foi bastante agitado, já que estávamos no meio dos preparativos para a mudança. O novo ano de 1993 começou com pesadas nevascas. Ficamos preocupados com a possibilidade de ter que adiar a mudança por causa das condições climáticas. Felizmente, a manhã da mudança estava ensolarada, sem previsão de mais neve para o dia inteiro. Apesar do fato de estarmos em meados de janeiro, a temperatura estava em 16°C, e a maior parte da neve que caíra nos dias anteriores já se havia derretido.

Meu irmão chegou a casa com um enorme reboque para cavalos a fim de nos ajudar a levar as caixas. Meus pais e outros parentes também vieram, e Phil apareceu para nos ajudar a carregar as caixas pesadas. A mãe de Paul até preparou comida para todos nós. Foram necessárias cerca de três viagens até nossa nova residência para o transporte de tudo. Concluída a mudança, todos foram embora, exceto minha avó, que permaneceu comigo por mais duas semanas, ajudando-me a desembalar as coisas, arrumar e decorar a nova casa. Fiquei muito grata por sua ajuda e gostei de passar aquele tempo com ela.

Uns dois meses mais tarde, depois de completamente instalados em nossa nova residência, decidi telefonar para a ARDC, já que até então não recebera qualquer notícia da parte dela. Perguntei como estava indo a investigação envolvendo Harold. Eles me informaram que haviam dado baixa no processo de Harold porque ele não fora condenado por crime algum. Não achavam que houvesse provas suficientes para um processo disciplinar contra ele, porque eu havia desistido da ação civil.

Sentia-me totalmente dominada por um sentimento de indignação e raiva, enquanto gritava ao telefone para o advogado da ARDC:

— O que um advogado precisa fazer para ser expulso? Ele estuprou, atacou, assediou e só Deus sabe o que mais fez!

— Bem — o advogado começou —, ele roubou algum dinheiro?

Não podia acreditar que a ARDC considerasse roubo de dinheiro um crime maior que estuprar e assediar pessoas. Meu sangue fervia ante a falta de consideração deles.

— Espero que consiga dormir à noite, lidando com a situação do jeito como optou por fazer — retruquei. — Espero que você não tenha filhas, porque o sistema legal, com certeza, não as protegeria!

Batendo o fone com força, recostei-me na cadeira, enojada. A ARDC era minha última esperança e acabara me desapontando também. Harold estava livre para continuar sua prática sem sofrer conseqüências por suas ações. Em que espécie de sociedade vivíamos?

Mais tarde, eu tinha um compromisso no banco que ficava no mesmo prédio que antes abrigara o escritório de Harold. Ele se mudara quando do início de meu processo. Eu entrei no elevador com duas jovens que conversavam.

Ouvi uma delas dizer à outra:

— ... e você sabe que aquele pervertido do Harold Ranetti começou a se engraçar comigo e pôs a mão em meu ombro, mas eu me afastei dele o mais rápido que pude. Foi muito bom aquela mulher que tentou processá-lo ter vindo a público alertando sobre a periculosidade dele.

— Sim — a outra mulher concordou —, sempre soube que ele era chegado a tocar em mulheres, mas não sabia que era uma ameaça real até que aquela mulher se manifestou. Nunca mais me aproximarei de Harold Ranetti. Posso encontrar um advogado em outro escritório.

Enquanto as ouvia, lembrei-me de João 8.32: "E conhecerão a verdade, e a verdade os libertará". Eu dissera a verdade e advertira o público sobre Harold. Percebi que o assédio de Harold, na verdade, acabara me ajudando. Ele me forçara a revelar minha experiência passada com ele. Depois que contei a Paul, a minha família, a meus amigos e ao público em geral, a sujeira que eu sentira por dentro durante todos aqueles anos finalmente desaparecera. Não mais me sentia impura. Finalmente me sentia livre para levar minha vida, sem carregar comigo toda aquela "bagagem" do estupro.

Embora o sistema legal me tivesse decepcionado, percebia que, afinal, outras mulheres agora sabiam quem era Harold. Nutrira a esperança de que vê-lo encarcerado o impediria de fazer mal a outras mulheres. No entanto, parecia que, pelo simples fato de trazer minha história ao conhecimento público, outras mulheres saberiam que não deveriam escolher Harold como seu advogado. Isso, por sua vez, impediria que sofressem qualquer tipo de dano por parte dele. Tinha consciência de, pelo menos, duas mulheres que deixariam de procurar Harold para tratar de seus interesses legais. Com certeza, minha tentativa de processo civil causaria algum tipo de dano ao trabalho de Harold.

Sabia que havia perdoado Harold por me estuprar e assediar. E, embora ainda tivesse dificuldade para entender por que Mark mentira sobre nossa amizade, o perdoara também. O mais impressionante sobre o que resultara de minha situação toda era que não mais temia Harold Ranetti. A ordem vitalícia manteria Harold bem distante de mim.

Considerando toda a dor, o medo e a amargura que me consumiram a maior parte de minha vida adulta, finalmente encontrara satisfação, perdão e a capacidade de apreciar a vida. Deus me conduzira durante todos esses tempos difíceis e me dera a capacidade de me sentir bem de novo. Ele curara minha dor e a substituíra por uma quantidade superabundante de amor por minha família. Enfim, tinha uma oportunidade real de levar uma vida normal e satisfatória.

Uma noite, no começo de abril de 1993, Paul e eu resolvemos sair para caminhar um pouco pela vizinhança de nossa cidadezinha. A noite já havia caído, e o perfume espraiado pelo frescor da primavera impregnava o ar. Era uma bonita noite para um passeio. Muita gente nas cidades pequenas sai para caminhar depois que escurece. O sentimento de segurança e de conforto é maior quando se vive em uma cidade pequena, onde todas as pessoas se conhecem.

Paul e eu caminhávamos de mãos dadas, conversando tranqüilamente e ocasionalmente olhando para as estrelas e a lua, que mal iluminavam o céu. A cidadezinha tinha uma quietude que Quincy jamais tivera.

Enquanto andávamos por nossa rua, pensei na mudança positiva em minha vida. Embora ainda estivesse em um processo de cura pelos últimos 19 anos, finalmente experimentava a verdadeira felicidade. Não precisava mais buscar o amor de Deus. Aprendi que seu amor estava ali o tempo todo e sempre estará dentro de mim.

Quando Paul e eu concluímos o passeio, voltamos para casa e fizemos amor, não porque eu me sentisse obrigada, mas por realmente o desejar. A felicidade de estar apaixonada por meu marido e o êxtase de agir com base nesse amor finalmente me consumiam por completo. A sensação era quase como se fosse nossa primeira vez. Mais tarde, adormecemos nos braços um do outro, totalmente relaxados e satisfeitos. Na manhã seguinte, eu acordei cedo, o sol claro brilhando através das cortinas de renda, e me senti completamente em paz. Finalmente permitira que Deus curasse minha dor.

Encontrando a paz

Seja você quem for, já experimentou algum tipo de dor em sua vida. Em meu caso, foi um estupro. O que causou dor em sua vida? É importante ter consciência de que sua dor é real e não irá embora enquanto não lidar com ela, por mais difícil que seja. Talvez ache que não possa revelar a ninguém seu problema, por temer que as outras pessoas não a entendam ou, pior, até a culpem pelo que aconteceu. No entanto, é mais fácil lidar com a dor quando confia a alguém sua situação, de forma que aquela pessoa possa lhe prestar seu apoio.

Você conhece Jesus Cristo como seu Salvador? Romanos 3.23 diz: "pois todos pecaram e estão destituídos da glória de Deus". Somos todos pecadores. Vivemos em um mundo de pecado, mas podemos ser perdoados. Em João 3.16, lemos: "Porque Deus tanto amou o mundo que deu o seu Filho Unigênito, para que todo o que nele crer não pereça, mas tenha a vida eterna".

Em outras palavras, Deus nos ama tanto que enviou seu único Filho para viver em nosso meio, ser tentado em tudo o que somos tentados e conhecer como é viver, sentir e pensar como um ser humano. Então, Deus nos amou tanto que sacrificou seu único Filho para morrer em uma cruz por nossos pecados. No dia em que Jesus morreu, carregou os pecados de todo o mundo sobre os ombros. Até Jesus clamou: "Meu Deus! Meu Deus! Por que me abandonaste?". Deus poderia ter impedido que tudo aquilo acontecesse naquele dia. Ele poderia ter convocado miríades de anjos para impedir a morte de seu Filho. Mas, por amar tanto VOCÊ e EU, permitiu que seu próprio Filho morresse na cruz por nós, de maneira que pudéssemos ter vida eterna no céu.

A salvação é um dom gratuito de Deus. Tudo o que precisa fazer é aceitá-la. Se Cristo não está vivendo em seu coração hoje, ele deseja fazer isso. É simples. Tudo o que você precisa fazer é crer nele e convidá-lo a entrar. Se você quer que Cristo entre em seu coração neste exato momento, faça a seguinte oração comigo:

"Jesus, eu acredito que o Senhor nasceu da virgem Maria. Creio que és o Filho de Deus, que morreu na cruz por meus pecados e que ressuscitou ao terceiro dia. Senhor, sou um pecador. Perdoa meus pecados, entra em meu coração e vive dentro dele para sempre. Senhor, aceito esse dom gratuito de teu perdão e quero viver minha vida para ti. Eu te agradeço, Senhor Jesus, por perdoar meus pecados. Amém."

É simples assim. Creia no senhor Jesus Cristo e você receberá sua salvação.

Se já é um cristão e tem uma situação dolorosa com a qual não tem sido capaz de lidar, como eu, precisa primeiro se conscientizar de que Deus não é o responsável por sua dor. Ele nos dá liberdade de escolha.

Você não precisa manter seu segredo enterrado por mais tempo. Mesmo se optar por não contá-lo a ninguém, precisa perceber que Deus conhece seu segredo e que só ele pode lhe dar paz. Permita-lhe curar sua ferida. Abra seu coração para Deus e deixe que ele veja toda a sua dor e, em seu lugar, lhe conceda sua paz. Então, DEVE perdoar quem quer que o(a) tenha magoado. Deus não pode lhe dar paz se não perdoar. Tive de perdoar Harold por ter me estuprado. Tive de orar a Deus para que me desse a capacidade de perdoar esse homem terrível. Depois tive de orar para que Harold se voltasse para Deus e fosse salvo! Acredita nisso? Por que eu haveria de querer que esse homem desprezível fosse para o céu? Harold é um homem doente, sem Cristo em sua vida, alguém dominado pelo Inimigo. Quem sabe como foi a vida desse homem desde criança? Talvez algo terrível lhe tenha acontecido que o deixara assim. Não importa. A questão é que Cristo me perdoou os pecados, e ele exige que perdoemos aos outros.

Quando o advogado cristão orou comigo no tribunal e pediu a Deus que curasse minha dor e me desse perdão, então, e só então, recebi a paz de Deus. Não existem palavras para descrever a sensação que tive quando perdoei Harold por me haver estuprado. De repente, recobrei minha vida. O domínio de Harold sobre mim desaparecera. Se eu soubesse que poderia me sentir desse modo quinze anos antes, não teria carregado todos esses sentimentos negativos comigo por tanto tempo.

Meu propósito ao escrever este livro e compartilhar meu passado com você é ajudá-lo(a) a entender que coisas ruins acontecem, sim, com pessoas boas, e conscientizá-lo de que você também pode encontrar a paz. Nunca é tarde demais. Por favor, pare um instante agora e peça a Deus que assuma o controle de sua vida e perdoe a pessoa que o magoou.

Estupro: verdades e senso comum

Definição:

• Agressão sexual e estupro têm o mesmo significado. A expressão define o verdadeiro sentido desse ato criminoso.

Poderia nunca ter acontecido comigo.

• *Verdade:*

Todo mundo é uma vítima em potencial: homem, mulher, criança, de qualquer idade, raça, religião, ocupação, escolaridade ou preferência sexual.

O motivo é sexual.

• *Verdade:*

O estupro é um ataque violento motivado por raiva, hostilidade e agressividade.

O ESTUPRO É COMETIDO POR IMPULSO E POR UM ESTRANHO.

- *Verdade:*

A maioria dos estupros é planejada e costuma acontecer dentro de casa. Muitas vezes, o agressor é um parente, amigo, vizinho ou outro conhecido da vítima/sobrevivente (como no caso do "estupro de namorada").

"MULHERES QUE SÃO ESTUPRADAS ESTAVAM PEDINDO POR ISSO."

- *Verdade:*

O estupro é um crime violento e aviltante. Sua vítima mais jovem, pelo menos dentre aquelas de que se tem notícia, contava com três meses de idade. A mais velha, 99 anos. Ambas dormiam em suas camas quando foram atacadas. Idade não importa, nem a roupa que se usa, nem mesmo o sexo da vítima.

É FÁCIL DISTINGUIR UM ESTUPRADOR NO MEIO DE UMA MULTIDÃO.

- *Verdade:*

Estupradores, em sua maioria, parecem pessoas normais, são jovens e casados. Podem pertencer a qualquer raça e nível social.

O ESTUPRO É UM CRIME NÃO-VIOLENTO.

- *Verdade:*

Ao contrário, é bastante violento, pois 87% dos estupradores portam uma arma ou ameaçam sua vítima com punição e, às vezes, morte.

Quatro perfis de estupradores:

- Aquele que precisa da sensação de poder
- O agressivo
- Aquele que se vinga por meio da raiva
- Aquele que se sente estimulado pela raiva

Aquele que precisa da sensação de poder

- Em geral, anda armado, embora prefira não machucar a vítima.
- Estupra para confirmar a própria masculinidade.
- Na maioria das vezes, sofre de disfunções sexuais.
- Ataca a vítima de surpresa.
- Costuma ser casado, ter filhos, freqüentar uma igreja com regularidade.
- Responde por 81% dos estupros.

O agressivo

- Personalidade machista.
- Usa de força, se necessário, para dominar a vítima.
- Não costuma andar armado; age mais por impulso, como no caso do "estupro de namorada".
- Responde por 12% do total de estupros.

Aquele que se vinga por meio da raiva

- Seja qual for o motivo, odeia as mulheres.
- Gosta de humilhar as mulheres, qualquer que seja o meio que para isso tenha de utilizar. O estupro é o de sua preferência.
- Responde por 5% dos estupros.

Aquele que se sente estimulado pela raiva

- Um sádico.
- Encontra satisfação infligindo dor.
- Responde por 2% dos estupros.

SOBREVIVÊNCIA:

- Submeta-se para continuar vivo.
- Mas de maneira nenhuma dê seu consentimento.
- O estupro é um crime violento.

SE VOCÊ FOR VÍTIMA DE UMA AGRESSÃO SEXUAL:

- Registre imediatamente a ocorrência na delegacia de polícia mais próxima.
- Não se lave.
- Não mexa em nada no local do estupro.
- Não lave suas roupas.
- Talvez tenha de se submeter a um exame de corpo de delito após a denúncia à polícia.

Faça uso da assistência psicológica que lhe for disponibilizada.

Conheça algumas Bíblias *NVI*

Bíblia NVI devocional da mulher

1 632 páginas

Além de ler a Palavra de Deus, as mulheres encontrarão reflexões inspirativas que as ajudarão a crescer na vida cristã. Amor, casamento, filhos e igreja são alguns temas abordados nesta Bíblia preparada *por* mulheres e *para* mulheres.

A Bíblia em ordem cronológica

1 360 páginas

A única que apresenta os fatos bíblicos na ordem em que ocorreram, ampliando a compreensão e descortinando um panorama único da Palavra de Deus. A Bíblia como você nunca leu!

Bíblia NVI português-inglês

1 408 páginas

Pela primeira vez, a *Nova Versão Internacional* e a *New International Version* unem-se para presentear o leitor duas versões da Bíblia em um único volume. Recomendada para quem quer aprender português ou inglês.

Conheça outras obras da Editora Vida

Ressurreição interior

Esther Carrenho

Este livro contém uma potente mensagem de esperança para todos os que desejam desfrutar intensamente a vida. Com singeleza, Esther Carrenho mostra que o milagre da vida continua a se repetir em toda sua plenitude.

Como vencer a violência

Marcelo Aguiar

Marcelo Aguiar analisa neste livro instigante a questão da violência à luz da Palavra. Ele mostra aos leitores que mesmo em meio a dificuldades é possível encontrar a verdadeira segurança e paz sob os ternos cuidados do Senhor.

A cura pelo perdão

Tito Oscar

O autor usa experiências da vida real e exemplos bíblicos para revelar como o perdão liberta ofensor e ofendido de forma definitiva. Descubra o poder sobrenatural quando o perdão é liberado.

Vida

Editora Vida
do grupo
Zondervan
HarperCollins

Filiada a

Câmara Brasileira do Livro

Associação Brasileira
de Editores Cristãos

Associação Nacional
de Livrarias

Associação Nacional de
Livrarias Evangélicas

Título do original
Finding peace

■

Todos os direitos em língua portuguesa reservados por

Editora Vida
Rua Júlio de Castilhos, 280, Belenzinho
CEP 03059-000 São Paulo, SP
Tel.: 0 xx 11 6618 7000
Fax: 0 xx 11 6618 7050
www.editoravida.com.br

■

Todas as citações bíblicas foram extraídas da
Nova Versão Internacional (NVI),
©2001, publicada por Editora Vida,
salvo indicação em contrário.

■

Coordenação editorial: Vera Villar
Edição: Billy Viveiros, Josemar S. Pinto
Revisão: Liege M. S. Marucci e Josemar S. Pinto
Capa: Marcelo Moscheta
Diagramação: Efanet Design

Dados Internacionais de Catalogação na Publicação (CIP)
(Câmara Brasileira do Livro, SP, Brasil)

Littleton, Kathleen
A paz que excede todo o entendimento : a história emocionante de uma mulher que superou a dor da injustiça / Kathleen Littleton; tradução Jurandy Bravo Nogueira Jr. — São Paulo : Editora Vida, 2005.

Título original: Finding peace
ISBN 85-7367-797-X

1. Crimes sexuais 2. Estupro 3. Littleton, Kathleen 4. Vítimas de abuso sexual 5. Vítimas de estupro I. Título. II. Título: A história emocionante de uma mulher que superou a dor da injustiça.

04-8301 CDD 362.883082

Índice para catálogo sistemático:

1. Mulheres vítimas de estupro : Testemunhos : Problemas sociais 362.883082

Esta obra foi composta em *Goudy Old Style* e impressa
em papel *off-set* 75 g/m² pela Imprensa da Fé
em março de 2005.